Constanze Steinfeldt
Das große Praxisbuch der Runen

Das grosse Praxisbuch der

RUNEN

Constanze Steinfeldt

Mit Zeichnungen von

Thomke Meyer

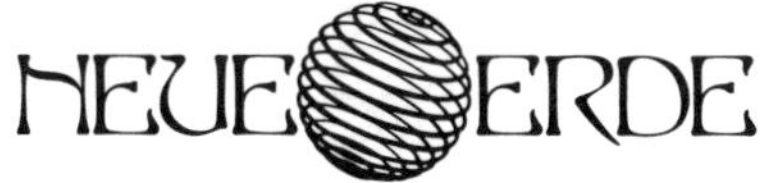

Bücher haben feste Preise.
4. Auflage 2023

Constanze Steinfeldt
Das große Praxisbuch der Runen

Titelseite:
Fotos: Serge Skiba (Baum), rsooll (Bach), beide shutterstock.com
Gestaltung: Dragon Design, GB

Vignetten: Laura Steinfeldt

Satz und Gestaltung:
Dragon Design, GB
Gesetzt aus der Minion

Gesamtherstellung: Appel & Klinger, Schneckenlohe
Printed in Germany

ISBN 978-3-89060-700-9

Neue Erde GmbH
Cecilienstr. 29 · 66111 Saarbrücken
Deutschland · Planet Erde
www.neue-erde.de

Wer ist Lehrling? Jedermann.
Wer Geselle? Der was kann.
Wer ist Meister? Der's ersann.

Inhalt

Teil II: Die Runen

Runen alphabetisch zum besseren Auffinden:

Einleitung

Dieses Buch wendet sich an jeden Menschen, der sich wahrhaft und in Liebe entfalten will. Dabei ist es gleichgültig, welchem Glauben du angehörst. Jeder Glaube ist nur *eine* Facette der göttlichen Quelle, kein Glaube hat den einzig wahren Gott für sich gepachtet.

Die Wurzeln dieses Buches liegen in der vorchristlichen, heidnischen Zeit – seine Äste und Blätter sind im Hier und Heute, denn jede Glaubensausübung wandelt sich durch die Zeiten, und es ist klar, dass wir heute die Götter und die Ahnen anders verehren als unsere Vorfahren vor 3000 Jahren.

Das Buch ist als Einweihungsweg in die Welt der Runen aufgebaut. Mit jeder Rune verbinden sich Übungen und Aufgaben, die dich immer weiter von deinen alten Mustern befreien und deinen Geist und deine Seele klären werden, wenn du dich darauf einlässt.

Die Arbeit mit diesem Buch kann dich zu einem neuen Leben führen, in welchem du deine Opferrolle hinter dir lässt und ganz und gar in deiner Macht und Kraft sein kannst, ohne dabei auf Kosten anderer zu leben.

Du kannst diese Schritte in der Reihenfolge des Runenweges beschreiten oder auch das gerade jetzt für dich am besten Passende heraussuchen.

Ganz gleich aber, wie du es angehst, lies das Buch nach Möglichkeit zunächst einmal ganz durch.

Die Einweihungen solltest du in jedem Fall erst nach intensiver Arbeit mit den jeweiligen acht Runen vollziehen.

Die Quellen

Das Wort »Edda« bedeutet »Urgroßmutter«, das Wissen kommt also von den Müttern.

Sie wird aufgeteilt in die »jüngere« und die »ältere« Edda. Man könnte vielleicht sagen, eine Großmutter und eine Urgroßmutter.

Sämund Sigfusson schrieb die »Ältere Edda« Anfang des 12. Jahrhunderts auf Island. Sie enthält die Göttersagen der Völuspa. 1241 folgte Snorri Sturluson, ebenfalls ein Isländer, mit der Niederschrift der »Jüngeren Edda«.

Man kann sie als Lehrbuch für Skalden (germanisch für »Dichter«) bezeichnen.

1000 n. Chr. wurde auf dem Althing (Treffen aller Freien auf Island) das Christentum zur Staatsreligion erklärt, so dass sich selbst in der Älteren Edda christliche Einflüsse deutlich bemerkbar machen.

Die verschiedenen germanischen Stämme reisten nachweislich vom Polarkreis über die Britischen Inseln einschließlich Irland und den Ladogasee bis in die Dnjepermündung.

Daher scheint es auch keltische und persische Einflüsse in der Edda zu geben.

Nun ist die Edda nicht unsere einzige Quelle: Darüber hinaus können wir aus religiöser Dichtung, runenmagischen Texten, Zaubersprüchen, Darstellungen antiker Autoren (Cäsar, Tacitus, Ibn Fadlan) und christlicher Schreiber (Adam von Bremen) sowie literarischen Bearbeitungen, die nach der heidnischen Zeit entstanden, und wissenschaftlichen Rekonstruktionen aus dem Mittelalter etwas über den germanischen Glauben erfahren. Aber auch Schriften, die sich gegen den heidnischen Glauben wandten, wie zum Beispiel der »Indiculus« aus dem späten 8. Jahrhundert, sagen uns etwas über die Ausübung und die Form des heidnischen Glaubens.

Keiner dieser Texte entstand aus einem lebendigen heidnischen Glauben heraus, nicht einmal mit einem freundlichen Blick auf die germanischen Stämme.

Tacitus lebte etwa von 55 bis 115 n. Chr. und hat Germanien nicht selbst bereist; alle seine Texte fußen auf den Berichten von Mittelsleuten und haben einen moralisierenden Unterton, da er die damals herrschenden Sitten der Römer als dekadent ansah.

Cäsar hingegen kannte die Germanen aus eigener Anschauung durch den gallischen Feldzug 58 bis 51 vor Chr.. Von ihm stammt übrigens auch die Einteilung der Stämme in Kelten und Germanen.

Ibn Fadlan war ein Abgesandter des Kalifen von Bagdad, der im 10. Jahrhundert nach Chr. an der Wolga Kontakt mit dem vermutlich normannischen Stamm der Rus aufnahm und eine Reisebeschreibung verfasste.

Im 11. Jahrhundert schrieb Adam von Bremen, Domherr der katholischen Kirche, unter sorgfältiger Berücksichtigung der ihm zugänglichen Quellen seine insgesamt vier Bücher über die Geschichte Hamburgs und der Nordseeinseln.

Christliche Berichterstatter machten es sich ausdrücklich zum Ziel, die »gottlosen Heiden« zu missionieren. Ihr Interesse an den Göttern und am Glauben dieser Heiden richtete sich einzig darauf, möglichst deutlich den Irrglauben zu zeigen, dem ihre Missionskinder unterlagen.

Neben all den genannten Dokumenten helfen uns auch Personennamen, Ortsnamen, poetische, mythologische Namen, Kenningar (mehrgliedrige Wortumschreibungen), Heiti (eingliedrige Wortumschreibungen) und die Reste von Kultwörtern und -begriffen dabei, das Denken und Fühlen der Altvorderen zu verstehen.

Ein Beispiel für ein Kenning: »Der Fische Land« ist ein Kenning für das Meer, »der Saal des Mondes« ein anderer für den Himmel.

Ein Heiti ist z. B. »Helmsitz« für Kopf oder »Seeholz« für Schiff.

Auch die Gebrüder Grimm und andere Sammler der Sagen und Märchen Deutschlands haben uns Zugang zu einem vorchristlichen Denken verschafft, wenn auch verschlüsselt und verbrämt.

Aus archäologischen Fundstücken lassen sich Rückschlüsse ziehen: Bestattungen, Grabbeigaben und Kultgegenstände, Schmuck und Gebrauchsgegenstände zeichnen ein eindrückliches Bild der Handwerker, die es herstellten.

Aus der Beschäftigung mit all diesen Quellen sowie meinen persönlichen spirituellen Erfahrungen speist sich dieses Buch.

Nimm davon, was du brauchen kannst, und nutze es in der Weise, die dir am meisten entspricht.

Viel Freude beim Wachsen!

TEIL I:

DIE GRUNDLAGEN

Urzeit

Die Schöpfung

Im Schöpfungsmythos der germanischen Stämme war am Anfang *Ginnungagap*, der gähnende Abgrund, wie er im *Gesicht der Seherin* vom Anbeginn der Zeiten überliefert ist:

> Im Urzeit-Alter, als Ymir gewaltet,
> War nicht Sand noch See, Noch kühle Salzflut,
> Nicht Erde vorhanden, Noch Oberhimmel,
> Nur klaffende Kluft, Nicht das kleinste Gräschen.
>
> Völuspa 3, Übersetzung von Wilhelm Jordan

Aus Ginnungagap, der kosmischen Vagina, entstehen als Urimpulse Feuer und Eis.

Wörtlich übersetzt bedeutet Ginnungagap »die klaffende Spalte«. Nach Richard Fester (in »Weib und Macht«) ist das Wort Ginnungagap eindeutig weiblich und ein Hinweis auf die Gynaikokratie (Vorherrschaft der Frauen) bei den germanischen Stämmen.

Der Ursprung des Seins war für unsere Vorfahren also weiblich.

An den Rändern dieser klaffenden Spalte entstanden die ersten Keime des Lebens in Form von Feuer und Eis. Durch diese beiden extremen Gegensatzkräfte wird unser ganzes Leben und unser Sein geprägt.

Dies ist der uranfängliche Ursprung aller Wirklichkeit, allen Seins. Diese Ebene des Seins existierte *vor* allem anderen und wird weiter bestehen, wenn alles andere vergangen ist. Auf dieser ursprünglichen Ebene entstehen alle Ideen, die einmal Materie werden. Die Ebene von Ginnungagap ist die Matrix, die Blaupause des Lebens, in der alles Seiende seinen Ursprung hat. Alle Formen sind hier angelegt.

(Der gleiche Gedanke steht in der Kabbala hinter dem Begriff *Ain Soph Aur*. Auch der Begriff *Dao* aus dem Daoismus beschreibt diese Ebene.)

Durch das Zusammenwirken von Hitze und Kälte entstanden der Riese *Ymir* (man beachte die klangliche Verwandtschaft zum Wort *immer*) und die Kuh *Audhumla*, von deren Milch sich Ymir nährte. Audhumla ist ein Sinnbild für die nächste Ebene, die Ebene der Ideen. Diese wird von Ginnungagap umschlossen. Auf dieser Ebene finden wir die übergeordneten Konzepte des Seins, die grobe Form.

Ein Beispiel: Auf der Ebene Ginnungagap besteht das übergeordnete Konzept von »Frucht«. Das heißt, alle Möglichkeiten von »Frucht« sind dort summarisch enthalten. Alles, was je eine Frucht ausmacht, die Essenz des Begriffes Frucht befindet sich auf der Ebene Ginnungagap. Ohne diese Essenz der Frucht könnte es keine Früchte geben. Durch diese Essenz wird Frucht als Konzept überhaupt erst möglich.

Auf der Ebene Adhumla wird »Frucht« differenzierter, zum Beispiel als Apfel, Nuss und so weiter.

Aus Ymirs Körper wird die Welt erschaffen. So ist seine Ebene die der Formwerdung, in der Ideen konkreter und strukturierter werden.

Auf der Ebene von Midgard werden sie dann Materie.

Ein Beispiel, um das zu verdeutlichen: Du weißt, dass es Bäume gibt (Ginnungagap). Du beschließt, einen Baum zu pflanzen (Audhumla). Jetzt entscheidest du über die Art des Baumes und seinen Standort (Ymir). Und zu guter Letzt, pflanzt du den Baum ein (Midgard).

Die Runen existieren auf der Ebene von Ginnungagap seit Anbeginn der Zeit. In der Edda wird uns gesagt, dass es viele verschiedene Runen gibt:

> Hier finde nun vor die förderlichen,
> Verständiges ratenden Runenstäbe,
> Stäbe, so herrlich, als stärkend heilsam.
> Es reihte sie recht der berühmteste Redner;
> Sie wurden gemodelt von mächtigen Göttern
> Und in Rinde gemeißelt vom obersten Meister.
>
> Das that bei den Asen Odin selber,
> Bei den Alfen Dain, den Zwergen Dwalin;
> Für das Riesengeschlecht ritze sie Aswid,
> Aber auch ich schnitt etliche ein.

Havamal 145 – 146, Übersetzung von Wilhelm Jordan

Diese verschiedenen Runenreihen der Alfen, Zwerge und so weiter haben unterschiedliche Zeichen, und auch ihre Energien werden vollkommen unterschiedlich sein.

Wahrscheinlich ist das, was wir kennen, nur ein kleiner Ausschnitt aller Runen. Es sind die Runen, die der Schreiber der obigen Zeilen selbst einschnitt. Zusätzlich gibt es Alfenrunen (Alfen = Elfen), Zwergenrunen, Riesenrunen und die Runen der Asen. Und möglicherweise weitere Runenreihen, von denen nichts geschrieben steht.

Die Erschaffung der Menschheit

> Kamen drei Asen aus dieser Schar,
> stark und gnädig, zum Strand hinaus:
> Sie fanden an Land, ledig der Kraft,
> Ask und Embla, ohne Schicksal.
>
> Nicht hatten sie Seele, nicht hatten sie Sinn,
> nicht Lebenswärme noch lichte Farbe;
> Seele gab Odin, Sinn gab Hönir,
> Leben gab Lodur und lichte Farbe.

Völuspa 17 – 18, Übersetzung von Karl Simrock

Diese Verse beschreiben die Erschaffung der Menschheit. Ask bedeutet Esche, Embla ist bis heute nicht überzeugend übersetzt worden. Sophus Bugge übersetzt Embla mit Ulme, Hans Sperber mit Schlingpflanze. Beides bedarf jedoch einer großen sprachlichen Windung, um zu den Ergebnissen zu kommen.

Einig sind sich jedoch alle Autoren, dass Ask der Mann ist und Embla die Frau. Die drei Götter belebten also einen Mann und eine Frau aus Holz mit Seele und Geist sowie allen Sinnen. Diese beiden wurden die Stammeltern des Menschengeschlechts.

Weiter erzählt uns die Edda etwas über den Wohnsitz von Menschen, Göttern und allen anderen Wesen.

Der Weltenbaum Yggdrasil

Sage mir, Fiölswinn, was ich dich fragen will
Und zu wissen wünsche:
Wie heißt der Baum, der die Zweige breitet
Über alle Lande?

Fiölswinn:
Mimameid heißt er, Menschen wissen selten
Aus welcher Wurzel er wächst.
Niemand erfährt auch wie er zu fällen ist,
Da weder Schwert noch Feuer ihm schadet.

Fjölsvinnsmál 19 – 20, Übersetzung von Karl Simrock

Mimameid bedeutet *Baum des Mimi* und ist ein anderer Name für den Weltenbaum Yggdrasil. Üblicherweise wird Yggdrasil als zusammengesetzt aus dem altnordischen Wort *yggr* = Furcht, Schrecken, Schrecklicher und *drasill* = Pferd interperetiert. Doch es gibt eine alternative Übersetzung: Das altnordische Wort *yggia* ist abgeleitet von germanisch *igwja* = Eibe, und alnordisch *drasill* wird vom indogermanischen *dher*, »stützen« abgeleitet. Folgt man dieser Übersetzungsmöglichkeit, bedeutet Yggdrasil »Eibensäule«.

Yggdrasil ist also die Welteneibe, nicht die Weltenesche, wie es so oft übersetzt wird. Eiben (*Taxus*) sind immergrüne Bäume, die als Frucht kleine rote Beeren tragen. Alle Teile des Baumes, bis auf die rote Samenhülle, sind giftig. Die Eibe wird bis zu zwanzig Meter hoch und über 2000 Jahre alt.

Das in den Pflanzenteilen vorhandene Gift verursacht Atemlähmung und Herzstillstand. Die Eibe gilt als Schutz vor bösem Zauber und schwarzer Magie. Ebenso ist sie seit alters her ein Totenbaum, wird aber auch aufgrund ihres langen Lebens als ein Symbol für die Unsterblichkeit gesehen. Im *Abecedarium Nordmannicum* heißt die letzte Zeile: *Yr al behabet*, das gemeinhin mit *Eibe schließt alles ab* oder *Eibe enthält alles* übersetzt wird. Auch dies zeigt, dass die Eibe der Weltenbaum ist, der alles enthält.

Das Bild des stets in Oberwelt, Unterwelt und Mittelwelt eingeteilten Weltenbaumes ist rund um den Globus kollektiv verankert. In der germanischen Mythologie werden neun Welten angegeben. Jede dieser Welten hat ihre eigenen Bewohner, Herrscher und Wächter und ihre eigene Runenreihe. Aus diesen verschiedenen Welten kannst du Informationen und Energien, Kräfte und Mächte erhalten. Zwischen den Welten befinden sich 24 Pfade, die mit den Runen in Verbindung stehen. In einem folgenden Kapitel werde ich ausführlich darüber berichten.

Die Herkunft der Runen

> Eine Esche weiß ich, sie heißt Yggdrasil,
> die hohe, benetzt mit hellem Naß:
> von dort kommt der Tau, der in Täler fällt;
> immergrün steht sie am Urdbrunnen.
>
> Von dort kommen Frauen, vielwissende,
> drei, aus dem Born, der unterm Baume liegt:
> Urd heißt man eine, die andre Werdandi –
> sie schnitten ins Scheit –, Skuld die dritte;
> Lose lenkten sie, Leben koren sie
> Menschenkindern, Männergeschick.

Völuspa 19 – 20, Übersetzung von Karl Simrock

So kündet es uns die Edda: Die Nornen schnitten die Runen, sie legten die Lose, auf denen die Runen geritzt waren. Ihrer sind drei: Urd, Werdandi und Skuld. Lange bevor Odin die Runen erhielt, im Anbeginn der Zeit gehörten die heiligen Zeichen diesen drei Urmüttern, und sie wussten sich ihrer zu bedienen.

Die Nornen sind Schwestern der Nott (Nacht). Ihr Vater war der Riese Nörfi, so sind auch sie Riesinnen. Sie symbolisieren die drei Mondphasen und die uralte heilige Dreiheit der Großen Göttin. Die Große Göttin in ihrer Dreigestalt wurde in allen Matriarchaten verehrt. Die Runen gehörten also ursprünglich den Frauen, den Priesterinnen, die durch ihre Kulte für den Erhalt der Welt sorgten. Ihr Wohnort ist an der Wurzel des Weltenbaumes Yggdrasil nahe dem Urd-Brunnen. Aus diesem Brunnen schöpfen sie täglich das Wasser, das den Weltenbaum nährt, heilend vor Fäulnis bewahrt und somit alle Welten am Leben erhält.

Bei der Geburt eines jeden Menschen finden sie sich ein, werfen Lose und bestimmen sein oder ihr Schicksal. Urd spinnt den Lebensfaden, Werdandi misst ihm die richtige Länge zu und Skuld schneidet ihn ab – das Leben endet. Doch sind sie nicht nur Schicksalsfrauen für jeden von uns, sondern sie behüten unserer gesamtes Sein durch ihre Pflege des Weltenbaumes. Würden sie ihr Amt, Yggdrasil täglich mit dem Wasser des Urdbrunnens zu benetzen, aufgeben, müsste der Weltenbaum verfaulen – die Welt würde enden.

Odin hingegen musste sich die Runen erst durch ein Hängeopfer erwerben. Er musste körperlich leiden, eine Initiation durchlaufen, um der Runenweisheit teilhaftig zu werden. Neun Nächte muss er im Weltenbaum hängen, ohne zu essen und zu trinken. Er wird mit einem Speer verwundet. Und erst, als er schreiend vor Schmerzen sich nieder neigt, erhält er die Runenweisheit. Er muss also sein ganzes Gehabe als mutiger Krieger aufgeben, demütig werden und sich ganz und gar hingeben – dann erst, am Punkt seiner größten Selbstaufgabe, erhält er die Runenweisheit.

Ich weiß, dass ich hing
am windigen Baum
neun Nächte lang,
mit dem Ger verwundet,
geweiht dem Odin,
ich selbst mir selbst,
an jenem Baum,
da jedem fremd,
aus welcher Wurzel er wächst.

Sie spendeten mir
nicht Speise noch Trank;
nieder neigt ich mich,
nahm auf die Runen,
nahm sie rufend auf;
nieder dann neigt ich mich.

Neun Hauptlieder
lernt ich vom hehren Bruder
der Bestla, dem Böthornsohn;
von Odrörir,
dem edelsten Met,
tat ich einen Trunk.

Zu wachsen begann ich
und wohl zu gedeihn,
weise ward ich da;
Wort mich von Wort
zu Wort führte,
Werk mich von Werk
zu Werk führte.

Nun sind Hars Reden
in seiner Halle gesagt,

gar rätlich Reckensöhnen,
nicht rätlich Riesensöhnen.
Heil, der sie wies!
Heil, der sie weiß!
Er wahre sie wohl!
Heil, die sie hörten!

Havamal, 19 – 20, Übersetzung von Felix Genzmer

Odin musste dafür kämpfen, die Runen zu erlangen, doch geschaffen wurden sie von den weisen Nornen, die die dreifaltige Große Göttin sind. Und wie die dreifaltige Große Göttin alles Leben geschaffen hat und ernährt, enthalten die Runen alle ihre Geheimnisse. Sie sind *formgebende* Kräfte. Sobald eine Rune genannt wird, entsteht ein Manifestierungsimpuls, der meist noch nicht stark genug ist, etwas entstehen zu lassen. Aber mit der richtigen Kraft und in der richtigen Weise angewandt, kann ein/e Runenmeister/in alles erschaffen, was im Einklang mit der Quelle des Seins ist.

Yggdrasil – Die neun Welten

Die Zahl Neun war den germanischen Stämmen heilig. Noch heute wird Neun-Kräuter-Suppe gekocht, und wir sagen; »Ach du grüne Neune!«, ohne uns bewusst an diese Heiligkeit zu erinnern. Im Alpenraum gibt es den Neun-Kräuter-Buschen, und in Norddeutschland wurde traditionell zur Jahreswende mit neunerlei Hölzern geräuchert. Neun Welten gibt es im Weltenbaum, der sich untergliedert in Oberwelt, Unterwelt und Mittelwelt oder auch Asgard, Utgard und Midgard.

Dieser Baum ist nicht als wirklicher Baum vorzustellen, sondern als ein Symbol, das zeigt, wie alles miteinander zusammenhängt. In dieser Symbolsprache ist ein Leben – ganz gleich, ob Mensch, Tier oder Pflanze – ein Blatt am Lebensbaum, verbunden mit allem, bemerkt von allen. Ein Blatt entsteht, wächst und welkt, fällt zu den Wurzeln des Weltenbaumes und wird von ihm wieder als Humus durch die Wurzel aufgenommen.

Ebenso symbolhaft sind die Ortsangaben der Welteneibe. Wenn Asgard über Midgard liegt, wenn schnurgerade Pfade eingezeichnet sind und es Himmelsrichtungen gibt, so geschieht das nur der besseren Übersichtlichkeit halber. In Wirklichkeit (Wirklichkeit ist das, was wirkt) durchdringen sich Welten, die Pfade sind verschlungen und selbst die Fixpunkte sind ständig in Bewegung.

In der Neun ist die heilige Drei dreimal enthalten: So halten drei Wurzeln den mächtigen Stamm der Welteneibe, und drei Brunnen entspringen zwischen diesen Wurzeln. Eine Wurzel reicht nach Asgard, eine nach Niflheim und eine nach Helheim.

An der Wurzel, die nach Asgard reicht, liegt der Urdabrunnen, an dem sich die Götter täglich treffen, um Gericht zu halten. Aus diesem Brunnen schöpfen die Nornen täglich

Wasser, das die Welteneibe heilt und schützt, denn außer Nidhögg, dem Drachen, hat sie noch andere Feinde: Hirsche, die an ihren Blättern nagen, und zwei Schlangen, die ebenfalls die Wurzeln schädigen.

Mimirs Brunnen ist der zweite Quell, der zwischen Yggdrasils Wurzeln entspringt. Er liegt in Jötunheim. An ihm gab Odin sein Auge gegen einen Trunk aus diesem Brunnen, der unendliche Weisheit verleiht. Mimir ist dort der Wächter, und gleichzeitig ist er der Weisheit, die im Brunnen liegt, teilhaftig geworden. Die dritte Quelle ist Hvergelmir, dort lebt Nidhögg, der Drache. Er nagt dauernd an den Wurzeln des Weltenbaumes und vergiftet sie.

Die Menschen wohnen in Midgard, der zentralen Welt in Yggdrasil. Hier leben wir Menschen und die Tiere, hier ist auch die Wirkstätte aller anderen Gottheiten, Riesen, Zwerge und Elfen, die aber in anderen Bereichen ihre Wohnstatt und weitere Wirkstätten haben. Hier finden wir die Runen, die wir als Futhark kennen. Midgard ist durch die Regenbogenbrücke Bifröst mit Asgard verbunden.

Midgard wird von der Midgardschlange, Jörmungand, umschlungen. Für die Menschen ist Thor Midgards Wächter. Jera als Runenenergie gehört hierher – die Kraft von Aussaat und Ernte.

Über Midgard finden wir Asgard, die Heimstatt der Götter, in der wir Menschen nur Gäste sein können. Asgards Hüter ist Heimdall. Er bewacht die Brücke Bifröst (den Regenbogen), den einzigen Zugang zu Asgard. Bei drohender Gefahr stößt er in sein Gjallarhorn und warnt damit die anderen Götter.

In Asgard leben verschiedene Götter und Göttinnen, die bei den Runen, die zu ihnen gehören, näher beschrieben werden:

Frigga ist eine Muttergottheit, aber auch eine Seherin. Sie weiß alle Schicksale, aber schweigt.

Sie ist Fjörgyns (Erdgöttin) Tochter und Odins Frau.

Odin wird auch der Allvater genannt, er ist der Führer der Asen. Seine Eltern sind Buri und Bestla. Er beherrscht als ein Gott des Krieges und der Magie das Kämpfen ebenso wie das Weissagen.

Freya ist eine Wanin, die Göttin der Schönheit, Liebe und Fruchtbarkeit. Ihr Bruder ist Frey, natürlich ebenfalls ein Wane und auch ein Fruchtbarkeitsgott.

Thor ist ein Sohn Odins und der Erde. Er ist ein Beschützer Midgards und besonders der Menschen, seine Zeichen sind Blitz und Donner. Der Thorshammer, sein Kampfwerkzeug, ist ein beliebtes Schutzamulett. Seine Frau ist Sif, das personifizierte Getreide.

Loki ist ein Gott der Lügen, der die anderen Götter provoziert, wo er nur kann. Einer seiner Namen ist »Bosheitskrähe«.

Tyr ist der Gott der Gerechtigkeit und ein Kriegsgott. Er ist der älteste Gott und auch unter dem Namen Ziu bekannt.

Asgards Rune ist Gebo, die Kraft der Gaben, die von den Göttern kommen.

Etwas unter Asgard links gelegen ist Lysalfheim, die Welt der Lichtelben (auch -elfen oder -alben) – der Pflanzengeister und Elfen. Dies ist das Reich der Pflanzen mit all ihren Möglichkeiten. Sie leben zugleich in Midgard und Lysalfheim. Der Hüter dieser Welt ist der Lichtalbe (Elfe) Delling (=Morgentau). Dagaz ist die Rune hier, Licht transformiert sich zu Energie (Photosynthese), damit die Pflanzen wachsen können.

Lysalfheim gegenüber liegt Wanaheim. Das Wort Wanen ist abgeleitet vom altnordischen Wort für Glanz und bedeutet *die Glänzenden*. Hier leben die Wanen, das zweite große Göttergeschlecht neben den Asen, von denen sie verdrängt wurden. Einst gab es einen Krieg zwischen den Göttergeschlechtern, doch keine Seite konnte gewinnen. So wurde ein Frieden ausgehandelt, und zur Besiegelung des Friedens wurden Geiseln ausgetauscht. So kamen Freya und Frey zu den Asen. Die Wanen gelten als weise und zauberkundig. Von ihnen kommt der Seid-Zauber, den Freya Odin lehrte.

Bei den Wanen gibt es die Geschwisterehe, die ein Indiz für eine matriarchale Ausrichtung ihrer Kultur ist. Weitere Wanen sind Njörd, Skadi, Gullveig, Nerthus, Ing und Kwasir.

Ing ist der Hüter dieser Welt. Inguz, die Rune der Fruchtbarkeit, gehört zu dieser Welt.

Über Asgard liegt im Baum Muspelheim, die Welt der Feuerriesen mit der Rune Sowilo. Hier herrscht der Riese Surt, der zum Weltenende (Ragnarök) mit Feuer aus dem Süden kommt, um die Welt zu zerstören.

Unter Midgard findet sich Helheim. Die Herrscherin dieser Welt ist Hel. Sie behütet die Seelen derer, die nach der Reinigung in Niflheim auf ihre Wiedergeburt warten. Hel ist keine böse Hexe, ihr Reich keine Hölle, sondern als freundliche Gastgeberin bietet sie den Seelen so lange Unterkunft und Aufenthalt, bis sie wieder zur Inkarnation bereit sind. Sie unterstützt die Seelen auch in ihrem Entwicklungsprozess und bei der Auswahl des nächsten Lebens mit den dazugehörigen Lebenslektionen. Hagalaz ist ihre Rune und die Rune ihrer Welt.

Doch bevor die Seele nach Helheim gelangt, kommt sie zunächst nach Niflheim.

Niflheim liegt ganz unten in Yggdrasil. Hier lebt der Drache Nidhögg, der »Neiddrache«. Unmittelbar nach dem Tode hilft er der Seele, sich vom Körper und dem vergangenen Leben zu lösen. Danach hält sich die Seele in Niflheim auf, wo sie ihr vergangenes Leben bewertet und bearbeitet. Das geschieht ohne richtenden Gott oder Göttin. Nach dem Tode kann die Seele ihr Leben von einer höheren Warte aus betrachten, weil sich durch das Zurücklassen des materiellen Körpers ihre Schwingung erhöht hat. So ist sie in der Lage, sich neu auszurichten und die nächste Verkörperung vorzubereiten: die neuen Eltern aussuchen, die Lebensumstände festlegen, lose hängende Wurd- oder Orlögfäden wieder anknüpfen. Diese Vorbereitung findet größtenteils in Helheim statt, beginnt aber schon in Nilfheim.

Wurd oder auch keltisch Wyrd bezeichnet die Verpflichtungen, die eine Seele sich im Laufe ihrer Erdenleben auferlegt. Orlög meint dasselbe, doch in bezug auf den Familienverband. Später werde ich diese Prinzipien eingehend erläutern.

Allerdings gibt es auch Seelen, die diesen Weg ins Licht und wieder in die Materie nicht gehen wollen. Sie bleiben an die Erde gebunden, können jedoch erlöst werden.

Die Rune Nautiz, die Not-wende, gehört hierher.

Über Helheim links liegt Jötunheim; das ist die Heimat der Riesen. Hier ist es kalt und lebensfeindlich. Asgard wird von Jötunheim durch den Grenzfluss Ifing abgeschottet. Die Riesen, die den Menschen feindlich gesonnen sind, schicken von hier Eis und Schnee, kalte Stürme und Frost nach Midgard.

Ihr Herrscher ist Thrym. Isa, die Rune des Eises, ist die Rune der Riesenwelt.

Jötunheim gegenüber liegt Swartalfheim. Modsognir herrscht hier über die Zwerge oder Schwarzalben/-elfen. Sie kennen alle Geheimnisse der Steine und Metalle, ihre heilenden und tödlichen Eigenschaften. Die Zwerge sind die Hüter der Schätze der Erde und können in ihren Schmieden kostbare Gegenstände aus Metall herstellen. Die Zwerge, die Swartalfen, haben Freys Schiff Skidbladnir gebaut und Freyas Halsband Brisingamen hergestellt, das goldene Haar der Sif und Odins Speer Gungnir. Manchmal verschenken sie einen Schatz an einen Menschen, der ihnen behilflich war; man kann es in den Grimmschen Märchen nachlesen. Die Rune ist Eiwaz, denn sie symbolisiert die Verbindung zwischen den Welten und dem Weltenbaum.

Die 24 Pfade

Zwischen den neun Welten gibt es 24 Pfade. Jedem Pfad wird eine Rune zugeordnet. Diese meine Zuordnungen sind Vorschläge, mit denen ich sehr gut arbeite. In der Edda gibt es einen Teil, der davon handelt, wo die Runen stehen. Ich bringe dies mit den Pfaden im Weltenbaum in Verbindung. Das Wissen um die Runen der Pfade hilft beim Reisen im Weltenbaum. Es ermöglicht auch ein tieferes Verständnis der Runen und des Weltenbaumes.

Vers 14 handelt von Mimir, der in den folgenden Versen berichtet, wo Runen stehen.

14
Auf dem Berge stand er mit blankem Schwert,
Den Helm auf dem Haupte.
Da hub Mimirs Haupt an weise das erste Wort
Und sagte wahre Stäbe.
15
Auf dem Schilde stünden sie vor dem scheinenden Gott,
Auf Arwakrs Ohr und Alswidrs Huf,
Auf dem Rad, das da rollt unter Rögnirs Wagen,
Auf Sleipnirs Zähnen, auf des Schlittens Bandern.
16
Auf des Bären Tatze, auf Bragis Zunge,
Auf den Klauen des Wolfs und den Krallen des Adlers,

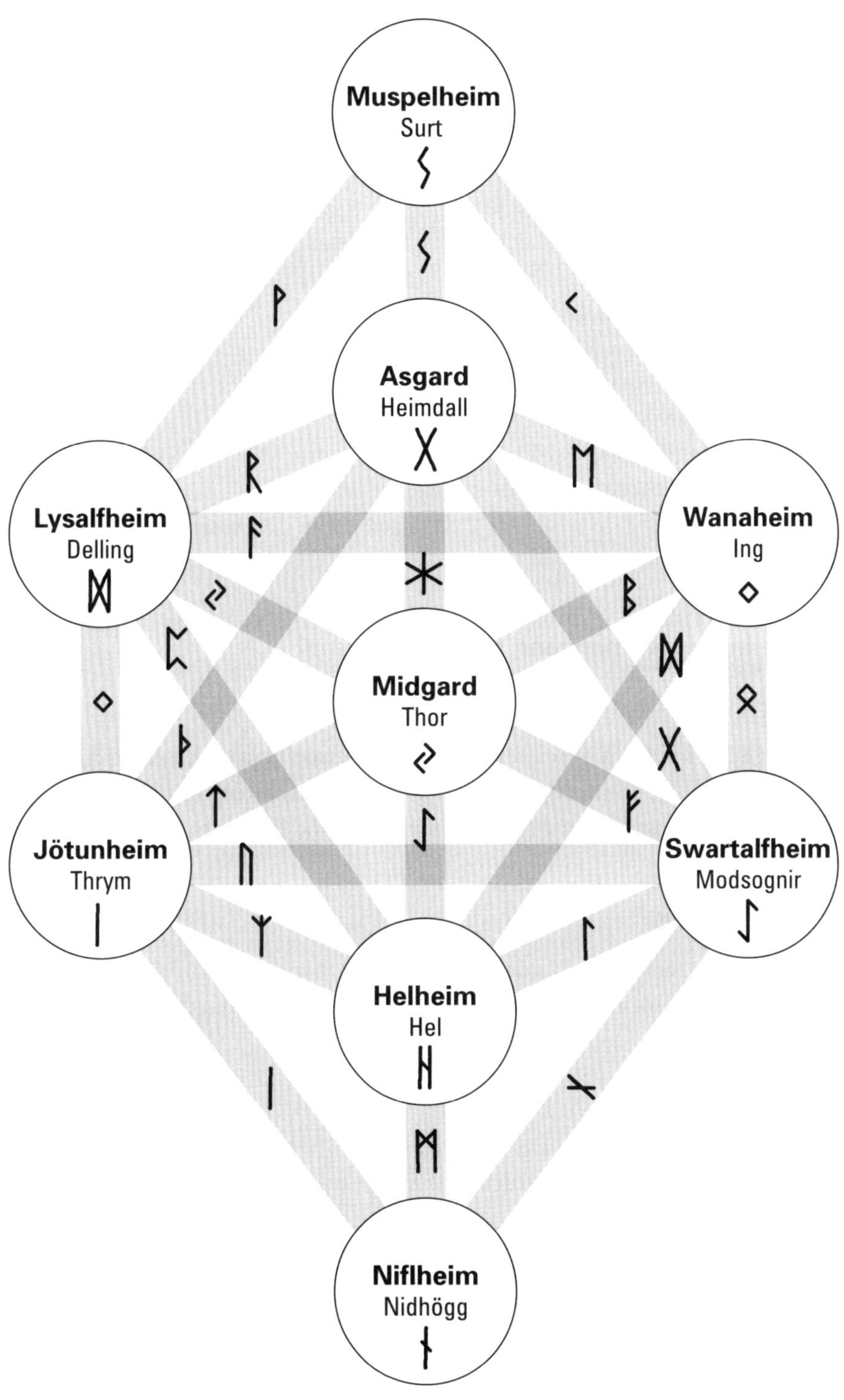

Die neun Welten und die 24 Pfade

Auf blutigen Schwingen, auf der Brücke Kopf,
Auf des Lösenden Hand und des Lindernden Spur.
17
Auf Gold und Glas, auf dem Glück der Menschen,
In Wein und Würze, auf der Wala Sitz,
Auf Gungnirs Spitze und Granis Brust,
Auf dem Nagel der Norn und der Nachteule Schnabel.
18
Geschabt wurden alle, die geschnitten waren,
Mit hehrem Met geheiligt
Und gesandt auf weite Wege.
Die sind bei den Asen, die bei den Alfen,
Die bei weisen Wanen,
Einige unter Menschen.

Sigrdrifumal 14 – 18, Übersetzung von Karl Simrock

Die Pfade im Zusammenhang zum Sigdrifumal

Auf dem Schilde stünden sie vor dem scheinenden Gott,

Dies ist der Pfad der Rune Sowilo. Er führt von Muspelheim nach Asgard. Der scheinende Gott meint die Sonne, der Schild vor dem scheinenden Gott könnte die Ozonschicht sein. Sowilo ist die Sonne, die Sonnenkraft und das Licht, das alles an den Tag bringt.

Auf Arwakrs Ohr

Arwaker ist eines der beiden Pferde, die die Sonne über den Himmel ziehen. Der Pfad führt von Muspelheim nach Lysalfheim, und die Rune Wunjo, die Rune der Freude, gehört dazu.

und Alswidrs Huf,

Alswidr ist Arwarkers Partner. Der Pfad führt von Muspelheim nach Wanaheim, und die Rune Kenaz liegt hier. Sie ist auch eine Feuerrune, ebenso wie Sowilo.

Auf dem Rad, das da rollt unter Rögnirs Wagen,

Dies ist einer der Beinamen Odins. Rögnir bedeutet soviel wie Zänker, Streiter. Odin ist ein Schamanengott, der zwischen den Welten reisen kann. Daher gehört zu diesem Pfad die Rune Raido, die Rune des Reisens – auf der Welt und zwischen den Welten. Der Pfad verbindet Asgard und Lysalfheim.

Auf Sleipnirs Zähnen,

Sleipnir ist Odins achtbeiniges Pferd. Die Rune ist Ewaz. Ewaz bedeutet Pferd, und auch das Pferd trägt uns zwischen den Welten hin und her. Manchmal wird auch der Schamane, der/die einen Gott invoziert, als »Pferd« des Gottes bezeichnet, als Träger des Gottes in dieser Welt. Der Pfad führt von Asgard nach Wanaheim.

auf des Schlittens Bandern.

Dieser Pfad führt von Niflheim nach Jötunheim. In diesen Regionen von Eis und Schnee kann man am besten mit dem Schlitten reisen. Auf diesem Pfad liegt die Eisrune, Isa.

Auf des Bären Tatze,

Berkana ist die Rune der Bärin. Der Bär/die Bärin genoss in der Frühzeit des Menschen eine besondere Verehrung. Darauf deuten die Funde von Bärenschädeln in verschiedenen Höhlen. Besonders bekannt ist der Schädel von Chauvet. Die Berserker waren Krieger, die sich dem Bärengeist verschrieben hatten und von ihm »geritten« wurden. Die Rune hier ist Berkana, sie steht mit dem Bären in Verbindung, und ihr Pfad führt von Wanaheim nach Midgard.

auf Bragis Zunge,

Der Skaldengott (Dichtergott) begrüßt die Gäste und Neuankömmlinge in Walhall. Er ist der berufene Sprecher der Götter. Dies ist der Pfad der Rune Ansuz, welche mit Sprache und Gesang in Verbindung gebracht wird. Der Pfad führt von Wanaheim nach Lysalfheim.

Auf den Klauen des Wolfs

Der Wolf ist meist der Fenris-Wolf. Der Gott Tyr opferte seine rechte Hand, damit der gefährliche Fenris gefesselt werden konnte und die Welten vor ihm beschützt sind bis zum Ragnarök. Hier ist die Rune Tyr, ihr Pfad führt von Midgard nach Jötunheim.

und den Krallen des Adlers,

In der Krone der Welteneibe sitzt ein Adler, dessen Name nicht bekannt ist. Zwischen seinen Augen sitzt ein Habicht, dessen Name Vedrfölnir ist. In der Prosa-Edda wird der Adler als vielwissender, kluger Vogel beschrieben, Vedrfölnir ist sein weiser Ratgeber. Der Adler hat eine Schutzfunktion inne, Algiz ist eine Schutzrune. Der Pfad liegt zwischen Jötunheim und Helheim.

Auf blutigen Schwingen,

Auf dem Wege zur materiellen Menschwerdung bewegt sich die Seele zwischen Helheim und Niflheim. Die vom Lebenssaft Blut getränkten Schwingen weisen auf die Bewegung in die Materie. Die Rune ist hier Mannaz, die Rune des Menschen.

auf der Brücke Kopf,

Mit der Brücke ist Bifröst gemeint, die Regenbogenbrücke, die von Asgard nach Midgard führt. Heimdall ist hier der Wächter. Hagalaz, die Hagelrune, ist die Rune dieses Pfades.

Auf des Lösenden Hand

Inguz ist die Rune des Werdens, gleichzeitig eine Fruchtbarkeitsrune, die alles schützt, was im Werden ist. Das, was gereift ist, ganz gleich, ob im Acker oder im Menschen, muss losgelöst werden vom Träger, damit es genutzt werden kann. Der Pfad führt von Lysalfheim nach Jötunheim.

und des Lindernden Spur.

Uruz ist die Rune des Heilers/der Heilerin, also jener Menschen, die Schmerzen und Leiden lindern können. Zudem ist Uruz eine stark erdende Rune, so dass der Pfad zwischen Jötunheim und Swartalfheim zu ihr gehört.

Auf Gold

Gold ist das Geschenk der Schwarzalben an die Menschen. Die Rune der Fülle und des Reichtums ist Fehu. Dieser Pfad verbindet Swartalfheim und Midgard.

und Glas,

Der Pfad führt von Niflheim nach Swartalfheim. Seine Rune ist Nautiz, die Rune der Notwende, der Dinge, die wir dem Leben schulden. Nautiz ist auch die Rune der Verstrickung in Wurd und Orlög, also in das persönliche und kollektive Schicksal.

auf dem Glück der Menschen,

Das Glück der Menschen ist die Ernte, Jera. Jedoch sollten wir bedenken, dass wir nur Glück ernten können, wenn wir auch Glück ausgesät haben. Jeder Gärtner weiß, dass aus Ringelblumensamen Ringelblumen werden und aus Möhrensamen Möhren; nichts anderes kann man dann ernten. Der mit Jera verbundene Pfad führt von Lysalfheim nach Midgard, denn die Lichtalben tragen zu jeder Ernte bei.

In Wein

Wein ist flüssig, Laukaz ist die Rune des Wassers und des Fließens. Das Wasser fließt von Helheim zu Swartalfheim.

und Würze,

Die Wanen sind in Vergleich mit den Asen die älteren Götter, also die Ahnen der Götter. Man könnte sie auch als das Salz der Erde bezeichnen. Ebenso ist Odal die Rune der Ahnen und der Sippe. Der Pfad verbindet Wanaheim und Swarfalfheim.

auf der Wala Sitz,

Die Rune Eiwaz, stärkster Schutz gegen schwarze Magie und Dämonen, schirmt den Pfad der Wala, der Seherin und weisen Frau. Sie bringt Wissen von Helheim nach Midgard, dafür braucht sie den starken Schutz von Eiwaz.

Auf Gungnirs Spitze

Gungnir ist der von Zwergen geschmiedete Speer Odins. Er hält nie im Stoß inne, trifft stets sein Ziel und kehrt immer in die Hand seines Besitzers zurück. Thurisaz, die Rune der Verteidigung, aber auch die Rune der Riesen, gehört auf diesen Pfad von Asgard nach Jötunheim, denn die Asen sind erbitterte Feinde der Riesen. Die Riesen versuchen ständig, Asgard und Midgard zu zerstören. Die Asen kämpfen ständig dagegen an.

und Granis Brust,

Dies ist Sigurds Pferd, welches direkt von Sleipnir abstammt. Es trägt die Last von drei Pferden. Mit Grani durchbricht Sigurd die Waberlohe, die Brünhild umschließt. Von Brünhild lernt er Runenweisheit als ein Geschenk der Walküre an ihren Retter. Daher gehört Gebo hierher. Der Pfad führt von Asgard, wo Brünhild herkommt, nach Swartalfheim, wo ihr Gefängnis war.

Auf dem Nagel der Norn

Die Nornen wissen alle Geheimnisse der Menschen. Perthro ist die Rune des Geheimnisses und der Einweihung. Der Pfad verbindet Helheim mit Lysalfheim.

und der Nachteule Schnabel.

Dagaz bedeutet Tag, wobei der Tag bei den germanischen Stämmen mit der Abenddämmerung begann, dann also, wenn die Nachteule zu fliegen beginnt. Eulen sind Träger der Weisheit seit alters her, daher führt dieser Pfad von Helheim nach Wanaheim.

Runenentstehung

Es gibt verschiedene Theorien, die sich damit beschäftigen, wie die Runen sich entwickelt haben könnten:

Aus der römischen Schrift, aus dem griechischen oder phönizischen Alphabet, aus etruskischen oder norditalienischen Buchstaben. Ihr Herkunftsort wird mit Nordeuropa oder auch Atlantis angegeben.

Die in Schweden und Norwegen gefundenen Felsbilder sprechen dafür, dass die Runen sich im nordeuropäischen Raum entwickelt haben.

Die verschiedenen Runenreihen

Die verschiedenen Futharks

Die Runenreihen werden Futhark (in der Mehrzahl Futharks) genannt, nach den ersten sechs Runen (f-u-th-ar-k). Man unterscheidet:

Das ältere Futhark

Es besteht aus 24 Runen, die in drei Gruppen, genannt aettir (Achter), eingeteilt werden. Alle jüngeren Runenreihen leiten sich von diesem Futhark ab. Zunächst war diese Runenreihe nur bei den nordgermanischen Stämmen in Gebrauch, breitete sich aber zur Völkerwanderungszeit langsam zu den Ost- und Westgermanen aus. Es gibt etwa 350 Inschriften mit diesem Futhark. Auf etwa 30000 v. Chr. lassen sich die ersten vereinzelten, in Höhlen entdecken Runenzeichen datieren. Bis 700 n. Chr. war das ältere Futhark in Gebrauch.

Jüngeres Futhark: Nordische Runenreihe

Im 7. und 8. Jahrhundert wurden die 24 Runen des älteren Futharks auf 16 Runen »geschrumpft«. Für die sprachliche Wiedergabe war das schwierig, einige Runen mussten mehrere Laute darstellen. Es ist der Wissenschaft nicht bekannt, warum man von 24 auf 16 Runen überging. Die Runen, die weggelassen wurden, sind Energien, die das Christentum nicht dulden konnte.

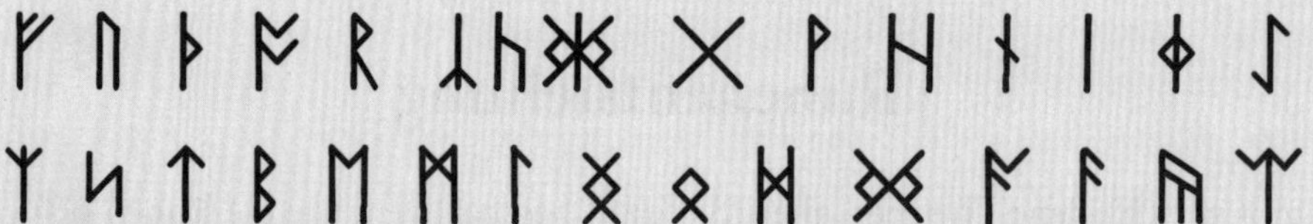

Jüngeres Futhark: Angelsächsisches Futhark

Im angelsächsischen Raum hingegen erweiterte sich das Futhark schrittweise auf 31 Runen, die zum Teil lange für bestimmte Lautwerte in Gebrauch blieben. Dieses Futhark war in seiner Gesamtheit bis ins 10. Jahrhundert gebräuchlich, einzelne Runen auch länger.

Die genannten Runenreihen sind einheitlich anerkannt. Es gibt aber noch weitere Runenreihen, die in Anzahl oder Form der Runen variieren.

Armanen-Futhark

18 Runen bilden das Armanen-Futhark, ein ganz und gar künstliches System, welches keinerlei historische Wurzeln hat. Es wurde um 1902 von Guido von List geschaffen. List, der bei seinen Anhängern den Status eines Propheten hatte, inspirierte auch andere Autoren, wie zum Beispiel Marby, Liebenfels oder Spießberger. Liebenfels wird gemeinhin als »der Mann, der Hitler die Ideen gab« (Buchtitel von Leopold Pammer) bezeichnet. Aufgrund seines ganz und gar zusammenfabulierten Inhaltes und der historisch nicht bekannten Runen ist dieses Futhark für uns nicht von Interesse. Dennoch ist es wichtig, auch die Autoren aus den zwanziger und dreißiger Jahren zumindest dem Namen nach zu kennen und möglichst auch zu lesen – um dann ihre Spuren in der modernen Literatur erkennen zu können. Ich möchte hier nur beispielhaft Spießberger mit seinem Leitsatz für die Rune Yr zitieren: »Weib, werde Mensch!«, der in höchstem Maße faschistoid und frauenverachtend ist. Dennoch wiederholen »moderne« Autoren diese und viele andere menschenverachtende Phrasen als überliefertes Runenwissen, weil ihnen der Zusammenhang mit jenen Schreibern der Nazizeit fehlt.

Besser, die Argumente der rechten »Runenweisen« zu kennen und wiedererkennen zu können, als den Kopf in den Sand zu stecken.

Weit weniger plausibel ist die italienisch-etruskische These, nach der die Runen aus den verschiedenen Alphabeten Norditaliens weiterentwickelt wurden. Auch die These, dass die Runen eine Adaption der lateinischen Buchstaben sind, ist nicht wirklich stichhaltig, obgleich Ähnlichkeiten zwischen den beiden Schriftsystemen bestehen. Weitere Thesen sind die Entwicklung aus dem griechischen Alphabet, ihre Herkunft aus Atlantis oder ihre Bildung aus der phönizischen Schrift. Auch diese Thesen haben keine wirklich schlagkräftigen Beweise auf ihrer Seite.

Mir erscheint es am wahrscheinlichsten, dass die Runen sich aus der wenig bekannten Vincaschrift entwickelten. Vinca, wo die Inschriften entdeckt wurden, liegt 14 km von Belgrad in Serbien entfernt. Die Blütezeit jener Kultur lag zwischen 5400 – 4500 vor Christus.

Diese Schrift besteht aus mehr als 200 Zeichen, von denen einige wie Runen aussehen – ob sie den gleichen Sinngehalt hatten, können wir heute natürlich nicht mehr sagen. Sie war wahrscheinlich ausschließlich zu kultischen Zwecken bestimmt und hatte eine Verbreitung vom nördlichen Griechenland über den Balkan, Rumänien, Ungarn und das ehemalige Jugoslawien. Es gibt zahlreiche Hinweise darauf, dass die Vinca-Kultur matriarchal und von Ackerbau und Viehzucht geprägt war.

Es lohnt sich, die Vinca-Schriftzeichen anzuschauen, allerdings spielen sie hier keine weitere Rolle.

Für mich sind die Menschen der Vinca-Kultur mit den Wanen, dem zweiten Göttergeschlecht der Edda, gleichzusetzen. Die Wanen haben ebenfalls mutterrechtliche Züge und waren ackerbauende Viehzüchter. Ihre »Vor«-Runenzeichen waren in ganz Europa verbreitet und hatten ihr Zentrum im Balkangebiet. Die Vincaschrift wurde ausschließlich zu kultischen Zwecken genutzt, ebenso wie die Runen später.

Nach meinem Verständnis sind die Anfänge der Runen also mindestens 5000 Jahre alt. Bezieht man die Felsbilder in den von Marie König gefundenen Höhlen in Frankreich in die Überlegung mit ein, könnten die ersten Runen durchaus schon etwa 30.000 Jahre alt sein. Erst als die germanische Kultur im Niedergang begriffen war, wurden die Runen dazu genutzt, profane Texte zu schreiben; zuvor dienten sie ausschließlich dazu, Magie zu wirken und den Willen der Götter zu erforschen.

Marija Gimbutas, die die Vinca-Kultur eingehend erforschte, entwickelte die Kurganhypothese, die von einer frühen Domestizierung der Pferde im Kaukasusbereich ausgeht. Dadurch entstand eine neue Beweglichkeit, die zur Bildung kämpfender Reiterhorden (Asen) geführt hat. Die im Osten des »Alten Europas« matrilinear lebenden Völker (Wanen) wurden unterworfen, die Kultur der Eroberer mischte sich mit der Kultur der Unterworfenen. Daraus resultiert die Sage von den Asen (kriegerische Reiterstämme) und den Wanen (sesshafte Bauernstämme).

Jede Rune ist sechsfach

Beispiel Berkana

Jede Rune hat sechs Ebenen des Seins. Die erste Ebene ist das Runenzeichen, das aus mehr oder weniger vielen Strichen zusammengesetzt ist. Diese Striche lenken die Energie in eine bestimmte Richtung, wie Dämme einen Fluss lenken können.

Der Runenname ist die zweite Ebene. Durch den Klang ergeben sich wiederum bestimmte Energieformen, die mit dem »Fließmuster« der Rune in Verbindung stehen.

Der Buchstabe, für den die Rune steht, ist die dritte Ebene. Er sagt etwas über die Ordnung der Rune im Zusammenhang mit den anderen Runen und dem Gesamtbild aus.

Weiterhin hat jede Rune eine Bedeutung, etwa »Birke« oder »Vieh« oder »Fackel«. Das ist die vierte Ebene, auf der die Rune schwingt.

So ist jede Rune ein komplexer Verbund von ideellen Inhalten. Berkana bedeutet »Mutter« mit allen Inhalten, die dieser Begriff umfasst.

Dann gibt es die magisch-esoterische Bedeutung, die sich meist vom ideellen Begriff ableitet. Bei der Fackelrune Kenaz ist dies das Leuchten und die Hilfe beim Finden von neuen Wegen und Erfahrungen. Bei Berkana dreht es sich um das Aufnehmen und Abgeben von Energien, um das Nähren und Genährtwerden.

Die sechste Ebene ist der Schritt auf dem Einweihungsweg. Ich biete hier für jede Rune einen Schritt an; ob das jedoch auch der ist, den du mit dieser Rune gehen kannst, musst du selbst erfahren. Möglicherweise hält diese Rune einen ganz anderen Einweihungsprozess für dich bereit.

Die unterschiedlichen Runenarten

In der Edda werden folgende Runenarten genannt:

Sigdrifa

Bier bring ich dir, du Baum in der Schlacht,
Mit Macht gemischt und Mannesruhm,
Voll der Lieder und lindernder Sprüche,
Guter Zauber voll und Freudenrunen.

Siegrunen schneide, wenn du Sieg willst haben;
Grabe sie auf des Schwertes Griff;
Auf die Seiten einige, andere auf das Stichblatt
Und nenne zweimal Tyr.

Aelrunen kenne, daß des andern Frau
Dich nicht trüge wenn du traust.
Auf das Horn ritze sie und den Rücken der Hand
Und mal ein N (Not) auf den Nagel.

Die Füllung segne vor Gefahr dich zu schützen
Und lege Lauch in den Trank.
So weiß ich wohl wird dir nimmerdar
Der Met mit Wein gemischt.

Bergrunen schneide, wenn du bergen willst
Und lösen die Frucht von Frauen,
In die hohle Hand und hart um die Knöchel
Und heische der Disen Hilfe.

Brandungsrunen schneide, wenn du bergen willst
Im Sund die Segelrosse;
Aufs Steven sollst du sie und aufs Steuerblatt ritzen,
Dabei ins Ruder brennen:
Nicht so wild ist der Sturm, nicht so schwarz die Welle,
Heil kommst du heim vom Meere.

Astrunen kenne, wenn du Arzt willst sein
Und Wunden wissen zu heilen.
In die Rinde ritze sie und das Reis am Baum,
Wo ostwärts die Äste sich wenden.

Gerichtsrunen kenne, wenn du der Rache willst
Deiner Schäden sicher sein.
Die winde du ein, die wickle du ein
Und setze sie alle zusammen
Bei der Malstätte, wo Männer sollen
Zu vollzähligem Gerichte ziehen.

Geistrunen schneide, willst du klüger scheinen
Als ein anderer Mann.
Die ersann und sprach, die schnitt zuerst
Odin, der sie auserdacht
Aus der Flut, die geflossen war
Aus dem Hirn Heiddraupnirs;
Aus dem Horn Hoddraupnirs.
...

Das sind **Buchrunen**, das sind **Bergrunen**,
Dies alle **Aelrunen**
Und rühmliche **Machtrunen**,
Wer sie unverwirrt und unverdorben
Walten lässt zu seinem Wohl.
Lerne sie und lass sie wirken
Bis die Götter vergehn.

Sigrdrifumal 5 – 13, 19, Übersetzung von Karl Simrock

Die Walküre Sigdrifa, die zauberkundig ist, erzählt von diesen verschiedenen Zauberrunen. Wir finden in der Dichtung:

Siegrunen – Sieg im Kampf – Sowilo ᛊ
Aelrunen – zum Schutz – Algiz ᛉ, Thurisaz ᚦ, Eiwaz ᛇ
Bergrunen – für gefährliche Geburten, von »bergen« = retten – Berkana ᛒ
Brandungsrunen – Gefahr auf hoher See – Isa ᛁ, Laukaz ᛚ
Astrunen – Uruz ᚢ, Algiz ᛉ, Eiwaz ᛇ
Gerichtsrunen – Gerechtigkeit – Mannaz ᛗ, Tyr ᛏ
Geistrunen – Weisheit – Perthro ᛈ
Buchrunen – Dichtung, Gesang – Ansuz ᚨ
Machtrunen – Tyr ᛏ, Thurisaz, Hagalaz ᚺ

Im Text selbst werden die Runen nicht mit Namen genannt. Daher stammen die Zuordnungen von mir.

Aus dem »Galdarbook«, einem isländischen *Grimoire* (Zauberbuch) des späten Mittelalters, kennen wir noch weitere Verwendungen von Runen: Eine sind die Bandrunir, die Binderunen, die aber noch deutlich als aus Runen zusammengefügt erkennbar sind. Sie können alle Arten von Zauber beinhalten, von Heilung bis Schaden. Dennoch sind sie für eine Runenmeisterin/einen Runenmeister nachvollziehbar. So kann man sie angemessen abwenden oder umwandeln.

Weiterhin wird von den Villuletur oder Villurunir gesprochen, die verwirren und verbergen sollen. Auch sie sind eine Art von Binderunen.

Galdrastaff sind magische Stäbe, die wahrscheinlich aus Runen hergestellt sind, aber die einzelnen Runen sind nicht mehr zu erkennen. Hier ist es weit schwerer, den Zauber zu brechen, manchmal ist es gar nicht möglich.

Das Wort Galdramyndir bezeichnet nichtrunische Zeichen wie den Thorshammer, den Walknut oder den Schildknoten. Allerdings wird es auch manchmal als Name aller magischen Zeichen benutzt.

Diese Zeichen sind leicht erkennbar und werden häufig auch von Nicht-Runenmagierinnen und -magiern genutzt.

Gefahren der Runenarbeit

»Als Egil und die Seinen sich gesetzt hatten und aßen, da sah Egil, dass ein Mädchen krank auf dem Querbett lag. Egil fragte Thorfinn, wer das Weib sei, das dort so krank liege. Thorfinn meinte, sie heiße Helga und sei seine Tochter. – ›Sie hat schon lange krank gelegen. Sie litt an Auszehrung. Keine Nacht schlief sie und war wie wahnsinnig.‹ ›Habt ihr irgendwelche Mittel gegen die Krankheit angewendet?‹ fragte Egil. Thorfinn sprach: ›Runen sind geritzt worden, und ein Bauernsohn ganz in der Nachbarschaft ist's, der dies tat. Es steht aber seitdem viel schlimmer als vorher. Kannst du, Egil, etwas wider solches Übel tun?‹ Egil meinte: ›Möglich, dass es nicht schlechter wird, wenn ich mich daranmache.‹ Als Egil gegessen hatte, ging er dorthin, wo das Mädchen lag, und sprach zu ihr. Er bat, sie von dem Platz zu heben und reines Zeug unter sie zu legen. Das geschah. Darauf durchsuchte er den Platz, auf dem sie gelegen hatte und fand dort ein Fischbein, auf dem Runen geritzt waren. Egil las sie. Darauf schabte er die Runen ab und warf sie ins Feuer. Er verbrannte das ganze Fischbein und ließ das Zeug, das das Mädchen gehabt hatte, in den Wind tragen. Dann sprach Egil:

›Runen ritze keiner
Rät er nicht, wie's steht drum!
Manches Sinn schon, mein ich,

Wirren Manns Stab irrte.
Zehn der Zauberrunen
Ziemten schlecht dem Kiemen:
Leichtsinn leider machte
Lang des Mädchens Krankheit.‹

Egil ritzte Runen und legte sie unter das Polster des Lagers, auf dem das Mädchen ruhte. Ihr deuchte da, als ob sie aus dem Schlafe erwache, und sie sagte, sie sei gesund, wenn auch noch schwach.«

Egils saga Kapitel 73,
in der Übersetzung von Felix Niedner, Kapitel 72

Hier wird ganz klar, dass die Runen bei falscher Handhabung sehr gefährlich sein können. Das junge Mädchen ist durch einen falschen Runenzauber erkrankt; Egil mit seinem überaus großen Wissen heilt sie mit den richtigen Runen. Daher ist eine grundlegende Voraussetzung für die Arbeit mit den Runen die klare Erkenntnis der eigenen Fähigkeiten und Grenzen.

Die Runen sind sehr mächtige Verbündete. Wenn man weiß, wie man sie anwendet, kann man mit ihnen Wetter machen oder Wünsche manifestieren, Menschen, Tiere oder Pflanzen heilen – oder eben auch krankmachen. Mit einem so mächtigen Werkzeug sollte man daher sehr vorsichtig sein. Es stellt sich die grundsätzliche Frage, was überhaupt magisch verändert werden kann und *darf*. Daher ist es umso wichtiger, die eigene Seele zu erforschen und mit den Göttern Rat zu halten. Nur was ganz und gar stimmig ist, darf zur Manifestierung kommen.

Magie ist Macht. Und Macht ist kein Spielzeug, geschaffen zu unserer eigenen Befriedigung und Bequemlichkeit. Mit jeder Art von Macht geht auch die Verantwortung einher, sie angemessen zu nutzen. Das Ego hat dabei nichts zu suchen.

Es ist eben *nicht* so, wie uns unzählige Bücher und Filme weiszumachen versuchen: Macht als Mittel, sich darzustellen und möglichst viel Geld, Erfolg und so weiter zu erhalten. Magie ist kein Mittel zur persönlichen Befriedigung. Es geht *nicht* darum, die eigenen Wünsche ohne Rücksicht auf das große Ganze zu verwirklichen. Egoismus wird immer zum Verfall führen.

Wer wirk-liche Macht hat, also eine Macht, die Wirkung erzielt, wird sie nicht dazu benutzen, reich zu werden oder anderen Menschen seinen Willen aufzuzwingen. Wer wirkliche Macht hat, lebt still und unerkannt in der Menge und wirkt zum Wohle aller, ohne den eigenen Vorteil zu bedenken. Wahre Macht erfordert wahres Dienen unter den kosmischen Gesetzen. Auch hier steht es dir frei, diesen oder einen anderen Weg zu beschreiten.

Aber sei dir bewusst, dass die kosmischen Gesetze immer einen Ausgleich schaffen, in diesem oder einem anderen Leben. Das heißt, du wirst zurückgeben müssen, was du dir angeeignet hast, ohne dass es wirklich zu dir gehörte. Wenn du geherrscht hast, wirst du dienen lernen und so weiter. Dabei geht es *nicht* um Strafe; es geht um Ausgleich der Energien. Das Universum strebt nach Harmonie, und wo sie nicht herrscht, schafft es sie.

Wenn du in Harmonie mit den Kräften des Kosmos arbeitest, erkennst du es an deinem Lebensgefühl: Was du tust, macht dich glücklich, du fühlst dich eins mit dir selbst. Wie eine große Woge trägt dein Leben dich, und ein tiefes Glücksgefühl erfüllt dich.

Deine persönlichen Grundlagen

Um mit den Runen zu arbeiten, gibt es einige Eigenschaften, die du unbedingt in dir fördern solltest:

- Mut
- Ehrlichkeit dir selbst und anderen Menschen gegenüber
- Reflexionsvermögen
- Willensstärke
- Konzentrationsfähigkeit
- innere Klarheit
- Disziplin
- Bereitschaft, sich der eigenen Intuition zu öffnen
- Integrität
- Geduld

Aber das allerwichtigste ist: Verlasse deine Opferrolle! Übernimm die Verantwortung für dich und dein Leben, denn alles, was darin ist, hast du selbst herbeigerufen. Wir alle sind allmächtige Schöpfer – auch wenn die meisten von uns es vorziehen, sich als hilflosen Spielball des Lebens zu sehen.

Zu jeder Rune gehört ein Schritt auf dem Einweihungsweg. Jeder dieser Schritte wird dir helfen, die volle Verantwortung zu übernehmen, von der Vergangenheit frei zu werden und vollkommen in deine ganz eigene Kraft zu kommen.

Bevor du jedoch mit der Arbeit an dir selbst und mit den Runen anfängst, solltest du die untenstehende Vereinbarung mit dir selbst niederschreiben und unterzeichnen. Es macht Freude, diese Vereinbarung auf ein besonderes Stück Papier zu schreiben und vielleicht auch eine farbige Tinte zu verwenden.

Von diesem Augenblick an stelle ich all meine Arbeit unter den Schutz von Licht, Liebe und Wahrheit. Ich verspreche mir selbst, dass ich mit den Runen ausschließlich für Licht, Liebe und Wahrheit arbeiten werde.

Ich bitte die in den Runen wirkenden Kräfte von Licht, Liebe und Wahrheit, mich auf jede Abweichung von dieser Vereinbarung aufmerksam zu machen.

So ist es.

Unterzeichne dies mit deinem vollen Namen und dem aktuellen Datum. Dann rolle das Papier auf und bewahre es dort auf, wo du mit den Runen arbeitest. Irgendwann wird es nicht mehr nötig sein, das Papier aufzubewahren, du wirst es dann spüren. Doch ein so wichtiges Papier kommt nicht einfach in den Müll: Verbrenne es, übergib es einem fließenden Gewässer oder vergrabe es in der Erde.

Diese Vereinbarung mit dir selbst ist kein Muss; du kannst auch wunderbar mit den Runen arbeiten, ohne sie zu unterschreiben. Allerdings habe ich oft beobachtet, dass sie den Umgang mit den Runen erleichtert und sich ganz neue Türen öffnen, wenn sie getroffen wurde.

Die Runenwege

Es gibt verschiedene Runenwege, die man beschreiten kann: Den exoterischen und den esoterischen Runenweg. Sie unterscheiden sich grundsätzlich.

Der exoterische Runenweg

»Exoterisch« kommt aus dem Griechischen und bedeutet soviel wie äußerlich. Man bezeichnet damit die äußerlichen Merkmale, das von außen leicht Erfassbare.

Der exoterische Runenweg beginnt mit Fehu und endet mit Odal. Dieser Weg ist der offensichtliche, der leicht fassbare. Auf vielen Runensteinen und Schmuckstücken ist er verewigt. Unzählige Bücher sind über ihn geschrieben worden.

Dieser Weg ist das, was alle sehen und fassen können.

Die drei Aettir in diesem Runenweg sind die folgenden:

Freys Aett: ᚠ ᚢ ᚦ ᚨ ᚱ ᚲ ᚷ ᚹ

Hagalaz' Aett: ᚺ ᚾ ᛁ ᛃ ᛇ ᛈ ᛉ ᛊ

Tyrs Aett: ᛏ ᛒ ᛖ ᛗ ᛚ ᛜ ᛞ ᛟ

Über diese Einteilung ist genügend Literatur vorhanden, so dass ich hier nicht weiter darauf eingehen werde.

Der esoterische Runenweg

»Esoterisch« kommt vom griechischen Wort für »innerlich« und ist in der ursprünglichen Bedeutung eine Bezeichnung für eine Geheimlehre, die nur einem begrenzten Personenkreis zugänglich ist. Der esoterische Runenweg beginnt mit Odal und endet mit Fehu. Dies ist der Runenweg, mit dem sich dieses Buch beschäftigt.

Dieser Weg ist der Weg der spirituellen Entfaltung und Entwicklung. Auf diesem Weg folgst du den Spuren der Ahnen und nimmst geheimes Wissen in dich auf. Und natürlich ist er wie alle esoterischen Wege nicht jedem Menschen zugänglich. Aber da du dieses Buch in den Händen hältst, hat dieser Weg dich gefunden – ebenso, wie die Runen dich gerufen haben werden.

Der esoterische Weg beginnt bei den Ahnen (ᛟ) und endet in der Fülle (ᚠ) der Gegenwart.

Er entwickelt sich folgerichtig, wie man auch an der Abfolge der Aettir sehen kann:

Urds Aett ist hier das erste: ᛟ ᛞ ᛜ ᛚ ᛗ ᛖ ᛒ ᛏ

Es beschreibt, wie die Seele von den Ahnen ᛟ kommt, sich dann in einen Körper transformiert ᛞ, wozu sie fruchtbare spirituelle Eltern ᛚ ᛜ braucht. Die Menschwerdung ᛗ im Körper der Mutter beginnt; die Seele reist ᛖ aus der Anderswelt in die materielle Welt zu Mutter ᛒ und Vater ᛏ.

Urds Runen sind die Runen des Ursprungs und der Voraussetzungen für unser Leben.

Das zweite Aett ist Skulds Aett: ᛊ ᛉ ᛈ ᛇ ᛃ ᛁ ᚾ ᚺ

Es zeigt die kosmischen Kräfte, die auf uns wirken. Die Sonne ᛊ spendet Leben und Wärme. Ohne sie wäre nichts auf dieser Erde. Die Götter geben Schutz ᛉ und weisen uns den Weg zu den Geheimnissen ᛈ des Lebens. Die Eibe ᛇ ist der Weltenbaum, der eine Ober-, Mittel- und Unterwelt hat. Ernte ᛃ ist eines der kosmischen Gesetze: Was du aussäst in Worten, Gedanken und Taten, wirst du auch ernten. Aus Feuer ᛊ und Eis ᛁ ist alles Leben entstanden. Das Leben hat Notwendigkeiten ᚾ, die beachtet werden müssen, will man überleben. Und den Naturgewalten ᚺ sind wir alle ausgeliefert; niemand kann das Meer oder das Wetter beherrschen.

Skulds Aett zeigt, welchen kosmischen Gesetzmäßigkeiten wir Respekt schulden.

Das dritte Aett ist Werdandis Aett: ᚹ ᚷ ᚲ ᚱ ᚨ ᚦ ᚢ ᚠ

Alle diese Dinge sollen wir nach dem Willen der Götter in unserem Leben haben:

Freude ᚹ, Harmonie ᚷ Kreativität und Sexualität ᚲ. Die Reise in die Anderswelt ᚱ gehört ebenso dazu wie die spirituelle Ausrichtung ᚨ des ganzen Lebens. Um leben zu können, brauchen wir auch eine gute Portion Durchsetzungsvermögen ᚦ. Heilung ᚢ von körperlichen und seelischen Leiden ist ebenso vorgesehen wie die materielle Fülle ᚠ. Werdandis Aett führt uns vor Augen, was wir erlangen können, wenn wir diese Gesetze ehren und mit ihnen arbeiten.

In diesen drei Aettir finden wir also eine Anleitung für ein spirituell erfülltes und machtvolles, starkes Leben. Wer die Zeichen lesen und deuten kann, erlangt Glück, Gesundheit und Fülle. Doch dazu ist ein tiefes Eintauchen notwendig, eine Demut und Hingabe, die nur wenige mitbringen.

In diesem Zusammenhang ist es interessant zu sehen, dass im jüngeren Futhark, welches im 7. und 8. Jahrhundert aus dem älteren entstand, folgende Runen fehlen:

ᚷ – Energieaustausch und Harmonie durch erotische Begegnung

ᚹ – Wonne und Lust, auch auf der körperlichen Ebene

ᛇ – das Wissen um den Schamanenbaum, um die Anderswelt

ᛈ – Einweihung in weibliche und männliche Mysterien

ᛗ – das Menschsein in Verbindung mit den Göttern, Mutter Erde und Vater Himmel

ᛜ – der Gott Ing und seine männlich kreative Schöpferkraft, die sich nicht auf den Samenerguss beschränkt

ᛞ – die Reise der Seele in einen Körper, zurück in die Anderswelt und wieder in einen Körper, der ewige Kreislauf des Seins

ᛟ – die Verbundenheit mit den Ahnen, ihrem Wissen, ihrem Schutz

Hinter dem Verschwinden dieser Runen steht die Erkenntnis, dass Runen formgebende Kräfte sind. Diese Kräfte, dieses Wissen sollten keine Form mehr erlangen, denn diese Energien waren der Kirche bei der Erlangung der totalen Macht absolut hinderlich.

Menschen, die frei und entspannt ihre Sexualität leben, die den Tod nicht fürchten, weil sie das Wissen um die Wiedergeburt haben, die durch persönlichen Kontakt von ihren Göttern *wissen* – die lassen sich nicht beherrschen. Diese Art von Menschen lässt sich nicht bedrohen oder einschüchtern, denn sie *wissen* um die spirituellen Zusammenhänge und Gesetze – sie brauchen nicht zu *glauben*. Und blinder Glaube ist nun einmal das Primat der christlichen Kirche.

Es sollte an dieser Stelle deutlich hervorgehoben werden, dass Christus selbst ganz andere Dinge gepredigt hat. Nur hat die Institution Kirche diese Dinge zu ihrem Nutzen umgemünzt, sich für materiellen Reichtum und Macht entschieden und hält dies konsequent bis heute durch.

Runen im Jahreslauf

Ebenso wie die Natur, ist auch der Runenkreis ein Zyklus – den natürlichen Läufen von Sonne, Mond und Jahreszeiten nachempfunden. Unseren Vorfahren war das Lineare fremd: In allem Leben und Sein erkannten sie Kreise und Spiralen, wiederkehrende Abläufe, in denen auch der Mensch seinen Platz im Werden und Vergehen hatte. Die Felsbilder von Newgrange und Malta oder auch Bardal belegen das in eindrucksvoller Weise mit ihren gemeißelten Doppelspiralen.

Die Feste im Jahreslauf zu feiern heißt, sich wieder in Übereinstimmung mit Mutter Erde und Vater Himmel zu bringen und sich Wurzeln zu geben. Vollmond und

Neumond sind die kürzesten Zyklen, aber auch die, die wir am leichtesten spüren. Die Sonnenwenden und die Tagundnachtgleichen bringen jeweils eine neue, andere Energie. Diese Zyklen bewusst zu erleben, stärkt die Naturverbundenheit und die feinstofflichen Sinne.

Die Runen und der Mond

Der Mond ist das Licht der Nacht und seit alters mit unserem Nachtbewusstsein verbunden, unseren Träumen und Visionen. Ein voller Mondumlauf umfasst 27,3 Tage, ein ganzer Mondzyklus (von Neumond zu Neumond) 29,5 Tage. Eine Mondphase hat neun Nächte. Der Mond hat Einfluss auf die Gezeiten, die Geburten, den weiblichen Zyklus, das Wachstum der Pflanzen und vieles andere mehr. Andere Autoren haben darüber viel Wissenswertes geschrieben. (Wer weiterlesen möchte: Paungger/Poppe: *Vom richtigen Zeitpunkt*)

Durch seine Zyklen ist der Mond eng mit dem Weiblichen verbunden. In den Mondphasen sehen wir die drei Gesichter der Großen Göttin, die auch in den Nornen zu erkennen sind: Die Jungfrau oder Amazone ist im zunehmenden Mond zu finden, die Mutter verbindet sich mit dem Vollmond in seiner Rundung, und die weise Alte spricht durch den Dunkelmond zu uns.

Das Mondjahr in der Zeitrechnung der Germanen besteht aus zwölf Mondläufen. Es ist etwa elf Tage kürzer als das Sonnenjahr. Und so wurde etwa alle drei Jahre ein Mondschaltjahr eingelegt, das dreizehn Mondmonate hatte. Auf diese Weise blieben Sonnen- und Mondjahr einigermaßen zusammen, und auch die Feste kehrten immer zu den ungefähr gleichen Zeitpunkten im Jahreslauf wieder. Beda Venerabilis (673 bis 735 n. Chr), ein Benediktinermönch, der gelehrte Schriften, unter anderem zur Berechnung des Osterfestes verfasste, berichtet über diese germanische Form der Zeiteinteilung.

Ich verbinde die 24 Runen des alten Futhark mit dem Vollmond und dem Schwarzmond, die sich aus dem Zusammenspiel von Sonne und Mond ergeben. Ebenso wie der germanische Tag mit der Abenddämmerung begann, beginnt das Runenjahr mit dem Neumond der Rune Odal zur Wintersonnenwende, getreu dem Sprichwort: »Wenn die Nacht am dunkelsten ist, ist der Morgen am nächsten.« Die Dunkelheit geht dem Licht voraus. So sind wir alle auf diese Welt gekommen: Aus dem Dunkel des Mutterbauches in die Helligkeit der Welt. Auch Sterbende sehen einen dunklen Tunnel, an dessen Ende ein Licht schimmert.

Odal ist die Rune des Erbes und der Ahnen, und dies sind unsere Wurzeln. Für die Germanen war die Wintersonnenwende das größte und wichtigste Fest des Jahres und hieß Modraneth – Mütternacht. Darum liegt hier der Beginn des Jahreszyklus: Alles kommt von den Müttern. Der Wintersonnenwendtag ist der kürzeste Tag im ganzen Jahr. Ihm gegenüber steht die Sommersonnenwende mit der Rune Jera im Dunkelmond. Jera ist die Rune der Ernte.

Dem Ursprung (die Mütter) steht hier die Ernte, also der Punkt der größten Verdichtung, gegenüber. Danach bewegen sich die Energien wieder zurück zum Ursprung, um wieder und wieder aufzusteigen und zurückzukehren. So ist das Jahr also zyklisch, mit immer wiederkehrenden Festen und Tätigkeiten, die sich aus dem engen Bezug zur Natur ergeben.

Zu jedem Vollmond und zu jedem Neumond wird eine andere Runenkraft aktiviert. Diese Runenkraft wirkt wie eine Art Tor; sie erleichtert bestimmte Tätigkeiten und spirituelle Schritte. Natürlich wirkt diese Kraft Tag und Nacht, sie durchschwingt einen Mondzyklus lang unser Leben Tag und Nacht. Wenn wir lernen, unsere Handlungen nach dieser herrschenden Kraft auszurichten – jenes zu tun, anderes noch zu verschieben –, bekommen unsere Taten eine wunderbare Leichtigkeit und werden täglich stimmiger. Natürlich ist zu jedem Voll- und Neumond auch die Energie des Tierkreiszeichens, in dem der Mond dann steht, wirksam, und die verbindet sich mit der Runenkraft.

Bei Neumond stehen Sonne und Mond dicht beieinander, sie wandern gemeinsam über den Himmel – tagsüber, versteht sich. Tag- und Nachtseite unseres Bewusstseins fließen zu dieser Zeit zusammen, so dass es gut ist, nach innen zu schauen. Alles, was abnehmen soll, Warzen oder Krankheiten zum Beispiel, wird bei abnehmendem Mond besprochen oder behandelt.

Bei Vollmond hingegen stehen sich Sonne und Mond gegenüber, so dass der volle Mond die ganze Nacht am Himmel zu sehen ist und mit Sonnenaufgang verschwindet. Es ist eine nach außen gerichtete Energie, gut um Dinge zu entscheiden, zum Wachsen zu bringen oder auch für eine Ernte.

Übrigens: Blauer Mond wird der 2. Vollmond in einem Monat genannt. Er soll eine besondere magische Wirkung haben.

Berechnung der Runenmonde

Modraneth (Wintersonnenwende) ist der Bezugspunkt für den Beginn des Jahres und der Berechnung. Das Runenjahr beginnt mit dem Odal-Vollmond, das ist der Vollmond nach der Wintersonnenwende am 21./22.12. Dann werden die Runen in der bekannten esoterischen Reihenfolge den Voll- und Neumonden zugeordnet.

Es kann vorkommen, dass sich das Runenjahr nicht mit dem Kalenderjahr deckt. Dann muss man ein bisschen mit den Monden hin- und herrechnen, eventuell auch eine Rune zweimal vertreten sein lassen. Die Runen im Jahreslauf zu beobachten ist kein Dogma, keine starre Regel, es soll ein leichtes und spielerisches Erfassen der Energien sein. Auch wenn ich die Runen und den Mond in der Abb. 5 zusammengebracht habe, geht es hier doch mehr um das intuitive Erfassen dieser Zusammenhänge. Der Kalender ist dabei eine Hilfe, kein Gesetz.

Die Zeitrechnung nach dem Mond ist die Zeitrechnung der Jäger, Sammler und Fischer. Auch die Frauen rechnen mit dem Mond. Der Übergang vom Matriarchat zum Patriarchat, von der Jäger- und Sammlerkultur zu den Ackerbauern und Viehzüchtern ist durch einen Wechsel in der Zeitrechnung gekennzeichnet: vom Mondkalender zum Sonnenkalender. Dieser Übergang ist nicht einfach vergessen oder verschwunden, er findet sich verschlüsselt in vielen Märchen und Sagen wieder.

Zeiten und Runen

Vieles ist einfacher, wenn du den richtigen Zeitpunkt kennst. Wenn es die richtige Zeit ist, geht es leicht, und dein Tun fließt mit in dem großem Strom der universellen Kräfte. Wofür welcher Zeitpunkt günstig ist, kannst du den folgenden Tabellen entnehmen. Dabei dienen die Tabellen nur als eine grobe Richtungsvorgabe. Wenn du partout an einem für den Zauber günstigen Tag keine Zeit hast oder die akute Situation es erfordert, sofort die Magie zu wirken, kannst du natürlich keine Rücksicht auf den richtigen Zeitpunkt nehmen. Aber – wie gesagt – der richtige Zeitpunkt kann hilfreich sein, besonders, wenn man gerade beginnt, sich mit der Ausübung von Magie vertraut zu machen.

Die Wochentage

Da versammelte sich Auf ragenden Sitzen
Die Sippe der Götter, Beratend zu sinnen
Auf Namen für Nacht, Für Voll- und Neumond,
Nicht minder für Mittag, Morgen und Abend,
Für Jause und Vesper, Um Jahre zu zählen.

Völuspa 6, übersetzt von W. Jordan

Die Zählung und Benennung geht also auf die Götter zurück, die beides schufen.

Die Bezeichnung »Woche« hat sich aus den Worten für Reihenfolge oder Wechsel entwickelt. Sie meint also eine regelmäßig wiederkehrende Abfolge von Tagen.

Die Sieben-Tage-Woche geht zurück auf die alte Zeitrechnung, der der Mond zugrundeliegt. Eine Mondphase dauert sieben Tage, ein ganzer Mondzyklus umfasst 28 Tage, also 4 mal 7, einen Monat. Im Wort »Monat« versteckt sich der Mond. Um dann Sonnen- und Mondläufe in Einklang zu bringen, entstand unsere heutige westliche Zeitrechnung. Die Woche begann am Sonntag, eigentlich ja am Samstagabend, da der Tag ja am Abend begann.

Bevor die germanischen Stämme in Kontakt mit den Römern kamen, hatten sie vermutlich keine Wochentagsnamen, sondern wahrscheinlich Bezeichnungen wie »erster Tag«, »zweiter Tag« usw. Etwa im 2. – 3. Jahrhundert wurden die Wochentagsnamen von den Römern übernommen und die römischen Gottheiten durch die germanischen ersetzt.

Ein Beispiel: Bei den Römern war der sechste Tag der Venus geweiht, die in Freya ihre germanische Entsprechung fand. Ihr Tag ist der Freitag. So hielt man es mit allen Wochentagsnamen.

Tabelle 1: Runen im Wochenlauf

Heutiger Name	*Althoch-deutscher Name*	*Dazugehörige Gottheit*	*Die Runen*	*Ritual/Energie für*
Montag	Monddag	Mani	ᚢ ᛉ	Reinigung, Schutz, Visionen mit Hilfe des Mani, Fruchtbarkeit, Versöhnung
Dienstag	Tiusdag	Tyr	ᛏ ᛜ	Entscheidung, Kraft und Durchsetzung, männliche Fruchtbarkeit, Abwehrzauber, Mutförderung, Rache, Ehre
Mittwoch	Wodensdag	Odin/ Wotan	ᛟ ᛇ	Aufstieg im spirituellen und beruflichen Sinne, »Jagd« nach neuer Wohnung, neuem Arbeitsplatz, gewünschten Dingen
Donnerstag	Donarsdag	Thor	ᚦ ᛗ	Abwehrzauber, Flüche, Sieg im Kampf, Erfolg in juristischen Dingen
Freitag	Fridag	Frigga	ᛒ ᚠ ᚷ	Liebe, Geld, Schönheit, Anziehung, Freundschaft, Partnerschaft, Erotik
Samstag	Sambaztac/ Laugrdag/ Lördag	Ambeth (kelt. Göttin)/ Waschtag/ Lokitag	ᛞ ᛚ ᛈ	Klarheit, Meditation, innere Erfahrungen, sich weiterentwickeln, Kommunikation mit der Anderswelt
Sonntag	Soldag	Sunna	ᛊ ᚲ ᛃ	Heilung, Schutz, Dank, Neubeginn, Exorzismus

Die Jahreszeitenfeste

Wann genau ein Fest gefeiert wird, hängt vom Stand der Sonne und dem Stand des Mondes ab. Die Mondfeste richten sich nach dem Mond. Für Allerseelen hat sich allerdings der 31.10. sehr stark eingebürgert. Die mit einer Mondvignette bezeichneten Feste sind die sogenannten lunaren Feste, die sich am Mondstand orientieren. Die mit einer Sonnenvignette bezeichneten Feste sind jene, die den Sonnenlauf markieren. Wer die Natur genau beobachtet, wird feststellen, dass zu diesen Zeiten die Energie von Mutter Erde wechselt. Es ist natürlich nicht so, dass die Energie genau an dem bestimmten Datum umschlägt; man muss es sich eher wie eine Welle vorstellen, die ihre Ausläufer vorausschickt und hinter sich herzieht. Die Sonnenfeste können astrologisch korrekt oder auch an den genannten Daten gefeiert werden, falls das Herausfinden des richtigen astrologischen Zeitpunktes schwierig ist.

Tabelle 2: Runen im Jahreskreis

Fest	*Thema*	*Gottheiten*	*Runen*
Allerseelen ☾	31.10. oder 1.11. Das Fest der Ahnen. Sich besinnen auf jene, die vor uns waren und von denen wir kommen. Die Schleier zwischen den Welten sind dünner als sonst, die Ahnen können uns leichter besuchen oder wir sie.	Hel	ᛇ ᛈ ᛟ
Modraneth ☼	21.12. Wintersonnenwende, das höchste Fest, es wird auch Modraneth, also Mütternacht, genannt. Mitten in der größten Dunkelheit kehrt das Licht zurück. Hier erleben wir die Gewissheit, dass was tot war, wieder geboren wird, so wie die Sonne sich jetzt wieder gebiert.	Die Nornen, Frigga	ᛞ ᚾ ᛁ
Disthing (auch Disablot) ☾	2. Vollmond nach Modraneth Nach der langen Dunkelheit des Winters wird die Wiederkehr des Lichtes gefeiert. Jetzt ist schon deutlich spürbar, dass die Tage länger werden. Es ist ein Fest der Reinigung und des Neubeginns. Was ist die Saat für dieses Jahr?	Disen, Heimdall	ᛉ ᚲ ᛚ
Ostara ☼	20.3. Der Frühling kommt mit Macht! Die Winterstarre ist nun endgültig überwunden, und Fruchtbarkeit und Fülle werden gefeiert. Die Aussaat kann beginnen. Tag und Nacht sind gleich lang. Ein Innehalten zwischen Ausatmen und Einatmen.	Ostara	ᛜ ᛒ ᚹ
Maifest ☾	5. Vollmond nach Modraneth. Nun hat das Licht ganz und gar die Herrschaft übernommen. Dies ist ein Fruchtbarkeitsfest, mit dem alle Saatvorgänge und das Wachsen der Saat gefeiert werden.	Freya und Frey	ᚠ ᛉ ᚱ
Mittsommer ☼	21.6. Auch hier ist der Schleier zwischen den Welten dünn, und man kann die Elfen tanzen sehen. Es ist ein Fest der Fülle, alles steht in höchster Blüte. Der längste Tag und die kürzeste Nacht.	Baldur, Thor, Eir	ᛃ ᚢ ᛊ
Kräuterweih ☾	8. Vollmond nach Modraneth Es geht wieder auf die Dunkelheit zu, der Gedanke, dass alles, was lebt, sterben muss, steht hier im Vordergrund. Auch geht es darum, welche Kräfte mit in die Dunkelheit der kommenden Monate genommen werden wollen.	Jörd, Sif	ᚷ ᚦ ᛗ
Herbstgleiche ☼	23.9. Erntedankfest und gleichzeitig Vorbereitung auf die dunkle Jahreszeit. Der Schritt über die Schwelle in die Dunkelheit und Gefahren des Winters. Ein Innehalten zwischen Ausatmen und Einatmen.	Idun, Tyr	ᚺ ᛖ ᛏ

Die Rauhnächte

Das Wort Rauhnacht kommt aus dem Mittelhochdeutschen von »ruch«, was »haarig«, »struppig«, »zottig« oder »rauh« bedeutet. Es sind also »unebene« Nächte gemeint, Nächte, in denen die Grenzen zwischen dieser und der anderen Welt sich verschieben, zerfasern und die andere Wirklichkeit sichtbar wird. Die Seelen von Verstorbenen rücken näher, Geister, Dämonen und ähnliche Wesen sind unterwegs. Das matriarchale Mondjahr hat 354 Tage, das Sonnenjahr 365 Tage.

Diese zwölf Nächte bilden eine Brücke zwischen dem Mondjahr und dem Sonnenjahr. Sie fallen gewissermaßen aus jeder Zeitrechnung heraus. Die Rauhnächte sind die zwölf Nächte von der Wintersonnenwende an gezählt. Sie waren das höchste Fest der germanischen Stämme, die Modraneth. Besonders gut eignen sich diese Nächte, um das Schicksal im neuen Jahr zu erfahren. Aber sie bringen auch Gefahren mit sich. In diesen Nächten streift die Wilde Jagd umher. Manchmal wird sie von Odin geführt, öfter aber von Frau Holle, der Percht oder anderen weiblichen Gottheiten. Für sie sollte man von allen Speisen etwas nach draußen stellen und beim Dunkelwerden eine Kerze anzünden, die bis zum Hellwerden brennt.

Gefährlich ist es auch, fremde Tiere anzufassen oder Ratten anzusprechen, in welcher Weise auch immer, denn diesen könnten böse Geister innewohnen. In der Sonnenwendnacht, was später auf die Christnacht übertragen wurde, sollte niemand den

Tabelle 3: Die Rauhnächte und ihre Götter

Datum	*Gottheiten*	*Losmonat*	*Thema*
21.12.	Wintersonnenwende	Tod alles Alten	
22./23.	Nornirs Nacht: Urd, Werdandi und Skuld	Januar	Bestandsaufnahme, Erkenntnis
23./24.	Hel und Tyr	Februar	Reinigung, Gerechtigkeit, Ausgleich
24./25.	Jörd und Ing	März	Dank und Bitte
25./26.	Frigga und Odin	April	Wissen , Weisheit, Schweigen, Magie
26./27.	Freya und Frey	Mai	Fülle und Reichtum, Lust
27./28.	Sunna und Mani	Juni	Freude und Harmonie
28./29.	Fulla, Gullveig, Eir	Juli	Segen und Heilung
29./30.	Thor und Sif	August	Ernte, Vorsorge, Wohlstand
30./31.	Iduna und Heimdall	September	Schutz und Verjüngung
31./1.1.	Skadi und Ullr	Oktober	Jagd, Erfolg, Gewinn
1./2.	Njörd und Nerthus	November	Frieden und Wohlstand
2./3.	Disen und Walküren	Dezember	Schutz, Ahnenkontakt

Stall betreten, denn die Tiere können dann sprechen. Wer diese Gespräche belauscht, dem wird es schlecht ergehen.

Während der Heiligen Nächte Türen zuzuschlagen, heißt, Unwetter heraufbeschwören: Die Anderswelt ist dichter bei uns und hört und reagiert schneller. Auch das Schneiden von Haaren oder Fingernägeln kann zu Krankheiten oder Schmerzen am Kopf oder an den Fingern führen, sind dies doch unsere Antennen zur anderen Seite.

Das Wäsche waschen sollte man in diesen Nächten ebenfalls sein lassen, früher kam das Spinnen hinzu. Frau Holle würde der Spinnerin das Garn verwirren und die Wäsche beschmutzen. Die Rauhnächte sind Heilige Nächte, in denen nicht gearbeitet werden darf.

Bevor die Rauhnächte beginnen, sollte man seine Schulden begleichen – soweit dies möglich ist – und alles, was man sich geliehen hat, zurückgeben oder selbst Verliehenes zurückholen. Alle Angelegenheiten sind zu klären, das Haus zu putzen und der Müll zu entsorgen, so dass Frau Holle, die natürlich die Große Göttin Hel ist, alles in bester Ordnung vorfindet. Es ist die Zeit, das Heilige Wilde willkommenzuheißen.

In Tabelle 3 findest du jede Rauhnacht mit den dazugehörigen Gottheiten.

Ich persönlich feiere in jeder dieser Nächte ein Ritual, um die Gottheiten zu ehren. Dann werfe ich die Runen, um zu erfahren, was mir jeder Monat des neuen Jahres bringt, unter besonderer Beachtung der zugehörigen Themen. Zudem räuchere ich am Sonnenwendtag das ganze Haus und in der letzten Nacht der Rauhnächte noch einmal.

Bischof Burchard (965–1025), der in Worms lebte, schildert noch einen Neujahrsbrauch, der das Ende der Rauhnächte kennzeichnete: Der Tisch wurde mit Speis und Trank für die drei Nornen gedeckt, und jede erhielt ein scharfes Messer. Durch diese Ehrbezeugung sollten die drei für das kommende Jahr gnädig gestimmt werden. Die scharfen Messer sollten verhindern, dass eine der drei ihr eigenes, tödliches Messer benutzte.

In Tabelle 4 stehen in der ersten Spalte die Runen. Indem du deine Aufmerksamkeit auf die der Jahreszeit entsprechende Rune lenkst, kannst du sie durch den ganzen Jahreslauf erfahren.

In der zweiten und dritten Spalte habe ich die Jahreszeit und die Dauer, die die Rune anzeigt, eingetragen; dies entspringt meinen Erfahrungen und Beobachtungen mit den Runen. Diese Angaben sind als ein Anstoß zu sehen, selbst kreativ zu spüren, und keineswegs als eine alleingültige Wahrheit zu verstehen.

Tabelle 4: Runen beschreiben Zeitpunkte und Zeitdauer

Rune	*Im Jahresrad*	*Jahreszeit*	*Dauer*
ᛟ	Dezember Vollmond	Wintersonnenwende, Winter	Lange anhaltend
ᛞ	Januar Neumond	Keine, Dämmerung	Im Wandel begriffen
ᛜ	Januar Vollmond	Wenn ausgesät ist	Anhaltend
ᛚ	Februar Neumond	Kein bestimmter Zeitpunkt, wenn es regnet	Im Fluss, eher flüchtig
ᛗ	Februar Vollmond	Das nächste Fest	Schnell vorüber
ᛖ	März Neumond	Ca. 1 Jahr, meist nachts	Angemessene Zeit
ᛒ	März Vollmond	Frühjahr, Frühlingsgleiche	Lange anhaltend
ᛏ	April Neumond	Mittag oder Mitternacht, Zenit	Kommt schnell, dann aber stabil
ᛊ	April Vollmond	Im Sommer, wenn die Sonne kommt	Kommt bald
ᛉ	Mai Neumond	Herbst (Brunft)	Beständigkeit
ᛈ	Mai Vollmond	9 Monate	Keine Antwort
ᛇ	Juni Neumond	1 Tag oder 1 Jahr, wenn der Kreis sich rundet	Dauerhaft
ᛃ	Juni Vollmond	Sommersonnenwende	Kommt sicher, wenn die Zeit reif ist, dauert noch
ᛁ	Juli Neumond	Wenn Schnee liegt, Winter	Lange Dauer
ᚾ	Juli Vollmond	Keine Auskunft	Zieht sich
ᚺ	August Neumond	Beim nächsten Unwetter	Plötzlich, sehr schnell
ᚹ	August Vollmond	Frühling	Bald
ᚷ	September Neumond	Herbstgleiche	Du musst erst etwas tun
ᚲ	September Vollmond	Herbst, wenn es kühler wird	Schnell vorbei
ᚱ	Oktober Neumond	Zyklisch, zu seiner Zeit, schnell	Geht angemessen vorbei
ᚨ	Oktober Vollmond	Stürme, die Rauhnächte	Rasch vorbei
ᚦ	November Neumond	Bei plötzlichen Wetterumschwüngen	Durchbruch, schnell
ᚢ	November Vollmond	Herbst	Dauerhaft
ᚠ	Dezember Neumond	Julfest, andere Feste mit Geschenken	Nicht zu schnell vorbei

Der Kreis des Lebens

Runen begleiten uns durch den Kreis des Lebens und Sterbens und Wiedergeborenwerdens. Der Kreis hat vier Kardinalpunkte: Geburt, ein Thurisazereignis; die Lebensreise, Raido; der Tod, ein Dagazmoment; und die Wiedergeburt, in der wir ernten, was wir ausgesät haben, und die daher Jera ist. Alle anderen Stationen einer Lebensspirale erschließen sich leicht aus den zugeordneten Stichworten zu jeder Rune.

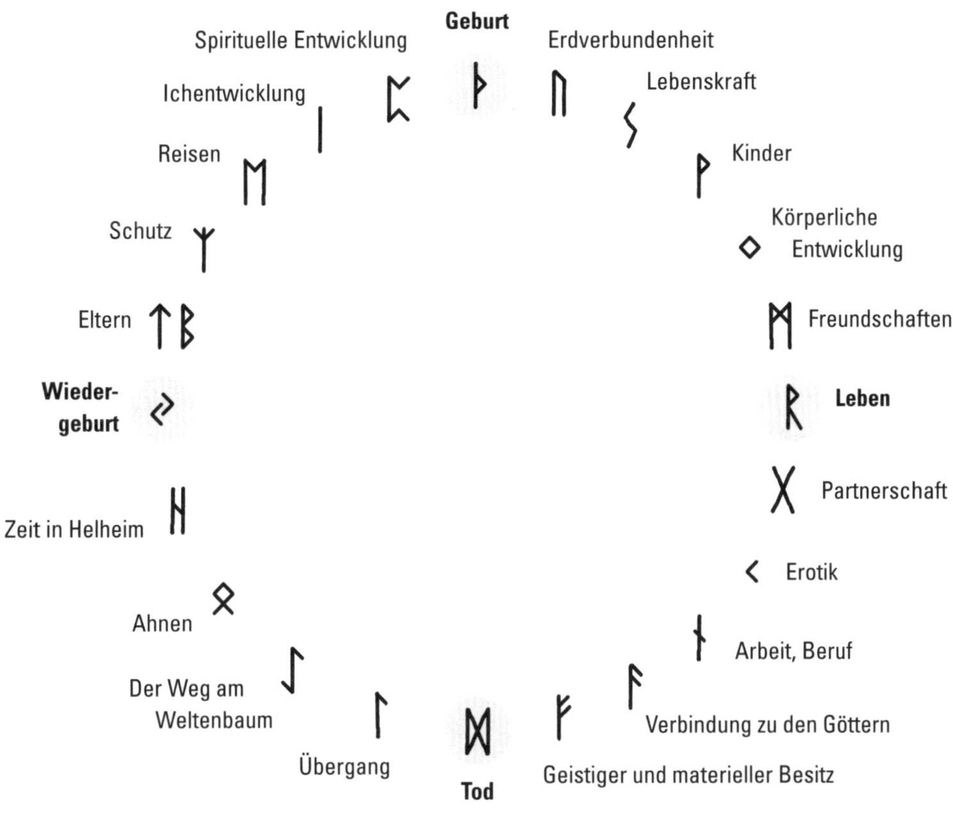

Der Kreis des Lebens

Runen im Körper und in der Aura

In der Aura

Die Runen als formgebende Kräfte sind natürlich auch mit dem Energiesystem des Körpers verbunden. Jeder Körper ist von feinstofflichen Hüllen umgeben, strahlt eine Energie aus, die Menschen und Tiere wahrnehmen. Diese körpereigene Schwingung tritt mit allen anderen vorhandenen Schwingungsfeldern in Wechselwirkung.

Die Energiefelder des Menschen umgeben den Körper und gleichzeitig durchdringen sie ihn. Sie liegen als Schichten übereinander; allerdings darf man sich das nicht scharf getrennt vorstellen, sondern wolkig fließend. Die Energiefelder interagieren miteinander und bilden zusammen das individuelle, höchst persönliche Feld eines jeden Menschen.

Der materielle Körper heißt **Lik.** Der Lik ist jener Teil von uns, der in Midgard angesiedelt ist; dieser Teil des Menschen gehört ganz und gar hierher, auf die Erde. Nach dem Tode zerfällt der Lik, sein Zweck ist erfüllt.

Der materielle Körper Lik wird umhüllt von **Hamr** (auch: Ham oder Hamn). Dieser Name bedeutet *Hülle* oder *Gestalt* und bezeichnet den Ätherkörper. Von der Göttin Freya wird in der Edda gesagt, dass sie ein Falkengewand besaß. Wenn sie es anlegte, wurde sie zu einem Falken. Freya wurde nicht in Fleisch und Knochen ein Falke, sondern ihr Hamr nahm die Eigenschaft dieses Tieres an. Auch der Körper eines Werwolfes verwandelt sich nicht, sondern nur sein Hamr. Der Hamr ist mit Swartalfheim verbunden. Nur der Hamr ist es, der sich bei einem Gestaltwandler verändert, denn keine Macht der Welt kann den materiellen Körper in etwas anderes verwandeln. Nach dem Tode zerfällt der Hamr binnen drei Tagen; daher die traditionelle dreitägige Totenwacht.

Hamr wird umgeben von **Vard**, dem Astralkörper. Der Vard ist das astrale »Double«, welches auf die Reise in andere Welten geht. Vard ist jener Teil von uns, der im Weltenbaum auf- und absteigen oder eine Astralreise zu einem anderen Ort unternehmen kann. Auch dieser Energiekörper zerfällt nach dem Tode; hier dauert es allerdings vierzig Tage.

Wir sehen, dass viele Toten- und Bestattungsriten ihren Ursprung im Wissen um die feinstofflichen Körper haben und dadurch sehr sinnvoll sind. Der Vard ist schwingungsmäßig mit Helheim verbunden.

Die dritte Energiekörper ist der **Hugr**, auch Hugen genannt. In diesem Körper ist unser analytisches Denken angelegt. Lysalfheim ist mit diesem Körper verbunden. Hugr bleibt nach dem Tod bestehen und zieht sich in den Önd (Seelenkern) zurück.

Der Seelenkörper, auch emotionaler Körper, heißt **Minni**. Hier sind alle Erinnerungen gespeichert, die individuellen sowie zum Teil die kollektiven. Zugang zu allen kollektiven Erinnerungen erhält man durch den Brunnen der Urd. Aus dieser Schicht kommt eine Form des Wahrsagens, indem sich der Minni der Seherin mit dem Minni des Fragestellers verbindet.

Auch dieser Körper bleibt nach dem Tode bestehen und zieht sich in den Önd zurück, er gehört energetisch zu Jötunheim.

Hugin und Munin müssen jeden Tag
Über die Erde fliegen.
Ich fürchte, dass Hugin nicht nach Hause kehrt;
Doch sorg ich mehr um Munin.

Grimnismal 20, Übersetzung von Karl Simrock

Hugin und Munin sind Odins Raben. Hugin bedeutet soviel wie *Gedanke*, Munin ist die *Erinnerung*. Odin, der diese Zeilen spricht, macht sich Sorgen um beide. Er befürchtet, dass diese beiden den Heimweg nicht finden, was gefährlich für die Person ist, zu der sie gehören, denn Gedanken sind selten in der Gegenwart. Sie beschäftigen sich häufig mit dem, was man noch tun muss, was passiert, wenn... und ähnlichen gegenwartsfernen Dingen. Die Erinnerung ist ganz gewiss nicht im Hier und Jetzt. Wenn Hugin und Munin nicht zurückkehren, ist ein Mensch gedanklich in der Vergangenheit oder in der Zukunft.

Diese Zeilen sind ein Aufruf, ganz im Hier und Jetzt zu sein, Gedanken und Erinnerungen nicht schweifen zu lassen. Die Kontrolle der Gedanken ist ein wichtiger Schritt auf dem Weg zur Runenmeisterin/zum Runenmeister. Denn jeder Gedanke hat Energie. Und keine Energie im Universum geht verloren, das wissen wir aus der Physik. Was die Energie unserer unkontrollierten Gedanken anrichten kann, ist den meisten Menschen nicht bewusst. Unkontrollierte Gedanken schaffen unkontrollierte Energien, diese führen zu unkontrollierbaren Ereignissen, und so sieht das Leben der unbewusst existierenden Menschen auch aus: Als ein Spielball der Ereignisse werden sie umhergeworfen, scheinbar ohne Einfluss nehmen zu können. Anders ein/e Runenmeister/in: Durch bewusste Gedanken kann er /sie die gewünschten Ereignisse herbeiführen.

Der/die **Fylgia** ist in der germanischen Mythologie ein Folgegeist, ein Schutzgeist. Diese Schwingung bildet den fünften Energiekörper. Der/die Flygia symbolisiert das höhere Selbst und kann als Engel, Mensch oder Tier erscheinen. Er/sie wacht über die individuelle Geburt und den Tod seines/ihres Schützlings und begleitet durch Traum und Trance. Der/die Fylgia ist in Wanaheim beheimatet. Manchmal kann ein Fylgia auch vererbt werden, das ist dann ein Familien- oder Clantotem.

Der sechste energetische Körper ist das **Megin**. Megin bedeutet *innewohnende Kraft*, damit ist insbesondere magische Kraft gemeint. Diese ist bei jedem Menschen vorhanden, doch muss sie entwickelt werden. Sie entspricht dem Chi (oder Qi) der asiatischen Welt. Megin kann stark oder schwach angelegt sein, in jedem Fall ist es geraten, es zu stärken und zu mehren. So wie in der asiatischen Kampfsporttradition der Gürtel dafür sorgt, dass das Chi bewusst gebündelt werden kann, hat der Gott Thor einen Gürtel, der seine Kraft verdoppelt, den Megingiard (Megingjadar).

> »Er besitzt drei Kleinode, den Hammer Mjölnir, den Hrimthursen und Bergriesen kennen, wenn er geworfen wird; was nicht überrascht, ist, dass er viele Väter oder Freunde damit den Kopf erschlagen hat. Sein zweites Kleinod ist Megingiard; wenn er sich den umschnallt, wächst ihm doppelte Asen-Kraft. Das dritte Kleinod von großem Wert ist Járnglófar; denn den kann er nicht missen, um den Stiel des Hammers zu fassen. Keiner ist so klug, dass er alle seine großen Taten zu erzählen weiß. Ich könnte so manche Nachricht von ihm berichten, dass der Tag vergeht, bis ich alles gesagt habe, was ich weiß.«
>
> Gylfaginning, 21, Übersetzung von Karl Simrock

Önd oder Ond ist der Seelenatem, die Lebensessenz, der Funke in allem, was lebt. Je stärker dieser Funke, desto stärker die Kraft eines Menschen, eines Tieres oder einer Pflanze. Auch Orte können Önd haben, welches dann von den Besuchern oder Bewohnern verstärkt wird.

Das Od ist die Kraft der Ekstase, das heißt, das erweiterte Bewusstsein, in dem man den tieferen Sinn begreift. Od schafft Pfade zwischen allen Seelenteilen und allen Teilen der Schöpfung.

Hamingja bedeute soviel wie Freude, Glück. Auch diese Energie haben alle Wesen in sich, aber sie kann nur erstarken, wenn alle anderen Seelenteile gepflegt und gestärkt werden. Der Seelenzustand, in dem das Hamingja erstarken kann, ist innere Ausgeglichenheit und Achtsamkeit. Od und Hamigja sind universelle Kräfte, die in unser Energiefeld hineinschwingen.

Tabelle 5: Energiekörper und Runen

Teil des Energiesystems	*Funktion*	*Runen*
Lik	Der Körper des Menschen	ᛟ ᛒ ᛏ
Hamr*	Der Ätherleib	ᛜ
Vard	Astralkörper	ᛖ ᚱ
Hugr	Mentalkörper	ᛗ
Minni	Seelenkörper	ᚲ ᛚ
Fylgia	Höheres Selbst	ᛞ ᚠ
Megin	Kausalkörper	ᛏ
Önd	Seelenatem, Lebensessenz	ᚺ ᚨ
Od	Erweitertes Bewusstsein	ᚢ ᛊ
Hamingja	Freude	ᚹ ᚷ

* auch Ham oder Hamn

Im Körper

In und um den Körper gibt es zwölf Energiezentren, die analog zu dem indischen Wort Chakra Hvel, also Rad, genannt werden. Jedes dieser Hvels versorgt den Ätherkörper und damit auch den materiellen Körper mit bestimmten Energien. Sie erfüllen bestimmte Aufgaben. Wenn ein Hvel gestört ist, kann es die jeweilige Aufgabe nicht erfüllen und die notwendige Energie nicht erzeugen. Durch den Mangel an Energie auf der ätherischen Ebene entsteht ein Mangel an Energie auf der materiellen Ebene. Ist beispielsweise das Basishvel gestört, ist ein Mangel an Durchsetzungsfähigkeit die

Folge, auch materieller Mangel oder Schwierigkeiten mit der Verwirklichung von Plänen.

- Unter unseren Füßen liegt der Erdenstern. Dieses Hvel verbindet uns mit Mutter Erde.
- Die Füße bergen das Fußhvel, welches ein Hvel ist, aber zwei Öffnungen hat.
- Auf dem Damm liegt das Basishvel.
- Knapp unter dem Nabel befindet sich das Bauchhvel.
- Das Solarplexushvel liegt im Rippendreieck.
- Auf der Herzhöhe befindet sich mittig das Herzhvel.
- In der linken Handfläche befindet sich das negativ geladene Handhvel.
- In der rechten Handfläche befindet sich das positiv geladene Handhvel.
- Auf der Kehle ist das Kehlhvel.
- Das dritte Auge ist zwischen den beiden Augen über der Nasenwurzel. Man nennt es Stirnhvel.
- Das Scheitelhvel befindet sich genau oben auf dem Kopf.
- Über dem Kopf liegt das Himmelshvel.

Tabelle 6: Hvels (Chakren) und Runen

Zahl	*Hvel*	*Runen*	*Funktion*
12	Erdenstern	ᛟ ᛗ	Verbindung mit Mutter Erde
11	Füße	ᛖ ᚱ	Verbindung mit Mutter Erde in der Bewegung
10	Basis	ᛏ ᚾ	Ursprüngliche Überlebensenergie, Durchsetzung
9	Bauch	ᛒ ᛜ	Schöpferkraft, Sexualität
8	Solarplexus	ᛊ ᚲ	Gestaltung des Sein – Macht
7	Herz	ᚠ ᛚ	Bedingungslose Liebe, Selbstlosigkeit
6	Linke Hand	ᛁ ᚢ	Heilung
5	Rechte Hand	ᚷ ᚦ	Geben, aber auch kämpfen
4	Kehle	ᚹ ᚨ	Sprechen; Selbstausdruck
3	Stirn	ᛇ ᛈ	Erkenntnis, innere Sinne, Hellsehen
2	Scheitel	ᛃ ᛞ	Verbindung mit dem All-einen.
1	Himmelshvel	ᛉ ᚺ	Übergeordnetes Selbst, kosmische Blaupause

Die rechte Körperhälfte ist positiv geladen, die linke negativ. So schafft das Aneinanderlegen der Hände schon einen kleinen Ausgleich im Energiesystem. Bis auf den Erdenstern und das Himmelshvel werden alle Hvels mit Energie aufgeladen, indem du mit dem Finger oder einem Kristall im Uhrzeigersinn kreist. Gegen den Uhrzeigersinn wird überschüssige Energie abgezogen, was zum Beispiel bei entzündlichen Prozessen hilfreich sein kann.

Wir sind tagtäglich vielen Einflüssen ausgesetzt, die unsere Energiekörper stören, die Hvels verwirren und damit auch unseren Körper schwächen. Daher ist die möglichst tägliche Reinigung des Energiekörpers immens wichtig. Täglich eine Hvelreinigung schafft innere Ruhe und körperliche Gesundheit.

Dein innerer Kraftort

Dein innerer Kraftort ist ein Bereich, den du in deiner Meditation schaffen kannst. Er ist das »Allerheiligste« deiner Seele. Immer wieder kommst du an diesem Ort mit deiner Essenz, deinem Sein in Kontakt.

Dies ist ein besonderer Ort, an den du immer wieder zurückkehren kannst. Hier findest du Entspannung, Heilung, Erkenntnis, Weisheit, Rat und Trost und was immer du sonst noch dort finden möchtest. An diesem geheiligten Ort geschieht die wahre Wandlung, die nur von innen kommen kann.

Auch ist dieser innere Kraftort eine Voraussetzung für bestimmte Erkenntnisse, die du ansonsten nicht gewinnen würdest.

Dein Kraftort kann und wird sich während deiner Arbeit mit ihm und den Runen entfalten und weiterentwickeln. Du bist diejenige, die sein Aussehen bestimmt, seine Qualität. Dort kannst du tun, was du möchtest. Dein innerer Kraftort kann in verschiedene Räume aufgeteilt sein: den Raum des Heilens, den Raum des Lernens, der Raum der Ahnen und so weiter. Ich habe beispielsweise einen Konferenzraum, in dem ich mich mit meinen Seelenanteilen treffen kann, um Veränderung zu initiieren. Mit der Zeit werden einige Räume dazukommen, während andere wegfallen, die du nicht mehr brauchst.

Übung

Um an diesen Ort zu kommen, begib dich in eine tiefe Entspannung.

Zunächst gehe mit deinem Bewusstsein zu deinem Atem und atme entspannt ein und aus, ohne etwas daran zu verändern. Lass einfach deinen Atem fließen und strömen, ein und aus, und beobachte die Bewegung der Luft in deinem Körper. Nach einiger Zeit lasse dein Bewusstsein zu deinen Füßen wandern. Du stellst dir vor, dass du allen Stress, alle Blockaden, alles Störende mit dem nächsten Ausatmen loslässt. So gehst du durch deinen ganzen Körper, von den Füßen bis zum Kopf.

Wenn du bei deinem Kopf angekommen bist, solltest du schon sehr entspannt sein, sonst mache mit dem Ausatmen und Loslassen von Stress weiter, bis eine fühlbare Entspannung eintritt.

Jetzt beginnst du damit, durch deine Hvels in die Tiefenentspannung zu wandern. Dabei reinigst und harmonisierst du deine Hvels, was stark zu deiner körperlichen Gesundheit und Leistungsfähigkeit beiträgt.

Verbinde dich beim Einatmen bewusst mit Mutter Erde. Spüre den Boden unter deinen Füßen, unter deinem Körper. Sende einen Dank und die Bitte um Stärkung und Verbindung zu Mutter Erde.

Wenn es dir hilft, kannst du beim Eintauchen in die Meditation rückwärts zählen und beim Auftauchen vorwärts. Du zählst hier 12.

Nach der Rückverbindung mit deinem Erdenstern atme durch deine Füße dunkelrote Energie ein und alle Blockaden und Spannungen aus – 11. Bleibe solange bei einem Hvel, bis du es als völlig gereinigt und gestärkt empfindest.

Auf dem Damm, zwischen Anus und Genitalien liegt das Basishvel. Stelle dir vor, dass du durch dein Basishvel rote Energie ein- und alle Schlacken und Verunreinigungen ausatmest. Du zählst hier 10.

Wenn es sich gut anfühlt, also so richtig satt und wohl, wandere weiter zum Bauchhvel. Es liegt unter deinem Nabel, seine Farbe ist orange. Hier findest du deine Schöpferkraft, deine Kreativität. Lasse auch hier den Atem entspannt fließen und alles Blockierende ausströmen, während du neue orangefarbene Energie einströmst. Hier zählst du 9.

Hast du dein Bauchhvel in Harmonie gebracht, steige weiter zum Sonnenhvel auf. Das Sonnengeflecht hat seinen körperlichen Ort kurz unter dem Bereich, wo die Rippen zusammentreffen. Seine Energie brauchst du, um dich zu behaupten. Es hat mit Macht und Selbstverwirklichung zu tun. Seine Farbe ist gelb.

Auch hier lasse den Atem entspannt strömen. Blockaden fließen weg, indem du klare, gelbe Energie einatmest und alles Alte ausatmest. Du zählst 8.

Das nächste Hvel gehört zum Herzen. Es liegt mitten auf deiner Brust, also dort, wo etwas nach links verschoben dein körperliches Herz liegt.

Dein Atem bringt klare grüne Kraft in dein Herz, und alle Spannungen und Widerstände werden ausgeatmet. Hier zählst du 7, die Farbe ist Grün und Rosa.

Atme jetzt in deine rechte Hand. Auch in den Händen sind die Farben Grün und Rosa. Atme alles aus, was stört und blockiert, aber auch bewusst alle Energie von Menschen und Dingen, die du berührt hast. Zähle 6. Wiederhole das mit der linken Hand und zähle 5.

Jetzt harmonisierst du auf die gleiche Weise dein Kehlhvel, indem du blaues Licht einatmest. Das Kehlhvel liegt auf der Kehle. Es hilft dir, dich auszudrücken und deine Wahrheit auszusprechen. Seine Zahl ist 4.

Das Stirnhvel ist hellblau. Es steuert deine außersinnliche Wahrnehmung und liegt mitten auf der Stirn über der Nasenwurzel. Ebenso wie bei den anderen Hvels atmest du die klare Farbe ein und die Schatten und Blockaden aus. 3 ist hier die Zahl.

Mit weißer oder violetter Energie harmonisierst du dein Kronhvel. Es liegt auf deinem Scheitel, der höchsten Stelle deines Kopfes und bestimmt deine Verbindung zum Göttlichen. Die Zahl ist 2.

Verbinde dich jetzt beim Einatmen bewusst mit Vater Himmel. Spüre den offenen Himmel, das Universum, über dir. Sende einen Dank und die Bitte um Stärkung und Verbindung zu Vater Himmel. Das ist die 1.

*

Aus dieser tiefen Entspannung gehst du jetzt zu deinem inneren Kraftraum. Du kommst zum Beispiel über eine Treppe, einen Fahrstuhl oder auch einen Gang mit vielen Türen dorthin. Wähle, was dir am besten gefällt – schließlich willst du diesen Weg gerne und oft gehen.

Dieser Ort entsteht in deinem Inneren. Hier kannst *du* alles bestimmen, das Klima, die Vegetation, die Tiere und so weiter. Dieser Ort gehört nur dir.

Für jeden Menschen sieht dieser Ort anders aus, denn jeder Mensch gestaltet ihn für sich selbst. Alles, was diesen Ort ausmacht, kannst du bestimmen.

Wie sieht es dort aus? Welche Bäume stehen dort? Gibt es ein Haus, ein Schloss oder einfach eine Hängematte? Stelle dir alles so vor, wie du es brauchst. Es gibt niemand anderen, nach dem du dich richten musst.

Es kann hilfreich sein, sich ein Bild zu zeichnen, eine Landkarte oder ein Modell herzustellen.

Du unterstützt deine Vorstellungskraft, wenn du so viele Einzelheiten wie möglich einbeziehst: Geruch, Wind, Wärme, Tastempfindungen, Geräusche und was dir noch einfällt.

Entwickle diesen magischen Rückzugsort genau nach deinen Bedürfnissen.

Schaffe an deinem Kraftort verschiedene Bereiche: zur Entspannung, zur Heilung, zur Aufnahme von Wissen, zur Beantwortung von Fragen und was immer du noch so brauchst.

Denkbar wäre zum Beispiel eine Insel, die verschiedene Quellen und Lichtungen, oder ein Schloss, das verschiedene Räume hat.

Selbstverständlich kannst du an deinem Kraftort an- oder ausziehen, was du willst.

Alles hier dient deinem Wohl und deiner Freude. Du hast die alleinige Macht und kannst alles herbeirufen oder fortschicken, was du willst.

Wenn du ganz und gar angekommen bist, kannst du jetzt eine oder mehrere Stationen an deinem Kraftort besuchen. Du richtest deine Besuche vollkommen nach deinen momentanen Bedürfnissen ein.

Wenn du deinen Besuch beenden möchtest, gehst du wieder zu deinem Ankunftspunkt und von dort den Weg durch den Fahrstuhl, Gang, Treppenhaus oder was auch immer zurück, bis du wieder an deinem Himmelshvel angekommen bist.

Dort zählst du 1, und atmest einige Male durch dein Kronhvel. Du lässt den ganzen Vorgang jetzt rückwärts ablaufen.

So wanderst du weiter nach unten, bis du wieder am Erdenstern angekommen bist. Hier reckst und streckst du dich und bist wieder ganz und gar in deinem Körper.

Diese Technik ist sehr wichtig für die gesamte innere Arbeit, die in diesem Buch beschrieben wird. Es ist gut, diesen inneren Raum täglich aufzusuchen, um dich immer wieder in deine Mitte zu bringen. Je öfter du in dieser Form meditierst, desto leichter wird es dir fallen.

Deine eigenen Runensteine

Wenn du mit der Runenarbeit beginnst, weißt du vielleicht noch nicht, ob die Runen etwas sein können, was dich begleiten soll. Beschrifte 24 Kärtchen mit den Runen, um es auszuprobieren. Am Ende des Buches auf Seite 267 findest du eine Vorlage.

Wenn du genau spürst, dass die Runen zu dir gehören, ist es an der Zeit, Runensteine zu kaufen oder selbst zu machen.

Das Material, in das die Runen eingebracht sind, ist die erste Entscheidung. Jedes Material hat sein Vor- oder auch Nachteile:

- Holz – warm und lebendig, trägt die Schwingung des Baumes, von dem das Holz stammt und die Energie des Teils der Erde, wo dieser Baum stand
- Stein – Gebeine der Mutter Erde, tragen die Schwingung des jeweiligen Steines und die jahrmillionenalte Erinnerung der Steine
- Metall – kalt, trägt die Schwingung der Trennung von Mutter Erde
- Kunststoff – leblos, kein Material für die lebendige Kraft der Runen.

Zu kaufen gibt es Runensteine aus Holz, Metall, verschiedenen Edelsteinen und Kunsstoff, der wie Ton oder Stein aussieht. Von Letzterem möchte ich dir abraten; die Runen sollten auf natürlichem Material eingebracht sein. Lasse dich beim Kauf von deinem Gefühl und deinen Vorlieben leiten, der Preis sollte im Hintergrund stehen.

Auch beim **Selbermachen** gibt es die grundsätzliche Entscheidung, welches Material du wählen willst. Auch hier ist dein Gefühl ausschlaggebend: Liebst du Holz oder spricht dich Stein an?

Hast du einen »Seelenbaum«, der dir Kraft gibt, oder kommst du von jedem Besuch am Strand mit einem Beutel Steine zurück?

Was immer dich anzieht, es ist für dich das richtige. Du kannst Holz von 24 verschiedenen Bäumen nehmen, oder aber ein einziger Baum gibt dir sein Holz. Willst du Baumscheiben oder kleine Stäbe? Willst du ritzen, brennen oder malen?

Bei den Steinen musst du die gleichen Entscheidungen treffen: Edelstein oder Kiesel? Du könntest an allen deinen Lieblingsplätzen einen Stein finden oder Edelsteine kaufen, die du weiterverarbeitest. Auch auf die Steine kannst du ritzen oder malen, je nach den Fertigkeiten und Möglichkeiten, die du hast.

Ganz gleich, was du aus der Natur holst: Danke dafür mit einem Segen, ein wenig Tabak, Hochprozentigem oder einer Kupfermünze.

Lasse dir Zeit, genau abzuspüren, was du brauchst. Lasse dir auch Zeit bei der Herstellung und dem Weihen; schließlich sollen dich diese Steine ein Leben lang begleiten.

Bei der Herstellung kannst du den jeweiligen Runennamen singen, sprechen oder denken.

Wenn du später einmal anfängst, für andere Menschen die Runen zu werfen, wird ein zweites Set nötig sein. Denn diese ersten Runen sind zu eng mit deinem Wachstumsprozess, deiner inneren Entwicklung verbunden, als dass ein anderer als du seine Schwingung dort einbringen dürfte.

Wie auch immer du deine Steine gestaltest, gehe respektvoll und liebevoll mit ihnen um, so wie du mit einem Menschen umgehen würdest, den du zum Freund gewinnen möchtest.

Wenn du die Steine selbst gemacht hast, wird es nicht nötig sein, sie zu reinigen; aber alle gekauften Steine solltest du für 24 Stunden völlig in Salz eingraben. Dann werden sie gründlich unter klarem Wasser abgespült. Nach dem Abtrocknen, wenn es möglich ist, die Steine ins Sonnen- und Mondlicht legen, am besten wäre es natürlich draußen. Wenn das geschehen ist, kannst du deine Runensteine weihen. Auch die selbst hergestellten werden auf diese Weise geweiht.

Die Runensteine weihen

Du brauchst als Vertreter der vier Elemente:

- eine Kerze, sie vertritt das Element Feuer
- Räucherstäbchen oder Räucherwaren für das Element Luft
- eine Schale mit Erde oder eine Kristalldruse für die Erde
- eine Schale Wasser.

Jetzt hast du die vier Elemente auf deinem Altar versammelt. Der Altar kann für den Anfang auch dein Küchentisch oder Schreibtisch sein, dann lege ein möglichst neues Tuch darüber. Am besten auch eine Liste der Runennamen und Zeichen dazulegen, denn zu Anfang ist es gut, sicherzugehen, damit du sie nicht verwechselst.

Jetzt ziehe einen Schutzkreis, indem du dir zum Beispiel eine leuchtend blaue Seifenblase um dich herum vorstellst, durch die nur positive Energie zu dir kann. Du kannst auch die Zwerge Nodri, Sudri, Austri und Westri bitten, dich und dein Ritual zu beschützen. Aber auch Odin, Thor, Tyr und Heimdall wohnen gerne einer Runenweihe bei und halten negative Kräfte fern. Du brauchst einfach nur um ihre Anwesenheit zu bitten. Als Frau bittest du vielleicht lieber Frigga, Freya, Eir und die Nornen, deine Weihe zu beschützen und Kraft zu verleihen.

Mit einem kleinen Spruch weihst du jeden Stein den vier Elementen.

Beispiel:

»Feuer, Wasser, Luft und Erde,
durch euch gestärkt dieser________ (Name)-Runenstein werde!«

Dabei zeigst du den jeweiligen Stein dem genannten Element.

Rufe dann hilfreiche Geister, Engel, Götter oder Ahnen deiner Wahl herbei und bitte um Schutz und Kraft für die Steine. Bitte die Steine, deine eigene Energie aufzunehmen, dann halte die Hände darüber und lasse die Energie fließen, bis du das Gefühl hat, es ist genug.

Nun kannst du zum Abschluss die einzelnen Runen beim Namen nennen oder ihn singen.

Die Steine werden mit jedem Anfassen mit Energie aufgeladen, trotzdem ist es gut, sie in regelmäßigen Abständen wieder zu energetisieren, indem du durch das Darüberhalten deiner Hände deine Energie einfließen lässt.

Wichtig: Lasse die Steine nicht von anderen Menschen berühren oder unachtsam herumliegen.

Meide mit den Steinen unbedingt die Nähe von TV, Computer, Handy und Mikrowelle. Sie strahlen stark, so dass deine Runensteine geschwächt werden könnten.

Runenwerfen

Nimm dir einen Moment der Ruhe und Einkehr. Dieser Moment soll dich auf das Runenwerfen einstimmen und deinen Geist so erweitern, dass du offen bist für die Deutungen, welche dir zufließen. Dabei kann es hilfreich sein, einen besonderen Platz einzurichten: ein Tuch, auf dem nur deine Runen liegen dürfen, eine Kerze, deine Lieblingssteine, eine Pflanze und auch ein Räucherstäbchen; was immer dir dazu dient, dich auf das Runenwerfen einzuschwingen. Lege deinen Runenbeutel auf das Tuch vor dich hin.

Erde dich, indem du neunmal die Rune Odal atmest.

Vielleicht möchtest du den etwas abgewandelten Eddatext: »Runen raunt mir rechten Rat« als Einstimmung benutzen.

Du entscheidest jetzt, ob du eine, drei, fünf oder sonst wie viele Runen ziehen willst.

Runenkarten: Deine Karten hast du währenddessen gemischt und vor dir auf die Unterlage gelegt. Jetzt lasse deine linke Hand entspannt über die Runen wandern, und sei dabei ganz Fingerspitze und Handteller. Sei offen für Veränderungen in deinen Händen, bleibe aber entspannt. Dann ziehe deine Rune oder Runen und lege sie erst einmal verdeckt vor dich hin.

Mit einem kleinen »Danke« oder einem passenden Spruch wendest du sie von rechts nach links um, so dass eine auf dem Kopf stehende Rune auch auf dem Kopf stehen bleibt.

Runensteine oder -hölzer: Wenn du die Steine oder Hölzer nicht in einem Beutel verwahrst (was ich empfehlen möchte), machst du es ebenso wie mit den Karten.

Hast du die Steine in einem Beutel, nimm ihn in die linke Hand und stimme dich wie oben beschrieben ein.

Lasse jedes Mal, wenn du eine Rune aus dem Beutel ziehst, deine Herzenergie zu der richtigen Rune fließen und nimm sie dann aus dem Beutel. Vielleicht fühlt sich das so an, als wäre ein Runenstein besonders klebrig, oder er kitzelt dich an den Fingern oder fühlt sich besonders kühl an. Alles andere machst du dann so wie bei den Karten beschrieben.

Wenn du Runensteine oder Holzrunen hast, lasse sie von niemandem außer dir berühren. Zum einen sind sie durch die Weihe mit deiner Energie aufgeladen, zum anderen laden sie sich durch deine Arbeit mit ihnen immer weiter auf, und eine subtile Kommunikation zwischen dir und den Runen beginnt zu wachsen. Fremde Hände können diesen Prozess stören. Bei den Karten kann sich dieses feine Energiefeld nach meiner Erfahrung nicht aufbauen, daher gehe ich mit den Karten viel freier und offener um.

Betrachte jetzt die Runen, die du gezogen hast, jede einzeln für sich. Lasse erst deine Gefühle und deine Intuition sprechen, bevor dein Verstand anfängt zu arbeiten oder du etwas nachliest. Bedeutungen findest du bei der jeweiligen Rune unter »Nornenwurf« oder »Weltenwurf«.

Setze sie zu deiner Frage in Beziehung. Hilfreich ist es, sich dabei Notizen zu machen.

Wenn du das soweit geklärt und innerlich geordnet hast, schaue dir die Runen noch einmal alle zusammen an: Gibt es Gemeinsamkeiten? Sind die Unterschiede sehr groß oder eher klein?

Sind Runen dabei, die durch deinen Namen oder andere Verbindungen mit dir zu tun haben?

Bist du an dem Punkt angekommen, wo es nichts mehr zu fühlen oder zu denken gibt, dann beende die Sitzung für heute. Bedanke dich bei den Runenkräften für ihren Rat und ihre Hilfe.

Lege sie wieder in den Beutel und räume deine anderen Sachen wieder weg.

Es ist gut, deine Notizen nach einigen Tagen wieder anzuschauen und noch einmal darüber nachzudenken. Oft kommen dann neue Gedanken und Gefühle auf.

Der Nornenwurf

Die Nornen oder Nornir sind Schwestern der Nott (Nacht). Ihr Vater war der Riese Nörfi, also ist anzunehmen, dass auch sie Riesinnen sind. Sie symbolisieren die drei Mondphasen, die drei Jahreszeiten des alten Jahres (Frühling, Sommer, Winter) und alle anderen Dreifaltigkeiten, so wie die Große Göttin auch in Dreifaltigkeit auftrat. Sie wurde in ihren Manifestationen als Jungfrau, Mutter und weise Alte verehrt.

Der Wohnort der Nornen ist an der Wurzel des Weltenbaumes Yggdrasil nahe einem Brunnen, der Urd-Brunnen genannt wird. Das Wasser dieses Brunnens ist so heilig, dass es alles reinigen und heilen kann. Es ist das Wasser des Lebens. Täglich schöpfen die drei hier das Wasser, das den Weltenbaum nährt und heilend vor Fäulnis bewahrt. So sorgen die Nornen für den Weiterbestand der Welt.

Bei der Geburt eines jeden Menschen finden sie sich ein, werfen Lose – also Runen – und bestimmen das Schicksal des Neugeborenen. Darin sehe ich das ganz eigene

Gesetz, unter dem jede und jeder von uns angetreten ist. Es setzt sich aus dem, was wir von unseren Eltern und Ahnen geerbt haben, und unseren eigenen Stärken und Schwächen zusammen. Auch unsere Taten aus früheren Leben (Wurd) und die unserer Sippenmitglieder (Orlög) spielen eine wichtige Rolle. Unsere größten Schwächen sind unsere größte Gabe, wenn die Kräfte in Harmonie gebracht werden.

Urd (»Schicksal«) ist die älteste der Nornen. Sie symbolisiert den Tod und die Vergangenheit und wird mit dem abnehmenden Mond in Verbindung gebracht. Ihre Rune ist Isa, die Farbe Schwarz, und der Frühling ist ihre Zeit. Denn die Voraussetzung für jedes Leben ist der Tod. Wenn das Kind geboren wird, verlässt es den Mutterleib, es »stirbt« für das Leben in der Gebärmutter. Die Saat kann nur ausgebracht werden, wenn das Feld des letzten Jahres abgeerntet ist und alle Reste verrottet sind. Wir Menschen können unsere Nahrung nur verdauen, wenn wir sie töten, durch Kauen, Magensäure und Darmbakterien.

Werdandi (»Gegenwärtige«) ist die Mittlere der Schwestern. Sie ist mit dem zunehmenden Mond assoziiert, sie ist das Leben an sich. Nicht ein persönliches Leben ist damit gemeint, sondern die Lebensenergie, die alle Geschöpfe durchströmt. Ohne diese gäbe es überhaupt kein Leben. Es ist diese Kraft, die alles überlebt; sie ist nicht an ein Wesen gebunden. Ihre Farbe ist Rot, und die Rune ist Gebo.

Die jüngste der drei ist Skuld (»Schuld«). Sie steht für den Vollmond. Zu ihr gehören die Rune Inguz und die Farbe Weiß. Die Wiedergeburt ist ihr Anteil. Und wiedergeboren werden wir, wenn wir Fäden unverknüpft und Geschichten unbeendet gelassen haben. Aus der Physik wissen wir, dass keine Energie verlorengeht, sondern sich lediglich wandelt. Ebenso wenig geht Seelenenergie verloren, im Guten wie im Schlechten. Wiedergeburt bedeutet auch Transformation der Energien. So fügen sich diese drei zu dem großen Kreis, genannt Leben.

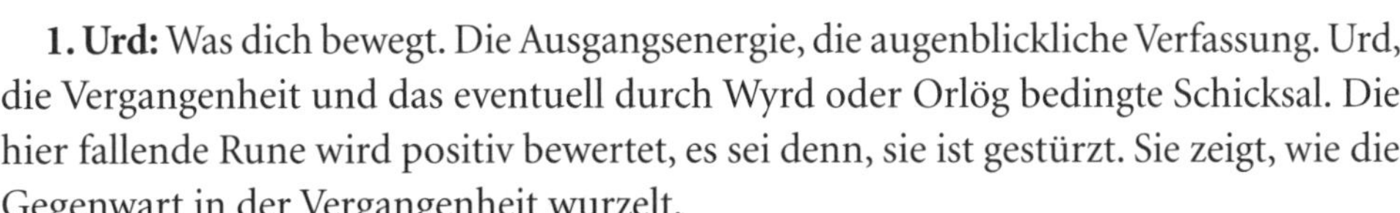

Die drei Runen Isa, Gebo und Inguz sind die drei Nornir- oder Mutterrunen.

Als Sigille auf einem Talisman schützen und leiten sie dich durch dein tägliches Leben, Sterben und Wiedergeborenwerden.

Diese Bedeutung haben die Runen in ihrer Reihenfolge im Nornenwurf:

1. Urd: Was dich bewegt. Die Ausgangsenergie, die augenblickliche Verfassung. Urd, die Vergangenheit und das eventuell durch Wyrd oder Orlög bedingte Schicksal. Die hier fallende Rune wird positiv bewertet, es sei denn, sie ist gestürzt. Sie zeigt, wie die Gegenwart in der Vergangenheit wurzelt.

2. Werdandi: Die Aufgabe, was »Not« tut. Werdandi, was hier und jetzt aktiv zu tun ist, um das Schicksal zu wenden, also die Not-wende.

3. Skuld: Was herauskommt. Skuld, die aus Vergangenheit und Gegenwart entstehende Zukunft. Sie zeigt, wohin die Gegenwart unter diesen Voraussetzungen führen wird.

Der Weltenwurf

Der Weltenbaum zeigt bildhaft, wie die Welt und das Bewusstsein eines jeden Menschen aufgebaut ist. Jede Welt im Weltenbaum hat in diesem Wurf eine Bedeutung. Die Runen werden mit dem Vorbereitungsritual aus dem Beutel gezogen und in der Form Yggdrasils ausgelegt.

Der Anfang ist Midgard, der Ort, an dem wir Menschen leben. Midgard zeigt, was jetzt ist, die bestehende Situation.

Lysalfheim ist die zweite Rune, sie zeigt deine Gefühle in bezug auf diese Angelegenheit, während die Rune bei Wanaheim deine Gedanken zu diesem Thema darstellt. Man könnte auch sagen, dass Lysalfheim das gefühlsmäßige Erfassen der Situation, Wanaheim hingegen das verstandesmäßige Erfassen zeigt.

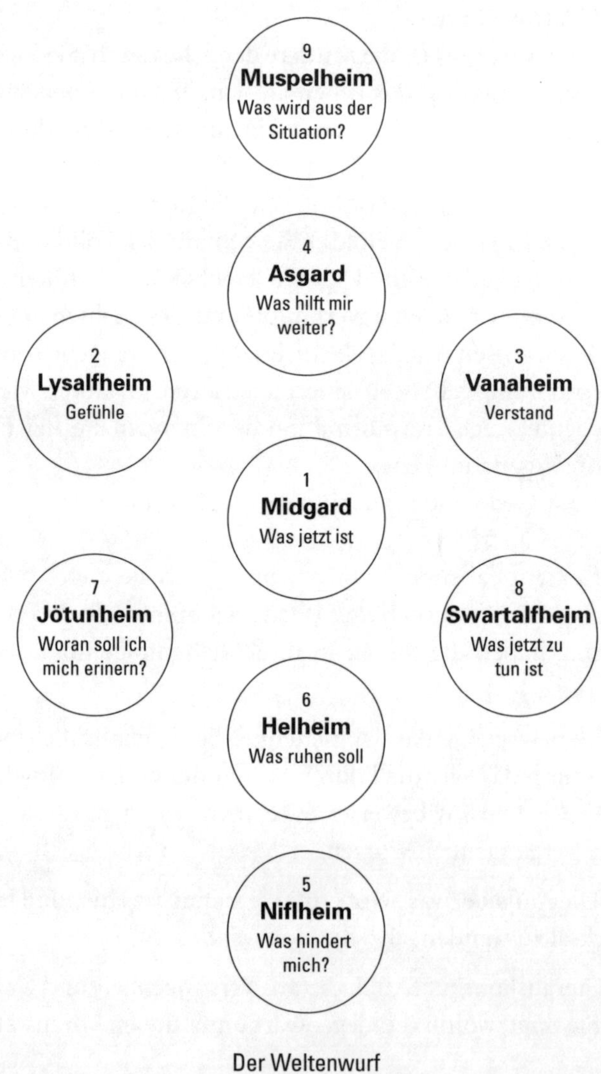

Der Weltenwurf

Das Heim der Götter, Asgard, zeigt, was weiterhilft. Oft ist die Hilfe von außen gemeint, manchmal aber auch die innere Einstellung, die dir jetzt hilft.

Niflheim ist die Rune dessen, was dich im Moment behindert. Sie zeigt die Knüppel, die dir zwischen die Beine geworfen werden – oder deine eigenen inneren oder äußeren Stolperfallen.

Es gibt Dinge zu tun und auch immer Dinge zu lassen. Helheim als sechste Rune zeigt dir, was du lassen solltest. Mit dem, was hier liegt, musst du aufhören, wenn du einen harmonischen Ausgang herbeiführen willst.

Die Kraft der Riesen in Jötunheim erinnert dich an das, was jetzt wichtig ist. Hierauf solltest du dein Augenmerk richten. Das kann deine eigene Kraft oder auch ein anderer Blickwinkel sein.

Swartalfheim als Heim der Zwerge zeigt, was es zu tun gibt. Welche Handlung jetzt angemessen ist und welche dich zum Erfolg führt. Es kann natürlich sein, dass gar keine Handlung erforderlich oder richtig ist; auch das wirst du in der betreffenden Rune sehen.

Muspelheim, das Feuerland, in dem alles in Veränderung begriffen ist, zeigt, was aus der Angelegenheit wird. Dies ist die veränderlichste Rune. Was hier liegt, ist nicht einzementiert; es kann sich wandeln, sich mit deinen Handlungen und Gedanken verändern.

1. **Midgard:** Hier stehst du, und du möchtest von den Runen eine Antwort. Die Rune, die hier fällt, zeigt dir deinen momentanen Standpunkt.
2. **Lysalfheim:** Gefühle, die du zu dieser Angelegenheit hast.
3. **Wanaheim:** Das Denken. Etwas , das dir weiterhilft.
4. **Asgard:** Spirituelle Sichtweise der Angelegenheit. Die helfende Hand der Götter. Das kann ein Gedanke sein aber auch eine Handlungsanweisung.
5. **Niflheim:** Das, was dich hindert, dein Ziel zu erreichen. Oft bezeichnet diese Rune etwas in dir: eine Blockade, ein altes Muster, irgendein »Es-geht-nun-mal-nicht«-Gefühl. Seltener bezieht sie sich auf etwas im Außen.
6. **Helheim:** Vermeide oder gib auf, was diese Rune dir zeigt. Lasse es in Frieden ruhen, bis wieder die richtige Zeit dafür da ist.
7. **Jötunheim:** Mimirs Brunnen befindet sich hier. Die Rune an diesem Platz zeigt dir, woran du dich jetzt erinnern solltest. Das kann eine Fähigkeit sein, eine Art zu handeln oder zu denken. Es kann aber auch eine Information sein, die du vergessen oder noch nicht in diesen Zusammenhang gestellt hast.
8. **Swartalfheim:** Die Zwerge zeigen dir, was konkret zu tun ist. Hier findest du eine Anleitung, um deine Schwierigkeiten zu überwinden.
9. **Muspelheim:** Die Lösung, was daraus wird. Das Ergebnis deiner Bemühungen. Ist dies eine gewendete Rune, lasse die Angelegenheit noch ein wenig ruhen, bevor du wieder danach fragst. Manchmal ist es auch sinnvoll, sich ganz von dieser Sache zu verabschieden.

Der Runenwurf auf einem Tuch

Die Runen auf ein Tuch zu werfen und dann zu deuten, ist das Schwierigste, aber auch das Lohnendste.

> Auf Wahrzeichen und Losen achten sie so sehr als nur irgend ein Volk. Beim Losen halten sie es einfach. Von einem Fruchtbaum hauen sie einen Zweig ab, zerschneiden ihn in Reiser, unterscheiden diese durch gewisse Zeichen voneinander und streuen sie dann über ein weißes Tuch hin ohne Plan und nach bloßem Zufall. Sodann spricht, wenn sich die Befragung auf öffentliche Angelegenheiten bezieht, der Priester der Gemeinde, wenn auf persönliche, der Hausvater selbst ein Gebet zu den Göttern, richtet seinen Blick zum Himmel empor, hebt dreimal je eines auf und gibt dann entsprechend dem vorher darauf eingedrückten Zeichen die Deutung. Ist ihre Antwort abschlägig, findet für diesen Tag keine Befragung über den gleichen Gegenstand mehr statt; ist sie zustimmend, wird noch überdies die Bestätigung der Vorzeichen erfordert.
>
> Tacitus, Germania, Kap. 10

Allgemein wird davon ausgegangen, dass es sich bei diesen Losen um Runen handelte. Sicherlich war der germanische Priester sehr inspiriert, wenn er die Runen auf einem weißen Tuch deuten konnte. Wir machen es uns ein wenig leichter und benutzen ein Tuch, das in verschiedene Felder eingeteilt ist. Dazu kannst du dir ein besonderes Runentuch herstellen.

Das Tuch hebt das Ritual des Runenwerfens oder -ziehens aus dem normalen Alltag heraus und symbolisiert die Heiligkeit deines Tuns. Das Tuch zeigt deinem Bewusstsein und Unterbewusstsein, dass jetzt ein besonderer Bewusstseinszustand erreicht werden soll und Achtsamkeit erforderlich ist. Zudem macht es jeden Ort zu einer Zweigstelle deines heimischen Altars.

Das Material sollte ein Naturstoff sein: Baumwolle, Leinen oder Leder. Die Farbe richtet sich nach deinen Wünschen. Die Größe des Tuches richtet sich nach der Größe deiner Runensteine.

Das Wertungsfeld besteht aus drei konzentrischen Kreisen, die von drei Linien in drei gleichgroße Segmente aufgeteilt werden. Dadurch hast du einen Anhaltspunkt für die Deutung der gefallenen Runen.

Die Felder sind:

Innerer Kreis

Größe: Etwa dreimal (drei Steine nebeneinander bilden den Durchmesser) so groß wie einer deiner Runensteine

Farbe der Linie: Rot

Norne: Urd

Bedeutung: Die Ursache. Alles, was zum Entstehen der Angelegenheit beigetragen hat, ganz gleich, ob bewusst oder unbewusst.

Mittlerer Kreis
Größe: Etwa neunmal so groß wie einer deiner Runensteine
Farbe der Linie: Blau
Norne: Werdandi
Bedeutung: Das Werdende. Alles, was jetzt die Angelegenheit beeinflusst oder dafür wichtig ist.

Äußerer Kreis
Größe: Etwa achtzehnmal so groß wie einer deiner Runensteine
Farbe der Linie: Gelb
Norne: Skuld
Bedeutung: Was herauskommt, wie es endet.
Drei Linien in den Farben Blau, Rot, Gelb treffen sich in der Mitte.

Einstimmung

Kerze, Räucherstäbchen, alles was du magst und was dir wichtig ist. Hole alles vorher herbei, was du brauchst: Runentuch, Runenbeutel, etwas zum Schreiben.

Das Runentuch wird glatt ausgebreitet.

Du nimmst alle deine Runensteine in beide Hände, so dass sie wie in einem Körbchen darin liegen. Dann meditierst du einen Augenblick über deine Frage oder dein Thema. Lasse die Energie deines Themas vor deinem geistigen Auge aufsteigen. Dann bitte die Runen um Hinweise zur Lösung und Klärung, während du die Steine in deiner Hand schüttelst, wiegst oder auf eine andere Art bewegst.

Du kannst den Spruch »Runen raunt mir rechten Rat, helft mir zur Tat!« sprechen oder denken, oder denke dir einen eigenen Spruch aus.

Wenn du fühlst, dass der richtige Augenblick gekommen ist, lässt du mit leichter Hand die Steine aus 5 bis 15 cm Höhe auf das Tuch fallen.

Deutung

Entferne zunächst alle Steine, die mit dem »Gesicht« nach unten liegen. Nur die, deren Runenzeichen du sehen kannst, bleiben liegen.

Es ist gut, sich alles aufzuschreiben, weil die Deutung eine komplexe Angelegenheit ist. Am besten malt man sich das Bild genau ab.

Beginne mit dem innersten Kreis. Spüre in die verschiedenen Runenkräfte des Ursprungs hinein und verwebe sie zu einem Gesamtbild. Lasse alle Eingebungen, Gedanken, Visionen zu dir kommen und werte sie nicht als passend oder unpassend.

Schreibe, was dir wichtig erscheint, auf und arbeite dich dann durch alle weiteren Kreise.

Wenn du dir dann einen klaren Eindruck verschafft hast (das kann durchaus Stunden in Anspruch nehmen), schaue die Kräfte an, die mit dieser Angelegenheit nichts zu tun haben, also jene Runen, die nicht im Wurf vorkommen. Diese Aspekte halte aber kurz und übersichtlich.

Hierbei kannst du die Texte zu Hilfe nehmen, die unter »Allgemein« stehen.

Diese Art, die Runen zu werfen, ist eine sehr komplexe und schwierige Methode, und es hilft nur Üben und immer wieder Üben.

Schau deine Notizen an, wenn die Angelegenheit, nach der du gefragt hast, zu einem Ende gekommen ist oder sich weiterentwickelt hat.

Bewahre deine Aufzeichnungen auf, schau sie nach ein paar Jahren noch einmal an und überlege, wie du die Runen heute deuten würdest.

Sei dabei ehrlich zu dir selbst und gestehe dir auch deine Fehler ein.

Selbsteinweihung

Mit einer Einweihung ist es wie mit einer Heilung: Niemand kann einen anderen heilen, er kann lediglich die Möglichkeit in Form von Heilenergie, Medikamenten, Ritualen oder ähnlichem dafür bereitstellen. Der/die Kranke selbst heilt sich dann selbst, das Mittel der Wahl setzt den richtigen Impuls, der die Selbstheilungskräfte aktiviert. Und so kann auch niemand einen anderen Menschen einweihen, sondern nur einen Raum schaffen, in dem dies geschieht.

Natürlich ist nichts dagegen einzuwenden, wenn du zur Heilung oder Einweihung die Unterstützung einer anderen Person in Anspruch nimmst. Suche diesen Menschen aber sorgfältig aus. So wie du deinen Körper niemals einem Arzt anvertrauen solltest, dem gegenüber du ein schlechtes Gefühl hast, so öffne auch deinen Geistkörper niemals für Menschen, die dir unangenehm sind. Im Umgang mit dem Menschen, der dich einweiht, höre in erster Linie auf dein Gefühl, nicht auf deinen Verstand. Der Verstand ist beeindruckt von all den Zertifikaten und Diplomen; das Gefühl spürt darüber hinaus, ob dir diese Person wohltut und sie ein gutes Herz hat.

Die Vorbereitung

Du reinigst den Raum, in dem die Einweihung stattfinden soll. Dann nimmst du eine Dusche oder ein Bad und ziehst saubere Kleidung an. Vielleicht möchtest du diesen Anlass durch besonders hübsche Bekleidung feiern; vielleicht möchtest du den Göttern aber auch nackt gegenübertreten.

In den Monaten zuvor hast du dich gründlich mit den Runen von Urds Aett beschäftigt. Du solltest ihre Namen, Formen und die grobe Bedeutung kennen. Du hast mit ihnen gearbeitet, indem du Stadha und Höndstadha sowie Galdr geübt hast.

Du hast die Vereinbarung mit dir selbst (siehe: Deine persönlichen Grundlagen) in vollem Ernst unterzeichnet, obwohl es keine Bedingung ist, sich dem Licht zu weihen. Was du letztlich mit den dir anvertrauten Kräften tust, wie du sie entwickelst, ist deine persönliche Entscheidung. Ich selbst habe die Erfahrung gemacht, dass das Arbeiten mit dem Licht leichter, einfacher und fröhlicher ist als mit den Schatten.

Bevor du mit der Einweihung beginnst, ziehst du eine Rune für die Frage, ob heute der richtige Tag für die Einweihung ist. Ziehst du sie aufrecht aus deinem Runenbeutel, kannst du die Selbsteinweihung heute machen. Ziehst du sie gestürzt aus deinem Beutel, ist heute nicht der richtige Tag, und du solltest die Einweihung für diesmal aufgeben. Wenn du es willst, kannst du eine weitere Rune ziehen zu der Frage, was du tun solltest, um für die Einweihung reif zu sein. Manchmal braucht es noch eine Fähigkeit, die du erwerben solltest, manchmal sind auch nur die kosmischen Einflüsse nicht förderlich, so dass die Nornen beschließen, dir heute keine Tore zu öffnen.

Natürlich brauchst du einen ruhigen Raum, in dem du ungestört bist, deine Runen, Räucherwerk, eine weiße Kerze, einen Stein, eine Rassel und eventuelle weitere Kultgegenstände. Der Stein kann ein Edelstein oder auch ein einfacher Stein sein, den du an einem deiner Lieblingsorte gefunden hast, auf jeden Fall sollte er für dich etwas Besonderes darstellen und positive Energie verströmen. Die Kerze ist weiß, denn sie symbolisiert die kosmische Quelle, aus der alles kommt und die alles beinhaltet.

Du fügst noch drei Symbole für die Nornen hinzu, beispielsweise: Schere, Maßband und Spindel. Oder auch, wie unsere steinzeitlichen Vorfahren, drei kleine Schalen oder drei nebeneinanderliegende Linien. Die drei Schalen oder Linien finden sich auf vielen Großsteingräbern. Früher nannte man Steine, die solche Zeichnungen aufwiesen, Elfensteine und füllte die in den Stein gemeißelten Schälchen mit Honig oder Milch.

Die erste Einweihung auf dem Runenweg bringt dich zugleich auch mit der Welt der Steine in Verbindung. Sie öffnet eine Tür für diese uralten Gesellen des Menschen. Daher ist der Stein wichtig.

Wenn du dir mit den Runennamen noch nicht so sicher bist, lege eine Liste mit den Zeichen und Namen dazu, denn es ist wichtig, dass du sie in keinem Fall verwechselst. Auch eine Abbildung der Wirbelsäule kann nicht schaden, wenn du Mühe hast, die betreffenden Wirbel im Gedächtnis zu behalten.

Anrufung

Beginne damit, den Raum auszuräuchern. Gut ist eine Räuchermischung aus heimischen Kräutern und Harzen. Beispielsweise Beifuß, Birke, Kiefer, ein ganz verschwindend geringer Anteil Eibe und deine persönlichen Lieblingspflanzen. Das geht natürlich nur, wenn du dich mit Kräutern ein wenig auskennst und sie selbst sammeln kannst. Sonst tut es auch eine gekaufte Mischung. Aus der Mitte des Raumes gehst du in alle acht Richtungen: Nord, Nordost, Ost, Südost und so weiter. Lass dir Zeit, beobachte den Rauch und stimme dich immer mehr auf die Einweihung ein.

Entzünde die große weiße Kerze als Symbol für die universelle Quelle.

Reinige deine Hvels, harmonisiere deine Energiekörper.

Wenn du den Raum und dich gereinigt hast, wendest du dich nach Osten und rufst alle guten Kräfte, alle Geister und Ahnen, die dir wohlgesonnen sind, sowie die Götter, die du bei deiner Einweihung dabeihaben möchtest. Das könnte etwa so klingen:

»Geister des Ostens, die ihr mir wohlgesonnen seid, ich bitte euch in diesen Kreis. Ich bitte auch alle meine Ahnen aus dem Osten, die es gut mit mir meinen, jetzt und hier bei mir zu sein. Aus dem Osten bitte ich die große Göttin Ostara und den Vater der Götter, Odin, zu mir. Ich bitte euch alle, seid bei mir, seid mit mir und unterstützt, beschützt und begleitet mich auf dieser Einweihungsreise.« Das unterstützt du durch Rasseln, Klappern und/oder Pfeifen. Auch Thor und Sif gehören zum Osten.

Aus dem Westen, Süden und Norden rufst du ebenfalls die Geister und Ahnen herbei. Zum Süden gehört das Geschwisterpaar Freya und Frey, Loki und Angrboda. Im Westen begleiten dich Hel und Heimdall sowie Eir. Im Norden, der Richtung der größten Ehre, sind die Nornen und Tyr, der uralte Gott.

Alle diese bittest du, dir bei der Einweihung zur Seite zu stehen und dich zu schützen. Dafür wendest du dich in die jeweilige Himmelsrichtung und bittest sie um ihr Kommen. Sage klar und respektvoll, was du willst, vermeide es zu stammeln und schweige lieber einen Moment, statt unklar zu reden. Sei dir der Wichtigkeit und Macht deiner Gäste bewusst und behandle sie mit allem Respekt.

Dann stellst du das Räuchergefäß brandsicher auf deinem Altar ab. Der Altar kann ein kleiner Tisch sein, aber auch einfach ein schönes Tuch auf dem Boden.

Jetzt kannst du die Selbsteinweihung beginnen, im Sitzen oder Stehen, jedenfalls sollte deine Wirbelsäule aufrecht sein, so dass die Energien frei fließen können. Bitte die Nornen zunächst um ihren Schutz, ihr Wohlwollen und ihren Beistand. Sprich sie dabei einzeln mit ihren Namen an. Dann sammele dich innerlich und sage: »Ich bin willens und bereit, mich jetzt und hier für die Kräfte der Runen zu öffnen. Ich bitte die Rune Odal mit dem Segen der Ahnen, der Götter und der Geister, mir ihre Kräfte zuteil werden zu lassen. Ich bitte die Rune Odal, ihren Platz in meiner Wirbelsäule und meinem energetischen System einzunehmen.« Schließe deine Augen und lasse Odal ihren Platz in der unteren Wirbelsäule finden, dafür brauchst du nichts genau visualisieren können, denn die Rune fügt sich genau dort ein, wo sie hingehört. Du wirst spüren, dass Energie in diesen Bereich fließt, und auch, wann es genug ist.

Du wiederholst diesen Vorgang mit allen acht Runen von Urds Aett.

Ausklang

Öffne den Kreis, indem du dich bei allen Wesen und Wesenheiten, die da waren, bedankst. Dann räume auf, lüfte und entspanne dich. Mach auf keinen Fall jetzt irgendeine Hausarbeit, stürze dich nicht in ein Computerspiel und lass den Fernseher aus. Auch Verabredungen und andere Termine solltest du lieber auf den morgigen Tag legen. Lass dir heute Zeit, die Einweihung anzunehmen!

Möglicherweise kommen Reinigungsprozesse in Gang, so dass du stark schwitzt oder gar Durchfall bekommst. Lass dich davon nicht beeindrucken, gehe liebevoll mit dir um. Binnen 48 Stunden sollten die Anzeichen der Reinigung verflogen sein.

Auch solltest du in den nächsten Wochen im Kopf behalten, dass dein Energiehaushalt sich verändert. Es kann sein, dass du bestimmte Lebensmittel nicht mehr verträgst, manche Menschen oder auch Orte dir nicht mehr guttun oder Ähnliches. Dann zwinge dich nicht dazu, sondern lasse in Liebe los. Es gibt keinen Grund, am Alten zu klammern, wunderbares Neues wartet auf dich.

Wandere noch einmal durch die Runen, die du eingeweiht hast. Du wirst erfahren, wie sich deine Wahrnehmung durch die Einweihung erweitert und verändert hat.

Nach frühestens acht Wochen nimmst du die nächste Einweihung vor. Diese läuft genauso ab.

Die Einweihungen

Die Einweihungen in die drei Aetts bringen dich über die Runenkräfte hinaus mit drei Reichen in Verbindung:

Weihe 1 verbindet dich mit dem Reich der Steine, was bedeutet, dass du geerdeter bist und auch mit Steinen besser umzugehen verstehst. Es wird dir leichter fallen zu lernen, mit den Steinen Kontakt aufzunehmen oder ihre Hilfe zu erhalten. Jeder Stein hat heilende Kräfte für Seele, Geist und Körper, auch ein einfacher Kiesel, den du auf der Straße aufhebst oder am Strand findest. Du wirst deine Helfer im Steinreich finden; sie werden dir mitteilen, warum sie deine Nähe gesucht haben.

Weihe 2 verbindet dich mit den Kräften der Pflanzenwelt. Auch hier hast du Verbündete und Helferpflanzen, die du kennenlernen wirst. Es fällt dir leichter, Elfen und andere Naturgeister zu erfühlen oder gar zu sehen. Auch der Bezug zu deiner Nahrung wird sich verändern.

Durch **Weihe 3** wird eine Verbindung zu den Tieren hergestellt. Es fällt dir leichter, Tiere zu verstehen oder auch die Kommunikation mit Tieren zu erlernen. Möglicherweise wirkt sich auch das auf dein Essverhalten aus. – Es kann sein, dass du danach kein Fleisch mehr magst oder sich dein Fleischkonsum drastisch reduziert.

Die sich öffnenden Kanäle sind etwas, das einfach geschieht. Du brauchst nichts dafür zu tun, dass es so kommt. Sei du nur selbst offen für mögliche Veränderungen, aber möglichst frei von Erwartungen; diese behindern die Kommunikation mit den drei Reichen.

Es kann durchaus einige Zeit dauern, bis sich die Verbindungskanäle zu den drei Reichen gefestigt haben. Gib dir also Zeit und sei nicht ärgerlich oder traurig, wenn du nicht gleich mit jedem Stein sprechen kannst oder nicht hinter jedem Busch eine Elfe siehst.

Du kannst dir die Energien der Reiche vergegenwärtigen, indem du bei jeder Einweihung einen Stein, eine lebende Pflanze (keine Schnittblume!) und eine kleine Tierstatuette aufstellst.

Unsere Ahnen, durch Odal dargestellt, sind nun einmal die Grundlage unseres Lebens, ohne sie wären wir gar nicht hier inkarniert. Damit meine ich nicht nur unsere menschlichen Vorfahren, sondern auch unsere tierischen und pflanzlichen Ahnen, ja eigentlich könnte man es auf die ersten Einzeller ausdehnen, die dieser wunderbare Planet, unsere Mutter Jörd, hervorgebracht hat.

Die Runenatmung

Um mit der Rune, mit der du gerade arbeitest, in Kontakt zu kommen, ist die Runenatmung eine gute Möglichkeit. Beginne mit zwei Minuten und steigere dich langsam bis auf fünfzehn Minuten, wenn es dir guttut, auch mehr.

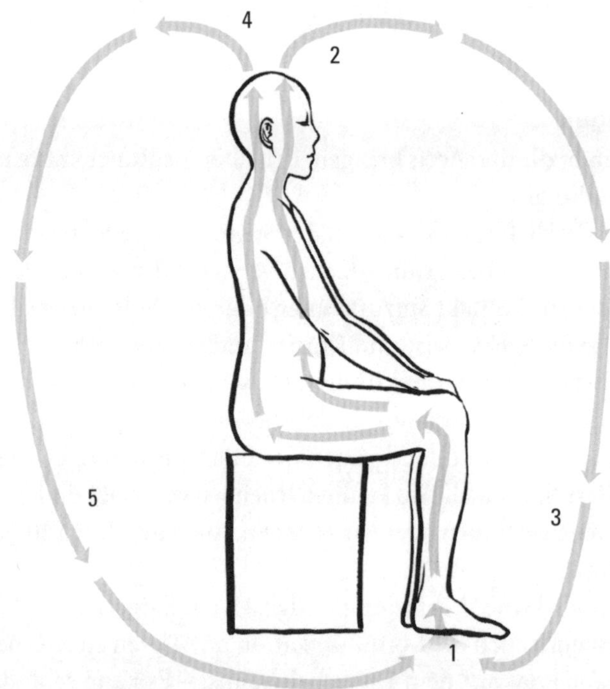

- Die Rune durch die Füße einatmen (1), durch den Körper hinauf bis zum Kopf und über den Scheitel hinaus (2).
- Die Rune an der vorderen Körperseite nach unten gleiten lassen, bis sie wieder bei den Füßen ist. (3)
- Wie 1. Die Rune durch die Füße einatmen, durch den Körper hinauf bis zum Kopf und über den Scheitel hinaus (4).
- Die Rune an der hinteren Körperseite nach unten gleiten lassen, bis sie wieder bei den Füßen ist (5) . 1 bis 5 ist ein Atemzyklus.
- Diesen Ablauf wiederholen, bis du die Meditation beenden willst.
- Zum Abschluss die Rune aus dem Scheitel fortfliegen lassen.

Die Runenatmung kann auch als Heilatmung benutzt werden. Dazu suchst du dir die Rune aus, die dir helfen kann, und stellst dir vor, dass der Eintrittspunkt der Rune an der kranken Körperstelle liegt. Austrittspunkt bleibt der Kopf. Bei jedem zweiten Atemzyklus lässt du die Rune durch die Füße eintreten.

Über die Ausübung von Magie

Die Runen sind *formgebende* Kräfte, die Wirklichkeit schaffen. Wie gut du dich ihrer bedienen kannst, um deine Ziele zu erreichen, hängt von der Stärke deiner Absicht sowie deiner inneren Klarheit ab; und natürlich auch von deinen Kenntnissen auf diesem Gebiet.

Jede Rune hat einen eigenständigen Charakter, ein spezifisches Schwingungsmuster, das mehr oder weniger mit deinem eigenen harmoniert. Die Runen lassen dich deine Unebenheiten, deine Charakterschwächen und deine Abgründe spüren, damit du lernen und dich entwickeln kannst. Runen sind nichts für verzagte Personen, die sich gerne als Opfer sehen. Die Runenarbeit erfordert mutige, klare und souveräne Menschen, die wissen, was sie wollen und was sie wert sind.

Deine Maßstäbe sind hier entscheidend, nicht eine angelernte Moral, die Gut und Böse trennt. Aber sei dir gewiss: Was immer du mit den Runen tust, es kommt zu dir zurück, in welcher Form auch immer, jedoch nicht immer sofort. Denn die kosmische Waagschale muss ausgeglichen sein, und dafür sorgt die universelle Quelle – immer, ausnahmslos immer.

Du kannst diese Zauberzeichen auch als Orakel nutzen. Tatsächlich ist das der Teil der Runenarbeit, über den am meisten geschrieben wird.

> Weißt du zu ritzen? Weißt du zu erraten?
> Weißt du zu finden? Weißt zu erforschen?
> Weißt du zu bitten? Weißt Opfer zu bieten?
> Weißt du, wie man senden, weißt, wie man tilgen soll?
>
> Besser nicht gebetet als zuviel geboten
> Die Gabe will stets Vergeltung
> Besser nichts gesendet als zuviel getilgt
> So ritzt es Thudr zur Richtschnur den Völkern
> Dahin entwich er, von wannen er ausging.

Odins Runenlied, Havamal 145 – 146,
Übersetzung von Karl Simrock

Mit Magie bezeichne ich das Verändern der Realität ohne die Einwirkung materieller Mittel. Die Energie, die wir dafür in Bewegung setzen, ist ständig um uns herum, ähnlich der natürlichen Radioaktivität, die überall auf der Erde vorhanden ist. Diese Energie in Bewegung zu setzen, erfordert Übung, Übung und nochmals Übung sowie Selbstkontrolle und überaus große Klarheit über das Ziel. Selbst wenn die Übung vorhanden ist, mangelt es doch meist an der Klarheit. Häufig ist das bei so wichtigen Themen wie Gesundheit oder auch Geld der Fall. Da gibt es in deinem Unterbewusstsein ablaufende Programme, die dafür sorgen, dass du krank oder arm bleibst. Vielleicht ist es das, was du kennst, vielleicht glaubst du insgeheim, du müsstest bestraft werden oder du möchtest dich nicht von deiner Familie abheben... Es gibt unzählige solcher Muster, die uns behindern – wenn wir sie nicht auflösen und loslassen.

Wenn du dich also für die Ausübung von Magie entscheidest, um ein Ziel zu erreichen, musst du dir unbedingt vollkommen klar über das gewünschte Ergebnis sein. Auch musst du während der ganzen Zeit, in der du die magische Handlung vollziehst, klar bei deinem Ziel bleiben. Fehlt diese Klarheit, können unangenehme Nebenwirkungen auftreten.

Weißt du zu ritzen?

Die Magie der Materialisation: Das Ritzen bedeutet, einem Wunsch, einem Gedanken, Energie zur Materialisation zu geben. Etwas von der Ebene der Audhumla (Ebene der Ideen) hinunter auf die Ebene der Materie zu holen. Dafür musst du natürlich zunächst wissen, was du ritzen möchtest, was du also manifestieren willst.

Nehmen wir an, du möchtest im Büro ein Einzelzimmer haben. Du brauchst die Ruhe, um abends ohne Kopfweh deine Freizeit genießen zu können. Mache dir also klar, welche Vorzüge und Möglichkeiten das Einzelzimmer bietet. Lass dich fühlen, wie du dein Büro betrittst, wie du es genießt, allein zu arbeiten. Schaffe dir auf jede dir mögliche Art Klarheit darüber, ob du das Gewünschte wirklich willst. Was soll es dir bringen? Was genau erwartest du? Wie möchtest du dich dann fühlen?

Nur eines solltest du jetzt (noch) nicht tun: Aktive Schritte im Außen zu unternehmen, um ein Einzelzimmer zu bekommen. Der nächste Schritt ist das Befragen der Runen:

Weißt du zu erraten?

Die Magie der Divination: Zu erraten bedeutet, Orakel zu werfen und die Zukunft zu erkunden, den Ratschluss der Götter zu erfahren und zu übersetzen. Wenn du die Runen befragst – und damit die Götter –, solltest du bereit sein, die Antwort auch zu hören und umzusetzen. Rede dir also das Ergebnis des Orakels nicht schön und handle danach, es sei denn, du hast das ganz deutliche Gefühl, etwas anderes tun zu müssen. Dann aber brauchst du kein Orakel zu werfen.

Manchmal wird sich so ein Gefühl erst mit dem Ergebnis des Orakels einstellen. Dann übergehe es nicht. Nimm die Runen ernst und wichtig, aber sei du die letzte Instanz für alle deine Entscheidungen.

Befrage die Runen, ob Magie die tatsächliche Antwort auf deinen Wunsch ist. Also: »Ist es optimal, Magie für ein Einzelzimmer an meinem Arbeitsplatz zu wirken?«

Dann musst du herausfinden, ob jetzt die richtige Zeit für dein Anliegen ist. Gute Fragen sind zum Beispiel: »Ist der Zeitpunkt jetzt optimal, um Magie für ein Einzelzimmer zu wirken?« Für solche Fragen benutze nur eine Rune.

Weißt du zu finden?

Die Magie des Findens: Den richtigen Weg finden, um dein Ziel zu erreichen. Nun wird es Zeit, dein Ritual für ein Einzelzimmer zu gestalten. Je nach Veranlagung wirst du Wege finden, dein Einzelzimmer zu erhalten. Du kannst Verstorbene bitten oder die Götter direkt ansprechen. Du kannst den Platz eines Kollegen beanspruchen, der ein Einzelzimmer hat. Du kannst auch dafür sorgen, dass es insgesamt mehr Einzelzimmer gibt und du eines abbekommst. Und noch viel mehr Wege gibt es, dein Ziel zu erreichen. Die Kunst des Findens hilft dir, den für dich richtigen Weg zu finden.

Weißt zu erforschen?

Die Magie des Forschens: Wenden wir uns jetzt von dem Wunsch nach einem Einzelzimmer ab.

Wenn du magisch arbeitest, wirst du auch Störungen erleben. Das kann ein negatives Energiemuster sein, Krankheitsdämonen, Erdstrahlen und viele andere Hindernisse. Nur wenn du weißt, was gerade die Störung verursacht, kannst du sie effektiv bekämpfen. Hier alle möglichen Störungen aufzulisten, führt zu weit. Aber es gibt ausführliche Literatur zum Thema. Es gilt also, auch die Störungen zu erforschen.

Weißt du zu bitten?

Die Magie des Gebets oder Segnens: Ein Gebet sollte kein unterwürfiges »Bitte-Bitte« sein, sondern ein respektvolles Gespräch mit deinem Gott oder deiner Göttin. Dabei bittest du um Unterstützung dafür, deine Schwierigkeiten zu lösen, nicht darum, dass diese Schwierigkeiten für dich gelöst werden.

Die Kraft des Segnens behandle ich bei der Rune Uruz ausführlich.

Weißt Opfer zu bieten?

Die Magie des Loslassens: Manchmal muss man etwas loslassen, um das gewünschte Ziel zu erreichen. Manchmal gelingt es nicht, eine Angelegenheit zu einem glücklichen Ende zu bringen. Dann muss man loslassen können, was man erwartet hat. Ebenso wie im materiellen Leben, solltest du auch in deinem geistig-spirituellen Leben Einstellungen, Meinungen oder Ziele loslassen können, die nicht mehr stimmig sind; ganz zu schweigen von den übernommenen Meinungen oder Programmen, die du in dir trägst. Die Magie des Loslassens brauchst du immer wieder in deinem Leben: Haustiere oder Menschen sterben, du wechselst die Wohnung oder den Arbeitsplatz. Das fällt dir wesentlich leichter, wenn du in Liebe und Dankbarkeit loslassen kannst. Übe das.

Loslassen zu können bedeutet auch, von den Vorhaben abzulassen, die eine Nummer zu groß für dich sind, Vorhaben, die dich überfordern, bei denen du andere in Gefahr bringst oder Kräfte wachrufst, die du nicht handhaben kannst.

Weißt du, wie man senden...

Die Magie der Helfertiere, des Schutzes, der Elementale und des schamanischen Reisens, aber auch des Fluchens: Um bestimmte Aufgaben zu erfüllen, sendest du als Magierin Hilfsgeister, Helfertiere oder ähnliche Wesenheiten. Auch deine guten Wünsche oder deinen Segen sendest du aus. Wie du das tun kannst, ohne dich für negative Energie zu öffnen oder deine Helfer in falsche Richtung zu schicken, zeigt dir die Magie des Sendens.

...weißt wie man tilgen soll?

Die Magie der Extraktion und Auflösung alter Muster: Je nachdem, ob es deine alten oder fremde Muster sind, sind verschiedene Methoden vorzuziehen. Hin und wieder handelt es sich um Besetzungen oder Besessenheit; auch das solltest du unterschieden und dann tilgen können.

Besser nicht gebetet als zuviel geboten

Führe *ein* Ritual durch, *eine* Befragung des Orakels. Nichts ist deiner Kraft abträglicher, als immer wieder um das gleiche zu bitten oder immer wieder das gleiche zu fragen. Konzentriere deine Energie, dann richte sie auf *eine* Angelegenheit und vertraue auf das Ergebnis, das du erhältst.

Die Gabe will stets Vergeltung

Hier wird noch einmal darauf hingewiesen, dass die Konzentration und Kraft, die du in ein Ritual oder Anliegen setzt, entsprechend am Ergebnis abzulesen sein wird. Je mehr du zweifelst, desto kleiner wird dein Ergebnis sein. Je mehr du vertraust, dir sicher bist, dass du dein Ziel erreichst und dich auch vollkommen darauf konzentrieren kannst, desto besser wird das Ergebnis sein.

Besser nichts gesendet als zuviel getilgt

Der richtige Einsatz von Kraft ist sehr wichtig. Besser ist es, du setzt keine Energie in Bewegung, als zu viel. Jede Kraft verlangt einen Ausgleich.

Aus diesen Textstellen wird klar, dass es eindeutige Regeln gibt, um Magie relativ gefahrlos und erfolgreich für sich selbst auszuüben. Zudem wird gezeigt, dass es besser ist, nichts zu tun, als das Falsche in Gang zu bringen.

Man könnte es mit einem Grundrezept beim Kochen vergleichen, das zwar verfeinert werden kann, bei dem der grundsätzliche Ablauf jedoch immer gleich bleibt.

Dieser Ablauf sieht so aus:

- Räuchern
- Anrufung der Geister, Götter und Ahnen
- Ausführung der magischen Handlung
- Entlassen der Helfer und Öffnen des Kreises.

Das Räuchern und die Anrufung entsprechen ungefähr dem Wählen einer Telefonnummer: Wenn du mit deiner Tante sprechen willst, wählst du natürlich ihre Nummer und nicht die des nächsten Copy-Shops. Dazu dienen Räuchern und Anrufung: Dich mit den richtigen Sphären in Kontakt zu bringen, einen Kanal in eine bestimmte Richtung zu öffnen, der einigermaßen sicher ist. Sei dir dennoch im klaren, dass eine magische Arbeit trotz solcher Sicherungsnetze niemals ganz sicher ist: Ungebetene Gäste können sich einfinden; du kannst den Rückweg nicht mehr finden; du bringst etwas mit, das dich viel Kraft kostet und so weiter.

Was du dann am Telefon mit deiner Tante besprichst, ist jedesmal anders. Ebenso verhält es sich mit der magischen Handlung, die jedesmal anders sein wird, weil du ein anderes Anliegen hast. Das eine Mal willst du ein Orakel werfen, ein anderes Mal eine Trancereise machen, ein Heilritual ausführen oder eine Binderune herstellen.

Binderunen

Um eine wirksame Binderune herzustellen, gehst du folgendermaßen vor:

Als ersten Schritt formulierst du deinen Wunsch oder dein Ziel so kurz und prägnant wie möglich. Achte darauf, positiv zu formulieren und auch wirklich deinen Wunsch herauszuarbeiten.

Doppelte Buchstaben werden gestrichen. Dann schreibst du dir die übrigen Buchstaben als Runen auf.

Jetzt beginnt der schwierigste Teil: Verbinde die Runen zu einem harmonischen Gebilde. Probiere verschiedene Formen aus und spüre ihnen nach. Nimm dann schlussendlich die, die sich für dich am besten anfühlt.

Binderunen können auf Papier geschrieben, auf den Körper gemalt, in Teig geritzt, mit Sand, Mehl oder Körnern ausgestreut, visualisiert oder in die Luft gezeichnet werden.

Die Binderunen auf Papier kannst du in deine Tasche stecken, um diese Energie bei dir zu haben. In einen Keksteig geritzt, kannst du die Binderune aufessen, was zum Beispiel für Heilrituale ein wesentlicher Bestandteil sein kann. Ausgestreut im Garten oder im Wald, wird der Wunsch den Kräften von Mutter Jörd übergeben. Er manifestiert sich dann, wenn die Binderune verweht ist.

Schutzbinderunen werden verwahrt. Du kannst sie auch mit Kreide über deine Türen und Fenster schreiben.

Etwas, das sich gut mit der Runenmagie verbinden lässt, ist der…

Wirbelwindzauber

Du kannst mit dieser Art von Magie etwas abstoßen oder anziehen.

Um etwas abzustoßen arbeitest du bei abnehmendem Mond und lässt den Text nach unten kleiner werden.

Um etwas anzuziehen, nutzt du den zunehmenden Mond und lässt den Text nach unten größer werden.

Formuliere dein Ziel in maximal drei Worten. Schreibe die Wörter in Runenschrift ohne Lücken auf ein Papier. In jeder Zeile lässt du eine Rune weg, bis nur noch eine übrig ist.

Nimm dann das Papier in die Hand und lasse einen Wirbelwind übers und durch das Papier wehen. Wenn der Wirbel seinen Höhepunkt erreicht hat, lässt du die Energie frei.

Bis der Zauber sich erfüllt hat, kannst du es auf deinem Altar oder einem anderen sicheren Ort verwahren. Danach verbrennst du den Bogen und verstreust die Asche draußen.

Kleiner
klein
klei
kle
kl
l

Das Götterkästchen

So ein Kästchen ist wie eine kleine Wunscherfüllungsmaschine. Du legst deine Wünsche hinein und überlässt sie den Ahnen und Göttern. Irgendwann manifestieren sie sich.

Du brauchst ein schönes Kästchen, aus Sperrholz, Holz, Pappe, was auch immer. Es kann auch eine schöne Origamischachtel sein oder eine Geschenkschachtel. Es soll eine Oberfläche sein, die sich bekleben lässt oder die du besonders schön findest.

Kleide sie innen mit Samt oder einem schönen Geschenkpapier aus.

Verziere das Kästchen mit Runen, Symbolen, Sigillen der Götter, was auch immer du möchtest.

Dann bitte die Götter, alles, was du in diese Schachtel legst, zu stärken, zu bewahren und zu heilen. Während du das Kästchen anfertigst, kannst du ein Gebet sprechen, einen Segensspruch oder was immer für dich die Götter herbeiruft.

Jetzt kannst du alles hineinlegen, was dir Sorgen macht: deine eigenen Krankheiten, die von Angehörigen, Freunden und so weiter. Wenn dich die Lage im Nahen Osten beunruhigt: Tu einen Zettel in die Schachtel. Was immer dich bewegt, kannst du den Göttern übergeben.

Das tust du, indem du den Namen der Person oder des Ortes, um den es geht, auf einen kleinen Zettel schreibst und mit der Bitte um Hilfe in die Schachtel legst.

Kerze (Feuer), Räucherwaren (Luft), Schale mit Salz (Erde), Schale heiliges Wasser (Wasser) und deine Runensteine und andere magische Artefakte bereitstellen. Beziehe auch Runen ein für alles, was du dir wünschst.

Zünde eine Kerze an, räuchere. Mache einen Schutzkreis.

Bitte alle Götter, die Ahnen und alle Wesen, die du dabeihaben möchtest, hinzu, einfach, indem du ihre Namen nennst und sie freundlich einlädst.

Zeige das Kästchen jetzt allen vier Elementen, indem du es in den Rauch hältst, einige Salzkörner darauf streust, mit Wasser besprengst und kurz (!) in die Flamme hältst.

Jetzt bete zu den Göttern und bitte sie darum, dass ihre Kraft immer in diesem Kästchen wirken möge, zum Wohl aller. Bitte darum, dass die Kraft der Götter und Göttinnen durch deine Hände in dieses Gefäß fließen möge.

Halt deine Hände über das Kästchen und spüre, wie die Kraft durch deine Hände das Kästchen auflädt. Du wirst spüren, wenn der Prozess abgeschlossen ist.

Löse dann den Kreis auf, danke allen und stelle das Kästchen an einem schönen Platz in deiner Wohnung auf. Schön ist eine Fensterbank. Lasse nicht zu, dass andere Menschen hineinschauen oder es anfassen.

Wenn du noch etwas Schönes findest, was auf oder in dein Kästchen soll – es kann jederzeit weiter daran »gebastelt« werden.

Halte es sauber und schaue regelmäßig die Zettel durch, entferne die »abgelaufenen«.

Was dich in dem Kapitel über Runen erwartet

Zu jeder Rune findest du bestimmte Informationen:

Die Reise

Mein Bericht über eine Trancereise, die ich zu dieser Rune unternommen habe.

Kraftgedanken

Man könnte diese auch Affirmationen nennen. Der Kraftsatz wird ständig wiederholt. Zum einen, um das Gedankenkarussell zur Ruhe zu bringen, zum anderen, um der Runenkraft teilhaftig zu werden. Das geschieht auf einer sehr tiefen, fast unbewussten Ebene. Mit Affirmationen kannst du große Veränderungen bewirken, wenn du sie richtig einsetzt. Oft ist es jedoch viel passender, einen eigenen Kraftsatz zu formulieren. Das möchte ich an einem Beispiel darstellen.

Vor einigen Jahren fühlte ich mich mit meinem Gewicht nicht mehr wohl. Also begann ich mit dem Kraftsatz: »Ich wiege 60 kg« zu arbeiten. Das konnte ich mir nicht glauben, und so probierte ich ein wenig mit Kraftsätzen herum, bis ich zwei gefunden hatte, die mir wie ein Handschuh passten: »Täglich nehme ich mehr ab« und »Ich wiege täglich weniger«. Das konnte ich mir glauben, und wenn es täglich vielleicht nur ein paar Gramm waren.

Du brauchst natürlich auch Beharrlichkeit, es dauert schon einige Wochen, manchmal sogar Monate, bis sich Ergebnisse einstellen. Keinesfalls darf in einem Kraftgedanken das Wort *nicht* enthalten sein. Das Unterbewusstsein kennt kein *nicht*, daher wird das Wörtchen »nicht« als gegenstandslos betrachtet.

Weihehandlung

Die Weihehandlung beschreibt ein Ritual oder eine andere Handlung, die dich tief mit den Kräften dieser Rune in Verbindung bringen sollen.

Schritt auf dem Einweihungsweg

Die innere Arbeit, die zu dieser Rune gehört. Sie dient der Entwicklung und Befreiung.

Runenrat

Die Bedeutungen der Rune allgemein im Orakel und an ihren verschiedenen Plätzen im Nornenwurf und im Weltenwurf.

Weitere Namen

Selbsterklärend

Der Buchstabe

Der Buchstabe sagt dir, welchem Buchstaben in der heutigen Schrift diese Rune entspricht. Wenn du diese Bedeutung auswendig kannst, kannst du Texte in Runenschrift schreiben, die kaum jemand lesen kann.

Der Galdr oder Galster

Runenenergie lässt sich durch Galdr oder Galster auch auf der Ebene der Schallwellen erfahren. Das Galdr ist ein Klang, ein Gesang oder Spruch, der in verschiedenen Weisen ausgeführt werden kann. Schon der Runenname ist ein Galdr. Die ursprüngliche Bedeutung des Wortes Galster ist Zaubergesang. Als Vorsilbe Gal- meint es den Vogelgesang.

Möglicherweise wurden die Zaubergesänge vom Gesang der Vögel abgeleitet. Oder aber die Menschen waren der Ansicht, dass die Lieder der Vögel eine magische Wirkung haben. In vielen Sagen und Märchen spielt das Verstehen der Vögel eine wichtige Rolle für das weitere Verhalten des Helden und das Lösen der ihm gestellten Aufgaben. Eine ganz besondere Rolle kommt hierbei sicherlich der NachtiGAL zu. Auch im Althochdeutschen findet sich *gal* in dem Wort *bigalan*, was so viel heißt wie »beschwören« oder »besprechen«.

Heute noch hat jeder, der Warzen, Gürtelrose oder ähnliches bespricht, seinen eigenen Spruch oder sein Gebet. Diesen bekommt man als Geschenk aus der geistigen Welt oder auch von einem anderen »Besprecher«. Man kann einen solchen Spruch auch erben.

Die »Merseburger Zaubersprüche« oder der »Neun Kräuter Segen« können ebenfalls als eine Art von Galdr betrachtet werden. Allerdings sind diese Texte nicht in dem traditionellen Versmaß geschrieben, das nur für die Galster benutzt wurde: dem Galdralag.

Hier ein Beispiel von einem Holzstäbchen aus Bergen (B 380, Ende 12. Jh.):

Gesund seist du
und guten Sinnes.
Möge Thor dich annehmen.
Möge Odin dich zu eigen machen.

Hier ein Zitat aus der Edda, in der Odin ein Galster gellt, um eine Wala zu wecken:

Da ritt Odhin ans östliche Thor,
Wo er der Wala wusste den Hügel.
Das Wecklied begann er der Weisen zu singen,
(Nach Norden schauend schlug er mit dem Stabe
Sprach die Beschwörung Bescheid erheischend)
Bis gezwungen sie aufstand Unheil verkündend.

Vegtamskvidha 8, Übersetzung von Karl Simrock

Wir sehen, dass die Blickrichtung eine Rolle spielt, Odin schaut nach Norden. Das ist die Richtung, in der die Götter wohnen, die Richtung der größten Kraft. Er schlägt mit seinem Stab, vermutlich in einem bestimmten Takt, der seinen Galster unterstützt. Und die tote Wala kann nicht anders, als sich aus dem Grab zu erheben und ihm Kunde zu geben.

Etwas weiter hinten im Vegtamskvida wird Odin sogar »Vater des Galster« genannt.

Da erhob sich Odin, Der Volkserhalter,
Sattelte Sleipner Und ritt ohne Säumen
Hinunter ins Nachtreich. An Niflheims Grenze
Kam ihm der Hund der Hel entgegen.

Seine Brust war gerötet Von Blutgerinnsel,
Zum Bisse der Rachen Weit aufgerissen
Mit gellem Geheul Und gierig gähnend
Bellte er laut den *Liedvater* an.

Vegtamskvidha 6 + 7, Übersetzung von Wilhelm Jordan

Es werden verschiedene Arten von Galstern beschrieben:

Val-galdr: Tote erwecken, um sie zu befragen.

Damit ist natürlich nicht gemeint, dass man Leichen ausgräbt und diese wieder lebendig macht, sondern der Kontakt mit Verstorbenen auf der geistigen Ebene. In Vegtamskvida 8 erleben wir, wie Odin dies macht.

Gro-galdr: Beschwörung von Wesenheiten, um Fragen beantwortet zu bekommen. Heute würde man wohl Channeling dazu sagen. In der Edda gibt es den Grogaldr, den Zaubergesang der Groa. Sie unterweist ihren Sohn.

Natt-galdr: Nachtgesang, um nächtliche Geister zu kontaktieren.

Lirla-galdr: Schlafzauber.

Nid: Fluch oder Anrufung von Geistern, die den Feind angreifen sollen. In »Buslas Fluch« bekommen wir eine Ahnung davon.

Und natürlich den **Run**-Galdr: Das Beschwören der Runenkräfte durch Sprache und/oder Gesang.

Prinzipiell kannst du jedes Galster einfach sprechen, es muss nicht einmal laut sein. Mehr Energie setzt jedoch das Singen frei. Am meisten Kraft entfalten die Gladr beim »Vibrieren«.

Bei dieser Technik ist die Atmung sehr wichtig. Fortgeschrittene Sänger beherrschen sie. Nun willst du mit dem Galdr nicht auf einer Bühne stehen, daher reichen möglicherweise auch folgende kurze Hinweise:

Du atmest tief in den Bauch, ohne dabei die Schulter oder die Brust anzuheben. Dann setzt du mit deiner Stimme, die das Galster singt oder tönt, dein Zwerchfell in Vibration. Das geschieht in der Ausatmung.

Und: Spiele mit den Runennamen und den Anlauten, die du als Galdr verwendest. Töne, singe und klinge, bis du deine Form des Galdr gefunden hast. Jeder Magier hat seine eigenen Lieder!

Pflanzen, Tiere, Steine

In den Pflanzen, Tieren und Steinen findest du die Energie dieser Rune wieder. Diese Aufzählung erhebt keinen Anspruch auf Vollständigkeit, und wahrscheinlich wirst du sie im Laufe deiner persönlichen Arbeit mit den Runen ergänzen oder verändern können.

Körperteil

Unter Körperteil findest du die Teile des Körpers, die mit dieser Rune in Verbindung stehen. Hier entfaltet die Rune eine besondere, aktivierende und harmonisierende Wirkung.

Stichworte

Ein paar Begriffe, die einen »Schnellzugang« zu der jeweiligen Rune ermöglichen.

Stadha

Mit Stadha bezeichnet man die Körperhaltung zu einer bestimmten Rune. Aus dem Yoga, Tai Chi oder Qi Gong kennen wir Bewegungsabläufe und Haltungen, die den Körper und die Seele harmonisieren. Stadha können dem gleichen Zweck dienen. Allerdings solltest du dir darüber im klaren sein, dass dies keine uralte Tradition ist wie die genannten Techniken aus Asien. Sie wurde in den zwanziger Jahren des vorigen Jahrhunderts angeblich »wiederentdeckt«, und zwar von Menschen mit faschistoiden, rassistischen Ansichten. Das macht die Idee und die Übungen als solche jedoch nicht zu etwas Schlechtem an sich. Gehe unvoreingenommen heran, und schaue, was die Stadha für dich bereithalten.

Nutze zu Beginn nur die Haltung einer Rune, denn die Haltungen sind kraftvoll und bringen viel Energie in den Körper. Manchmal können Missempfindungen entstehen, sehr selten sogar Schmerzen, wenn die Energiebahnen im Körper wieder harmonisch ausgerichtet werden.

Die Stadha sind eine wunderbare Möglichkeit, mit den Runen in Kontakt zu kommen und ihre Kraft und Schwingung zu spüren. Sie harmonisieren und stärken die Hvels und alle aurischen Felder sowie den materiellen Körper. Nerven und Muskeln werden entspannt und gedehnt.

Wenn du die Übungen ausführst, beachte Folgendes:

- Gleiche deine Haltung so weit es dir möglich ist dem Bild an. Achte dabei aber auf deine körperlichen Grenzen, erzwinge nichts.
- Halte die Runenhaltung für mindestens eine Minute, besser länger. Atme ruhig in deiner eigenen Qualität und Geschwindigkeit ein und aus und gib dir selbst Raum zu spüren, was diese Rune jetzt in dir zum Schwingen bringt.
- Übe jede Rune, wenn du mit dem Runenstellen beginnst, mindestens eine Woche lang und übe nur mit dieser Rune.
- Übe mit dem dazugehörigen Galdr und auch ohne. Spüre der Verschiedenheit der Übungen mit Klang und ohne Klang nach.

Zuviel Stadha ist auch möglich; das bringt dann Schwindel mit sich, ein flaues Gefühl in der Magengegend oder auch das Gefühl, ein wenig vom Boden abzuheben. Was allerdings zu viel ist, kann von Mensch zu Mensch unterschiedlich sein. Du wirst es selbst herausfinden.

Höndstadha

Höndstadha ist ein anderes Wort für Handgesten oder -haltungen.

Unsere Hände und Finger sind Reflexzonen mit verschiedenen elektrischen Ladungen, die durch die Höndstadha harmonisiert werden können und so dem ganzen Körper und der Seele zugutekommen.

Die Finger sind mit den verschiedenen Hvels (= kreisende energetische Zentren im Ätherkörper) verbunden. Das Basishvel, welches am Ende der Wirbelsäule zwischen Anus und den Geschlechtsorganen liegt, ist mit dem Ringfinger verbunden.

Der kleine Finger gehört zum Bauchhvel, es liegt zwischen Schambein und Nabel.

Am Hals liegt ein weiteres Hvel, das zum Mittelfinger gehört. Das Herzhvel liegt zwischen den Brustwarzen und ist mit dem Zeigefinger verbunden. Und zu guter Letzt gehört das Solarplexushvel zum Daumen.

Die Handfläche ist keinem Hvel direkt zugeordnet, aber sie erfüllt eine wichtige Funktion: Sie mit den Fingerspitzen der anderen Hand zu halten, stärkt das Urvertrauen.

Du gleichst die Energien in den Hvels aus, indem du die Daumenkuppe nacheinander an die Kuppen der anderen vier Finger legst. Eine andere Möglichkeit des Ausgleichs besteht darin, einen einzelnen Finger allein zu halten, dazu nimmst du ihn einfach in die andere Hand. Das unterstützt die Energien des jeweiligen Hvel und kann sich auch günstig auf körperliche Beschwerden auswirken.

Die rechte und die linke Körperseite haben verschiedene energetische Ladungen. Zum Ausgleich dieser verschiedenen Energien dienen die Höndstödhur, die rechte und linke Hand zusammenbringen. Es ist also möglich, mit Hilfe dieser Handgesten die Energien im Körper harmonischer fließen zu lassen und auch Blockaden zu lösen. Ein weiterer Vorteil ist, dass du die Gesten überall unauffällig machen kannst, um in Meditation zu kommen oder die Kräfte der jeweiligen Rune zu manifestieren. Wenn du die Höndstödur beherrschst, kannst du jederzeit und überall die Energien herbeirufen, die du gerade brauchst.

Im Falle von Krankheit oder körperlichen Gebrechen sind die Höndstödur ebenfalls eine gute Möglichkeit, mit den Runenkräften auf der Körperebene zu arbeiten, auch wenn du körperlich eingeschränkt bist. Ich betrachte die Handgesten als ein Stück neue Runenanwendung, möglicherweise mit uralten Wurzeln. Viele der in diesen Texten beschriebenen Gesten sind mir von den Göttern und Ahnen gegeben worden, andere sind bereits von anderen Autoren bekannt.

Auch bei einer Runenmeditation wirkt das Höndstadha unterstützend. Achte darauf, es möglichst genau einzunehmen. Du wirst merken, wenn die Energien zu fließen beginnen. Atme langsam und ruhig. Zum Abschluss lasse deine Finger sachte auseinandergleiten und verharre noch einen Augenblick in Ruhe zum Nachspüren.

Mythologischer Bezug

Eine oder mehrere Gottheiten oder andere mythischen Wesen werden ebenfalls genannt. Auch sie stehen mit den Energien der Rune in Verbindung und werden erklärt, wenn sie das erste Mal auftauchen

Im Jahreslauf

Hier findest du den Platz der Rune im Jahreslauf und den Mondstand.

Heilung

Vorschläge, wie du die Runen zu Heilzwecken benutzen kannst.

Magische Anwendung

Hier findest du die Arten der Magie, die mit dieser Rune gewirkt werden können, ohne Anspruch auf Vollständigkeit.

Allgemeine Bemerkungen

Gedanken, Erklärungen und interessante Fakten, die in Bezug zur jeweiligen Rune stehen.

Aus dem Sigdrifumal

Das Zitat aus dem Sigdrifumal, in dem die aktuelle Rune angesprochen wird.

Als Einzelwurf

Ihr Bedeutung, wenn du sie als einzelne Rune zu einer Frage ziehst.

Bedeutung im Nornenwurf

Ihr Bedeutung im Nornenwurf.

Bedeutung im Weltenwurf

Ihre Bedeutung im Weltenwurf.

TEIL II:

DIE RUNEN

Gebet

Heil dir Tag! Heil euch Wesen des Tages!
Heil dir Nacht und euch Wesen der Nacht!
Mit holden Augen schaut uns an,
die wir auf Erden wandeln
und schenkt uns euren Segen!
Heil Asen, Heil Asinnen!
Heil dir, fruchtbare Mutter Erde!
Wort und Weisheit gewährt uns
und stets heilende Hände,
ein Leben lang!

Sigdrifumal 3,4, übersetzt von Karl Simrock,
leicht verändert von mir

ODAL

Die Reise

Sleipnir nimmt mich auf der Wiese am Fuße des Weltenbaumes in Empfang. Er führt mich zu einem schwarzen, bodenlosen Loch zwischen den Wurzeln von Yggdrasil. Dort hinein geht es, wenn ich die Ahninnen und Ahnen finden möchte. Ich atme tief ein. Mit dem Ausatmen springe ich ins Ungewisse. Langsam falle ich, es ist fast ein Schweben. Aus der Dunkelheit tauchen Gesichter auf, Gegenstände, Tiere, Pflanzen, alles Mögliche. Manche sind groß, manche klein, aber alle leuchten in einem diffusen Licht von innen. Hunderte, ja Tausende von Gestalten gleiten heran und verschwinden wieder im Schatten.

Je tiefer ich falle, desto mehr verändert sich meine Haltung. Ich rolle mich ein wie ein Embryo im Mutterleib. Die Dunkelheit beginnt ein sanftes rötliches Licht auszustrahlen, das sich mit jedem Meter intensiviert. Leicht wie ein fallendes Blatt lande ich auf einem weichen, roten Boden. Ein rhythmisches Geräusch erfüllt meine Ohren, es klingt warm und vertraut.

Ich fühle mehr, als ich ihn sehe, einen Ausgang aus dieser rosenfarbenen Höhle.

Sanfte Hände umfassen mich, wiegen mich, tragen mich auf den Ausgang zu. Es sind meine Vorfahren. Sie schieben mich zwischen ihren gespreizten Beinen hindurch, eine lange, lange Reihe entlang. Durch ihre Beine hindurch sehe ich außen Plankton, Fische, Dinosaurier, Vögel und allerlei anderes Getier. Dann sehe ich Bäume, Pflanzen und auch Menschen. Menschen, die eine Steinkreisreisanlage bauen, Wintersonnenwende feiern, Frauen, die gebären, Menschen, die sterben, Paare in lustvoller Umarmung, alles, alles, was war auf meinem Weg in dieses Leben und in jedes andere Leben.

Schließlich bin ich am Ende der Reise durch die Beine angekommen: Ich bin aus der Höhle heraus. Die Sonne geht auf – oder unter? Alle meine Ahnen umringen mich, Männer, Frauen, Junge, Alte, Kinder und Greisinnen. Alle berühren mich liebevoll. Mit jeder Berührung erhalte ich ein Geschenk, eine Fähigkeit beispielsweise, eine Schattierung meiner Haut oder ein Timbre in der Stimme.

Als jede und jeder aus der unglaublich langen Reihe mich berührt hat, beginnt eine Art Reigentanz. Dabei singen sie: »Wir sind hinter dir! Wir sind mit dir! Lebe ein gutes, starkes Leben!«

Kraftgedanken

Ich danke meinen Ahnen für ihre Gaben.
Odal-Ahnenkraft mir Zukunft schafft.

Weihehandlung

Würdigung der Ahnen

Nimm dir für diese Weihehandlung ein Jahr Zeit, von Modraneth zu Modraneth. Mache eine Liste mit deinen Lichtseiten und deinen Schattenseiten und finde heraus, welche Eltern und andere Verwandte vielleicht ähnliche Eigenschaften hatten oder haben. Betreibe Familienforschung, frage die »Altvorderen« in deiner Familien nach ihren Geschichten, schreibe alles auf. Finde heraus, welche Geschichten und Mythen deine Familie hat, schau nach, ob sich eine bestimmte Lebensgeschichte in jeder Generation wiederholt. Es gibt zum Beispiel häufig über Generationen eine unverheiratete Tante oder in jeder Generation findet sich einer, der von den anderen als Versager angesehen wird. Vielleicht ist es ja sogar gut, ein Familientreffen zu veranstalten.

Wenn du diese Bestandsaufnahme gemacht hast, wird dir schon vieles klar geworden sein.

Nun besorge dir einen großen Bogen Karton oder Pappe. Dann brauchst du Fotos deiner Familienmitglieder oder kleine Zettel mit ihrem Namen oder Geburtsdatum darauf. Lege dein Foto in die Mitte des Kartons. Jetzt beginne damit, deine Eltern auf einen guten Platz im Verhältnis zu dir zu legen. Schiebe die Bilder auf dem Karton hin und her und erspüre den guten Platz für Mutter und Vater.

Dabei nimmst du das Bild oder das Papier mit ihrem Namen oder Foto in die Hand und konzentrierst dich auf sie. Es ist wichtig, den Eltern ihren gebührenden Platz einzuräumen, nicht mehr, aber auch nicht weniger. Wenn du – aus welchen Gründen auch immer – deine Eltern verachtest oder hasst, verachtest oder hasst du dich selbst, denn du hast bestimmte Anteile von ihnen. Bemühe dich also, zu erkennen, dass sie es nicht besser konnten. Manchmal ist das, was dir von den Eltern gegeben wurde, sehr wenig.

Es geht aber darum, *dich* zu befreien und zu befrieden, und das geht nicht, wenn du weiter alten Groll gegen deine Eltern hegst.

Nach deinen Eltern kommen die Großeltern, und so arbeitest du dich durch all deine Ahnen, soweit es geht oder sie dir wichtig sind. Lass dir Zeit für diese Arbeit, lass die entstandenen Bilder immer wieder auf dich wirken und spüre ihre Energien. Wenn das Bild deinem Gefühl nach vollendet ist, lass es einige Zeit wirken, und dann verbrenne es mit deinem Dank in einer Zeremonie und gib so die Energien frei.

Hinweis: Im Folgenden benutze ich das Wort »Familie« nicht ausschließlich für die leibliche Familie, sondern auch für deine Wahlfamilie. Das kann dein Freundeskreis, aber auch eine Glaubens- oder Kultgemeinschaft sein, in der du dich heimisch fühlst.

Schritt auf dem Einweihungsweg

Frieden mit den Ahninnen und Ahnen schließen: Du kannst deinen Ahnen ihre Verstrickungen, Krankheiten und alles andere Behindernde zurückgeben und ihre Geschenke annehmen. Für deine wichtigsten Verwandten tue dies einzeln. Schön ist es, wenn du dir dafür einen Platz herrichtest mit Kerzen, Räucherwerk, Fotos, schönen

Steinen und was immer du sonst gerne hast. Komme zur Ruhe, am besten durch eine Meditation. Dann beginne mit wem du möchtest, beispielsweise mit deiner Mutter. Du sagst ihr: »Liebe Mutter, ich gebe dir alles zurück, was ich für dich getragen habe. Ich habe es gerne getragen, doch nun soll es wieder dein sein. Ich vergebe dir das, was du mir bewusst oder unbewusst getan hast, und bitte auch dich um Vergebung. Ich nehme deine guten Gaben, deine Unterstützung und deinen Segen gerne an und danke dir dafür.« Dann tue das gleiche mit allen anderen, für die du es einzeln tun möchtest. Darauf folgen nun alle deine weiteren Ahnen. Hier änderst du den Text etwas ab: »Geliebte Ahnen, ich gebe euch allen nun zurück, was ich für euch getragen habe. Ich habe es gerne getragen, doch nun soll es wieder ganz und gar euer sein. Ich nehme eure guten Gaben, eure Hilfe und Unterstützung gerne an und danke euch dafür. Gleichzeitig bitte ich euch, meinem Leben zuzustimmen und mir euren Segen zu geben.«

Nach diesem Ritual werden sich vollkommen neue Perspektiven ergeben. Du hast allen deinen Ahnen ihren richtigen Platz gegeben und gleichzeitig Schluss mit dem Alten gemacht. Von nun an werden dir aus dieser Richtung nur noch positive Energien zufließen.

Runenrat

Nutze die Möglichkeiten, die du jetzt und hier hast. Erde dich. Zentriere dich, komme bei dir selbst an.

Besinne dich auf dein Erbe.

Erkenne dein vollständiges Erbe an. Nur, was du *wahr*nimmst, kannst du verändern, nur, was du ansehen kannst, lässt sich verarbeiten.

Weitere Namen: Othila, Ethel, Othala, Odala, Othala

Buchstabe: O

Pflanzen: Christrose, Efeu, Vergissmeinnicht, Buchweizen, Emmer, (im keltischen Baumkalender *onn* = Stechginster)

Steine: Obsidian, schwarzer Turmalin, Bernstein

Gottheiten: Gullveig, Ymir

Tiere: Hund, Wildschwein, Schnecke, Fasan

Körperteil: ererbte Anlagen und Merkmale, Basishvel am Damm, Füße

Galdr: Der Runenname in all seinen Varianten oder auch nur der Anlaut O

Im Jahreslauf: Vollmond zur 21.12. Wintersonnenwende, Modraneth (die Mütternacht)

Stichworte: Heimat • Ahnen, Sippe • ererbtes Land/Wissen • Erdung • Schutz für unbeweglichen Besitz • deine materiellen, seelischen und geistigen Wurzeln

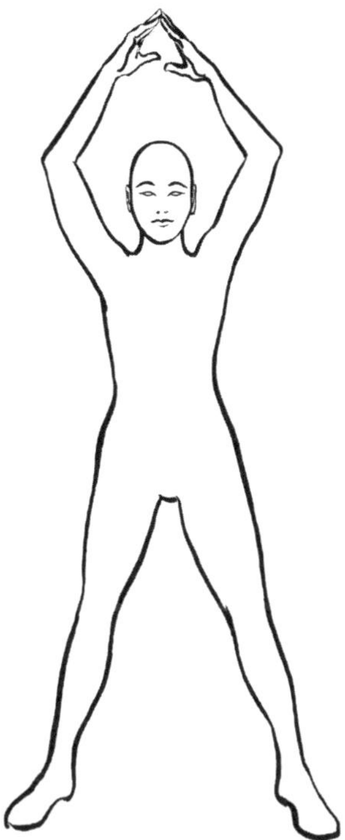

Stadha

Die Beine gespreizt, die Hände werden über dem Kopf mit den Handflächen aneinandergelegt, berühren den Kopf aber nicht. Du kannst dir vorstellen, wie die Energien der Rune von oben und unten in dich einströmen und sich harmonisch miteinander verbinden.

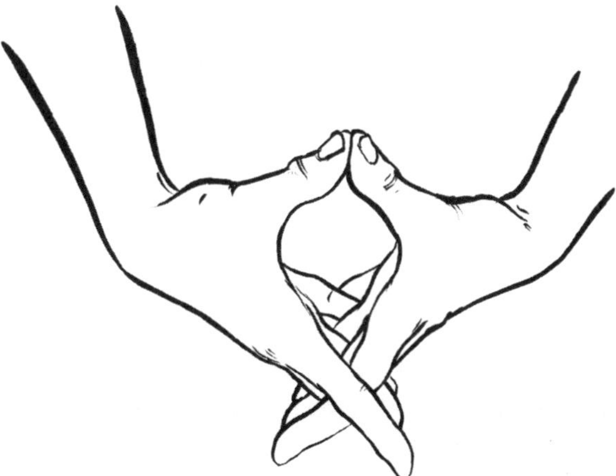

Höndstadha

Daumenspitzen aneinanderlegen, die Finger in Höhe der Gelenke miteinander verschränken.

Mythologischer Bezug

3 Einst war das Alter, da Ymir lebte: Da war nicht Sand nicht See, nicht salzge Wellen,
Nicht Erde fand sich noch Überhimmel, Gähnender Abgrund und Gras nirgend.

5 Die Sonne von Süden, des Mondes Gesellin, Hielt mit der rechten Hand die Himmelsrosse.
Sonne wusste nicht wo sie Sitz hätte, Mond wusste nicht was er Macht hätte,
Die Sterne wussten nicht wo sie Stätte hatten.

Völuspa 3, 5, Übersetzung von Karl Simrock

In diesen Versen wird erzählt, dass es am Anfang nur Feuer und Eis gab, getrennt durch eine gewaltige Spalte, die Ginnungagap. Doch Funken flogen, und so entstand aus Feuer und Eis Ymir. Dieser Name bedeutet »immer« oder »Zwitter«. Ymir lebte ganz am Anfang der Schöpfung, als es weder Meer noch Strand gab. Er oder sie ist das Urwesen, aus dem die Welt entstanden ist, unser aller VorfahrIn. Ymir ist ein zweigeschlechtliches Wesen, männlich und weiblich. Anfangs wurde es von der Kuh Audhumla (= »hornloser Reichtum) genährt, später entstand aus ihm/ihr das Riesengeschlecht. Alles Leben ist also aus einer kosmischen Spalte hervorgegangen, und ein weibliches Rind hat es genährt. Hier ist zweimal der Bezug zum Weiblichen gegeben – alles kommt von der Göttin in Gestalt einer Spalte und einer Kuh.

Heilung

Du kannst sie bei Bindegewebsschwäche anwenden.Lohnend ist auch, ererbte Muttermale oder ähnliches damit zu behandeln. Bei allen Beschwerden des Knochengerüstes, auch bei Dehnungen oder Zerrungen ist Odal ebenfalls hilfreich.

Magische Anwendung

Odal erdet und zentriert. Sie ist ein Schutz für all deinen unbeweglichen Besitz: Haus, Garten, aber auch für deinen Kraftort in der Natur. Du kannst ein Odal über deine Haustür und alle Fenster malen. Die Rune muss nicht sichtbar sein. Dafür empfehle ich Kreide in der Farbe der Türzarge oder des Fensterrahmens. Dazu kannst du einen Zauberspruch sprechen: »Alles Böses draußen bleibe, wie ich jetzt die Rune schreibe!« oder ähnliches. Besser ist immer, deine eigenen Sprüche zu erfinden.

Du kannst mit Odal Zugang zur Gruppenseele der nordischen Völker, zu den Informationen deiner Ahnen und möglicherweise zu deinen eigenen früheren Inkarnationen erhalten. Zudem stärkt Othala das Stammesbewusstsein, ganz gleich, ob es sich um deinen »Familienstamm« oder deinen »Wahlfamilienstamm« handelt.

Diese Rune fördert das Gefühl der inneren Heimat und schärft die Wahrnehmung für Traditionen und das Erbe, ganz gleich, ob erlöst oder unerlöst. Es ist also möglich, dass du während der Arbeit mit dieser Rune auf mehr oder weniger helle oder düstere

Familiengeheimnisse stößt. Sie kann dir auch dazu dienen, diese familiären Verstrickungen zu lösen und dich daraus zu befreien.

Odal kann dich auch darin unterstützen, deine Wahlfamilie zu finden und den Zusammenhalt mit ihr zu stärken.

Odal lässt sich gut mit einem Knotenzauber verbinden.

Allgemeine Bemerkungen

Odal ist die Rune der Modraneth (Mütternacht), das ist die Wintersonnenwende. In alten Zeiten war dies das höchste Fest; es wurde eine ganze Woche lang gefeiert. Mütternacht, Modraneth wurde dieses Fest genannt, um die Mütter zu ehren. Damit waren sicher nicht nur die leiblichen Mütter gemeint, sondern auch die Muttergottheiten, die Midgard und alles andere schufen.

Modraneth dauerte zwölf Tage lang – die Rauhnächte.

Ginnungagap, wörtlich übersetzt »klaffender Spalt«, ist ebenfalls zutiefst weiblich. Eine Spalte, durch die das ganze Universum samt Riesen, Göttern, Menschen und allem ins Leben kam.

Audhumla, die Urkuh, welche Ymir nährte, ist zweifellos auch eine Mutter – ohne Kind keine Milch.

Wintersonnenwende ist der kürzeste Tag. Durch einen langen Tunnel der Dunkelheit kehrt das Licht zurück, so wie das Kind bei der Geburt durch einen langen Tunnel das Licht der Welt erblickt, so wie der Sterbende am Ende eines langen Tunnels das Licht erblickt, das seine Herkunft ist.

Die Frauen, die Mütter sind es seit jeher, die das Zuhause, den Ursprung, aufrechterhalten. Die Frauen sind es auch, die Schutzräume für Kinder, für Alte und Kranke schaffen und die ein Großteil des Sorgens und Versorgens übernehmen, auch in unserer »modernen« Zeit. Und wo ist ein Mensch mehr zu Hause als bei seiner Mutter? Mutter ist ein Synonym für Heim und Heimat, für Geborgenheit und Vertrautheit.

Jeder Mensch ist die Summe aus allen seinen oder ihren Vorfahren *und* den eigenen Anlagen. Niemand von uns kann seine Herkunft, seine Familiengeschichte, seinen kulturellen Hintergrund auf Dauer verweigern oder verstecken. Erst die Auseinandersetzung mit unserer Geschichte und unseren Vorfahren macht uns frei. Denn nur, was mir bekannt ist, kann angemessen bewertet und behandelt werden.

In diesem Sinne kann Othala auch eine Würgeschlinge aus Altem und Unerlöstem sein. Ein auf allen Ebenen erlöstes Erbe hingegen ist ein heiliges Gehege der Kraft.

Unsere Vorfahren definierten sich sehr viel stärker über ihre Sippe, als wir es heute tun. Ein Mensch allein war nichts, erst im Zusammenhang mit seinen Ahnen bekam er oder sie ihren Wert. Und was immer ein Mensch tat, tat er oder sie auch zum Wohle oder zum Ruhm der Sippe.

Die Familie steht immer am Anfang. Mutter und Vater, Großmütter und Großväter aus denen wir hervorgegangen sind, haben wir alle. Familie ist genetisch, mental und emotional unsere Basis, ganz gleich, ob Elternteile anwesend waren oder sind, ob die

Verwandten bekannt sind oder nicht. Daher steht Odal am Beginn der esoterischen Runenreihe.

In ᛟ sehe ich auch unter anderem eine Frau, deren Beine gespreizt sind ᚷ, um das Kind zu entbinden, das in ihrem Uterus ist ᛜ. In früheren Zeiten war eine Schwangerschaft eine gefährliche Angelegenheit und ist es noch. Die Frau setzt ihr eigenes Leben aufs Spiel, um ein neues Leben zu schenken.

Aus dem Sigdrifumal

> und Würze,

Der Pfad verbindet Wanaheim und Swartalfheim.

Die Wanen sind die älteren Götter, älter als die Asen. Sie hüten die Früchte von Mutter Erde im Jahreslauf, was sie als Fruchtbarkeitsgötter ausweist. Die Swartalfen hüten die Schätze der Erde in ihrem Schoß, die in Jahrmillionen entstanden sind.

Salz ist die Würze, die das Essen schmackhaft macht. Fehlt das Salz, ist selbst die interessanteste Kombination von Kräutern fade. Salz ist also die Basis, auf der der Wohlgeschmack sich erst richtig entfalten kann. Für Salz gibt es eigene Geschmacksrezeptoren, und die Aufnahme von Salz wird mit Dopaminausschüttung belohnt. Früher war es schwierig, an ausreichend Salz zu kommen, und Salz wurde durch ganz Europa gehandelt. Man nannte es auch »das weiße Gold«, und viele Städte sind durch den Salzhandel reich und mächtig geworden.

Salz wird auch aus der Erde gewonnen, dann heißt es Steinsalz und fällt in den Herrschaftsbereich der Swartalfen. Diese hüten alle Bodenschätze von Mutter Erde und schenken sie den Menschen.

Die Ahninnen sorgen für die »Würze« unseres Lebens, indem sie uns in die Welt bringen, uns einen Körper und verschiedene Anlagen und Potentiale vererben. Zugleich sind die Ahninnen das »Salz der Erde«, die Würze von Midgard.

Als Einzelwurf

Du hast Standhaftigkeit und Beständigkeit. Ein Familienthema. Du bist in deiner Familie getragen und geschützt.

Gestürzt: Verstrickung, Verlust von unbeweglichen Gütern. Deine Familie engt dich ein. Anpassung und Konformität werden gefordert.

Bedeutung im Nornenwurf

Urd: Du bist im »heiligen Gehege« und somit in einer sicheren Position. Deine AhnenInnen sind mit dir und lassen dir ihre Geschenke zuteilwerden. Familie (auch Wahlfamilie) und Verwandte, dein »Clan« haben mit dem Ursprung des Themas zu tun.

Gestürzt: Du sitzt in einem goldenen Käfig, der durch seine scheinbare Sicherheit und Vollkommenheit alle deine Kraft zum Tun lähmt und dir so deine Flügel stutzt.

Viele Anhaftungen befinden sich in deiner Aura, die Energien sind zäh. Deine Familie engt dich ein. Du sollst nach ihren Wünschen funktionieren.

Werdandi: Achte jetzt auf das, was in dir aufsteigt, aus der Kindheit, aus früheren Leben. Diese Themen und Traumata wollen jetzt bearbeitet werden. Es ist keine gute Zeit, jetzt etwas Neues zu beginnen, denn das Alte ist noch zu stark und muss erst erlöst werden. Wende dich dem Ererbten zu, auch dem, was du bereits hast und kannst. Deine Familie gibt dir Hilfestellung. Hier kann die Rune auch zu einem Hauskauf raten.

Gestürzt: Deine alten Geschichten bilden eine Würgeschlinge. Je mehr du dich wehrst, desto fester zieht sie sich zu. Geh es an, auch wenn es anstrengend oder schmerzhaft ist. Löse dich von den Vorstellungen der »anderen«, folge deiner inneren Stimme. Tätige auf keinen Fall einen Hauskauf oder eine andere größere Anschaffung von bleibendem Wert.

Skuld: Du kannst auf Ererbtes zurückgreifen und deine vorhandenen Fähigkeiten nutzen. Schau genau, was du schon kannst und wie es dir jetzt nutzen kann. Alles, was du brauchst, ist da, du musst es nur benutzen. Ein friedvolles, harmonisches Heim im weitesten Sinne. Guter Platz in der Familie. Guter Ort zum Leben.

Gestürzt: Du bist in Gefahr, dich einwickeln oder einlullen zu lassen. Ein Gefühl der Entwurzelung kann entstehen. Es ist dir kein Erfolg beschieden. Tiefe Verstrickung. Du willst es allen recht machen und verlierst dabei dich selbst. Streit in Familie oder Freundeskreis.

Bedeutung im Weltenwurf

Midgard – Was jetzt ist: Bodenständigkeit, Familienglück, Ererbtes

Gestürzt: Familie, die dich würgt, die Bodenhaftung verloren

Lysalfheim – Gefühle: Gute Anbindung an Heimat und AhnenInnen. Bodenständigkeit.

Gestürzt: Emotionale Starrheit und Verbohrtheit, Verstrickung in Familienmustern.

Wanaheim – Verstand: Fähigkeit, die Gedanken sinnvoll zu ordnen und Strukturen zu erkennen.

Gestürzt: Dogmatisches Denken. Vorurteile, Verdrängung.

Asgard – Was hilft mir weiter? Besinne dich auf Bekanntes und Ererbtes. Gewinne Bodenständigkeit.

Gestürzt: Auf zu neuen Ufern und Strukturen. Das Einengende abstreifen und hinter dir lassen.

Niflheim – Was hindert mich? Unfähigkeit, Neues zuzulassen. Mangelnde Erdung.

Gestürzt: Erstarrung im Denken, Fühlen und Handeln. Am Alten, Überlebten um jeden Preis festhalten.

Helheim – Was ruhen soll: Intensiver Familienkontakt. In der Vergangenheit graben. Weniger Erdung.

Gestürzt: Lass die Schuldzuweisungen und die Opferrolle ruhen.

Jötunheim – Woran soll ich mich erinnern? An die Verbindung und die Kraft der AhnenInnen und der Familie. An traditionelle Handlungsweisen.

Gestürzt: Öffne dich für Neues, im Denken und im Handeln. Lasse Veränderung zu.

Swartalfheim – Was jetzt zu tun ist: Deine Position, gleich ob mental oder materiell, halten. Standhaft bleiben. Guter Moment, um Grundbesitz zu erwerben.

Gestürzt: Lass dich nicht einlullen, bleibe klar. Handle in eigenem Ermessen, nicht nach Maßgaben des Kollektivs.

Muspelheim – Was wird aus der Situation? Stabilität, Familienglück, Bodenständigkeit.

Gestürzt: Unheil, Verstrickung, Verbohrtheit.

DAGAZ

Die Reise

Sleipnir begrüßt mich und steigt eine lange Wendeltreppe am Fuße des Weltenbaumes hinunter. Ich folge ihm, obwohl ich Angst habe. Es wird immer dunkler. Seltsame Geräusche sind zu hören. Irgendwann auf diesem langen dunklen Weg in die Tiefe lege ich meine Hand an seinen Hals. Das Gefühl des warmen Fells ist tröstlich, dennoch verlässt mich die Angst nicht. Ein kalter Hauch umweht meine Hände. Eine Hand scheint über mein Gesicht zu streifen. Namenloses Grauen packt mich, wovor – ich weiß es selbst nicht. Das Gefühl steigert sich bis ins Unerträgliche; ich will schreien, weglaufen, um mich schlagen. Dann blitzt in meinem inneren Abgrund ein Licht auf. Ich atme aus und lasse die Angst los.

Der Gang nach unten wird heller, als wenn die Morgendämmerung kommt. Kleine Kristallsplitter in den Wänden beginnen zu leuchten, erst einer, zwei und immer mehr, bis es hell und freundlich ist. Noch immer steigen wir nach unten.

Nach einiger Zeit sind wir in einem runden Raum mit einer Kuppeldecke angekommen. Alle Runen sind kreisförmig in den Boden gemeißelt. Sleipnir gibt mir zu verstehen, dass ich in den Kreis treten soll. Ich stelle mich in den Runenkreis. Eine langsame Drehung des Kreises beginnt. Die Runen sind so groß, dass eine mein Gesichtsfeld vollkommen ausfüllt. Sobald mein Blick auf sie fällt, leuchtet sie in ihrer Farbe. Etwas öffnet sich in meinem Inneren, wie eine Tür, durch die ich gehen kann, um dieser Rune zu begegnen. Die Runen vervielfältigen sich und bilden ein dichtes Netz, das um mich kreist und leuchtet, wie die Sterne am Firmament, manche schnell, manche langsam. Plötzlich durchfährt es mich wie ein Blitz: Dieser kuppelförmige Raum ist mein Gehirn! Ich stehe im Inneren meines Hirns und nehme die Runen auf!

Es geht noch einige Zeit so weiter, dann verblassen die Runen nach und nach, das Leuchten nimmt ab und schließlich liegt der Raum wieder in einem diffusen Dämmerlicht. Ich kehre zu Sleipnir am Fuß der Treppe zurück. Er bedeutet mir, dass ich reiten darf. So schwinge ich mich auf seinen Rücken, und er trägt mich in Windeseile die Wendeltreppe wieder zurück nach oben.

Kraftgedanken

Ich bin willens, mich zu verändern.
Dagaz-Runenkraft mir Wandel schafft.

Weihehandlung

Körperwahrnehmung

Beginne damit, deinen Körper zu beobachten. Spüre dich täglich aufs Neue.

Diese Übung hilft dir dabei:

Setze oder lege dich still hin, vielleicht mit etwas leiser Musik, um deine eigene Sphäre zu erhalten. Beobachte kurz deinen Atem. Wenn du dadurch zur Ruhe gekommen bist, spüre in deine Füße. Wie geht es ihnen? Gibt es Spannungen, Schmerzen, Jucken, andere Gefühle oder Empfindungen? Was immer auch da ist, nimm es wahr. Wandere weiter nach oben durch deine Unterschenkel, Knie, Oberschenkel und die Hüften, immer beobachtend.

Dann öffne dich für die Wahrnehmung aus deinem Bauch. Erspüre die inneren Organe, indem du ihnen einzeln oder allen zusammen Hallo sagst. Begegne deiner Lunge, deinem Herzen, deiner Luft- und Speiseröhre. Fühle dich durch deinen Hals weiter zum Kopf hinauf und nimm deine Sinnesorgane wahr. Spüre Kopfhaut und Haar.

Jetzt spüre dem Fluss deines Blutes nach. Sprich mit deinen Muskeln, Sehnen und Nerven und öffne dich für die Botschaft deiner Knochen.

Wenn du deinen ganzen Körper wahrgenommen hast, bedanke dich dafür, dass alles so wunderbar funktioniert und du diesen wunderbaren Körper nutzen darfst.

Kehre über deinen Atem ins Hier und Jetzt zurück.

Wahrscheinlich wird sich deine Wahrnehmung für deinen Körper schärfen. Du wirst spüren, welches Essen und Trinken dir guttut, welche Menschen dir Energie entziehen oder welche Orte dich anstrengen.

Übe dies wenn möglich täglich oder so oft es eben geht über einen Zeitraum von mindestens drei Monaten.

Schritt auf dem Einweihungsweg

Diese Übung dient dazu, dich von altem Groll und festsitzenden negativen Gefühlen zu befreien. Du übst Vergebung, indem du erst einmal die entsprechenden Situationen oder Momente identifizierst. Du erkennst dies daran, dass du ihnen immer wieder grollst oder es immer noch wehtut, ganz gleich, wie lange etwas zurückliegt. Bei Menschen ist es ebenso: Jemand, dem du nach zwanzig Jahren immer noch gram bist, ist ein Teil dieser Übung.

Dann erkläre dir selbst deine Bereitschaft, jetzt *zu deinem eigenen Wohl* zu vergeben, was da geschah. Der einzige, dem deine alte Wut oder das Festhalten daran wehtut, bist du selbst.

Ob du vergeben hast, spürst du daran, dass der Druck durch dieses Ereignis leichter wird und schließlich ganz verschwindet. Bei manchen Dingen und Menschen ist es mit einem Anlauf erledigt, bei anderen musst du mehrmals daran arbeiten.

Besorge dir einen Heft oder einen Block und schreibe alle Menschen und Situationen auf, denen du vergeben möchtest. Alle, die dir wehgetan, dich ungerecht behandelt haben und so weiter. Prüfe dich genau. Sag nicht: »Ach, das ist alles vorbei.« Gib dir selbst diese Möglichkeit, altes Leiden zu transformieren. Arbeite jeden Tag an dieser Aufgabe, indem du drei Menschen oder Situationen findest, die der Vergebung bedürfen. Beziehe auch Situationen ein, für die du dir selbst vergeben musst.

Schreibe das so auf: »Ich vergebe (Name der Person), dass er/sie (das, was zu vergeben ist) getan hat.«

Dann, wenn du dich bereit fühlst, richte dir einen Altar ein, auf den du eine weiße und eine schwarze Kerze stellst. Neumondenergie ist besonders förderlich, das kann einen Tag vor Neumond, einen Tag danach oder Neumond selbst sein. Es ist aber nicht unbedingt erforderlich, mit diesem Mondstand zu arbeiten, wichtiger ist, dass du dich bereit fühlst.

Steine, Blumen und Symbole findest du für dieses Ritual selbst. Entzünde eine Kerze für die höchste göttliche Kraft, eine Kerze weihst du laut den Kräften von Dagaz.

Versenke dich in die Dagaz-Kraft, durch Stadha, Galdr, Runenatmung, Höndstadha, je nachdem, was sich für dich gut anfühlt. Wenn du fühlst, dass du dafür bereit bist, sprich laut dreimal hintereinander: »Ich vergebe allen Wesenheiten, die in diesem und allen anderen Leben mir negative Energien durch Wort, Tat und Gedanke zugeführt haben.«

Halte inne und spüre, was sich verändert.

Jetzt beschäftige dich mit deinen eigenen Fehltritten, Gemeinheiten, Dummheiten und sonstigem, mit allem, was du dir vergeben willst.

Wenn du fühlst, dass du dafür bereit bist, sprich laut dreimal hintereinander: »Ich vergebe mir selbst alle negative Energien, die ich in diesem und allen anderen Leben mir selbst und jeglicher Wesenheit durch Wort, Tat und Gedanke zugeführt habe.«

Lass dir jetzt Zeit zu spüren, wie gut sich die Freiheit von all diesem alten Groll anfühlt. Während die Kerzen weiter herunterbrennen, öffne dich für dein neues Leben.

Die Vergebungsübung kannst du weiterhin gelegentlich in dein Heft schreiben, wenn immer du wieder etwas zu vergeben hast.

Weitere Namen: Dag, Daeg • **Buchstabe:** D

Pflanzen: Lungenkraut, Wandelröschen

Gottheiten: Heimdall, Dagr

Steine: Amethyst, Obsidian

Tiere: Raupe/Schmetterling, Fledermaus

Körperteil: Leber, Niere, Lunge und alle Austauschsysteme im Körper, Blutkreislauf

Galdr: Der Runenname in all seinen Varianten oder auch nur der Anlaut D

Im Jahreslauf: Anfang Januar, Neumond

Stichworte: Transformation • Loslassen • das Neue begrüßen • Einheit der Gegensätze

Runenrat

Schau innen, schau außen. Wenn du innen bist, geh hinaus, wenn du außen bist, geh hinein. Verbinde die Gegensätze in dem Wissen, das sie zueinandergehören.

Mythologischer Bezug

Heimdall ist Dagaz zugeordnet. Er hütet den Weg von Midgard nach Asgard, dem Übergang von einer Welt in eine andere. Dieser Überweg wird die Regenbogenbrücke Bifröst genannt.

Einer seiner Beinamen ist »Wächter der Götter«. Heimdall hat immer sein Gjallarhorn bei sich, um die Götter Asgards bei drohender Gefahr schnell warnen zu können.

Sein Vater ist Odin, der ihn mit den neun Töchtern der Ran gezeugt hat. Ran ist die verschlingende Göttin des Meeres. Ihre Töchter tragen Namen, die mit Wasser und Wellen zu tun haben.

So verbindet sich in seiner Gestalt das Unterbewusste (in Form der Töchter Rans) mit dem Bewusstsein (Vater Odin). Heimdall ist auch der Hüter der Schwelle zwischen Bewusstsein und Unterbewusstsein.

Heimdall wird als der strahlendste, lichtvollste der Götter beschrieben, ähnlich dem Baldur. In der Völuspa wird Heimdall der Vater aller Menschen genannt:

> Gehör heisch ich heilger Sippen,
> hoher und niedrer Heimdallsöhne:
> du willst, Walvater, dass wohl ich künde,
> was alter Mären der Menschen ich weiss.

Edda, Voluspa, Übersetzung von Felix Genzmer

Dagr (Dag, nord. »Tag«) ist ein Gott und die Personifikation des Tages. Er ist Sohn des Zwergen Dellingr (Morgentau) und der Göttin der Nacht Nott.

Sein Wagen, den er von Odin erhielt, wird von dem Ross Skinfaxi (Leuchtmähne) über den Himmel gezogen. Die Reise dauert zwei Tage. Seine Mutter Nott folgt ihm in einem zweiten Wagen. Nach anderen Quellen reitet Dagr täglich auf dem Pferd Skinfaxi, das tagsüber den Himmel und die Erde mit seiner Mähne hell erleuchtet. Er folgt dabei seiner Mutter, der Nacht.

Übrigens begann der Tag für die germanischen Stämme in den Abendstunden. Durch die Dunkelheit entwickelte sich der neue Tag ins Licht.

Heilung

Dagaz steht in Verbindung mit der Lunge und allen Austauschsystemen im Körper. Bei allen Krankheiten und Leiden kann sie zum Wandel genutzt werden.

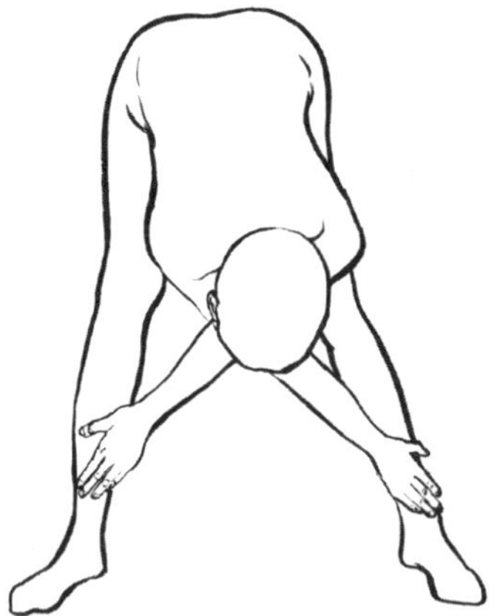

Stadha

Beuge den Oberkörper nach vorne und fasse mit den Händen über Kreuz an die Knöchel oder Knie, wo du eben hinkommst.
Also: Rechte Hand auf das linke Knie und die linke Hand auf das rechte Knie.

Höndstadha

Mit den Fingerspitzen und dem Daumen bildest du ein Dreieck, indem du die Fingerspitzen an den Daumen legst. Die Dreiecksspitzen führst du zusammen.

Eine schöne Idee ist es, die Dagaz-Rune mit den Händen nachzubilden und so dein Essen zu weihen. Dazu hältst du deine Hände mit dem Dagaz-Höndstadha über den Teller und stellst dir vor, dass alles, was dir und deiner Gesundheit förderlich ist, gut aufgenommen wird, aber alles, was dir nicht dienlich ist, deinen Körper schnell und ohne Belastungen zu hinterlassen wieder verlässt.

Magische Anwendung

Wenn du einen Gegenstand unsichtbar machen möchtest, dann stelle dir vor, wie Dagaz auf ihm erscheint und ihn einhüllt. Probiere das beispielsweise an neuen Gegenständen aus und schaue, ob deine Gäste diese Neuheiten entdecken können, wenn sie mitten auf dem Tisch stehen und mit Dagaz versteckt sind. Ich habe damit jahrelang mein Fahrrad unsichtbar gemacht, um mir das Anschließen zu sparen.

In alle vier Himmelsrichtungen gedacht und gezogen, schafft Dagaz einen Raum zwischen den Welten. Sie fördert mystische Erkenntnisse und festigt deine Gesundheit.

Dagaz-Meditation

Diese Übung unterstützt die Verbindung der beiden Gehirnhälften. Um die Runen in einem Wurf oder einer Legung besser deuten zu können, ist die Verbindung von rechter und linker Gehirnhälfte nützlich. Die linke Gehirnhälfte ist analytisch und strukturierend. Die rechte Gehirnhälfte ist kreativ und intuitiv.

Beginne in deinem linken Auge. Visualisiere einen goldenen Lichtstrahl, der von dort leicht aufwärts zur linken Gehirnhälfte verläuft. Weiter geht der Lichtstrahl zum rechten Auge abwärts, dann steigt er auf zur rechten Gehirnhälfte. Von dort aus weiter abwärts zum linken Auge. Der Kreis schließt sich.

Mache diese Meditation fortlaufend. Beginne mit zwei Minuten und steigere dich, so lange du möchtest.

Allgemeine Bemerkungen

Die Form von Dagaz ist die liegende Acht, das Symbol der Unendlichkeit. Dagaz zeigt, was geschieht, wenn Energie den Punkt der Sättigung erreicht – sie schlägt in ihr Gegenteil um. Innen wird Außen, und Außen wird Innen. Eine neue Zeit bricht an. Ein Durchbruch, ein Schritt durch den Spiegel.

Dagaz ist der winzig kleine Moment, wo Angst in Mut umschlägt, der Moment einer Entscheidung, ganz gleich, wie klein sie auch ist. Dagaz ist die Rune der Transformation und des Loslassens, des ewigen »Stirb und werde!« Immer wieder müssen wir Menschen Umstände oder Seelenanteile und anderes gehenlassen, damit wir das Neue begrüßen können. Dagaz hilft uns dabei. Sie bedeutet »Tag«, und auch ein Tag besteht aus stetigem zyklischen Wandel. Die Dämmerung kommt – und muss dem Tageslicht weichen, das sich ebenfalls ständig verändert.

Die Energien kommen in ein angemessenes Verhältnis zueinander. Feuer und Wasser verbinden sich, dabei werden beide verändert – umgewandelt.

Wenn Kinder einen Schmetterling malen, sieht er oft wie Dagaz aus. Der Schmetterling ist in vielen Kulturen uraltes Symbol der ewigen Wandlung und Wiedergeburt und der Transzendenz. Oft wird er in bildlichen Darstellungen als Synonym für die Seele verwendet. Als Zeichen der Wiedergeburt wird er mit der Frau (Frau als das Tor in diese materielle Welt) in Verbindung gebracht.

Dagaz lässt sich durchaus auch als Doppelaxt sehen. Die Doppelaxt ist das Symbol der dreigestaltigen Mondgöttin und ihrer Macht über Leben und Tod in ihrem Aspekt als Kriegerin. Tausende kleiner Doppeläxte aus Stein, Knochen und Bernstein wurden als Grabbeigaben in Großsteingräbern in Schleswig-Holstein und Skandinavien gefunden. Sie schienen den Menschen jener Zeitalter so wichtig, dass sie selbst im Tode unverzichtbar waren.

Übrigens ähnelt auch der Thorshammer einer Doppelaxt mit seinem kurzen Stiel und der Hammerform.

Die Energie kommt nicht so sehr aus den Dreiecken, sondern aus dem Punkt, an dem sie sich treffen. Die Kraft kommt aus der Mitte, genau wie beim Schmetterling.

Und genau wie die erdhafte, kriechende Raupe und der lichte, leichte Schmetterling ein und dasselbe Tier sind, sind auch in Dagaz die Gegensätze eins.

Aus dem Sigdrifumal

und der Nachteule Schnabel.

Dagaz bedeutet Tag, wobei der Tag bei den germanischen Stämmen mit der Abenddämmerung begann, dann also, wenn die Nachteule zu fliegen beginnt. Eulen sind Träger der Weisheit seit alters her. Ihnen wird Scharfblick und Urteilsvermögen zugesprochen. Durch ihr besonderes Federkleid fliegt die Eule lautlos durch die Nacht und bringt für ihre Beute wie ein Blitz aus heiterem Himmel die Wandlung vom Leben zum Tod. Sie verbindet die beiden Welten von Licht und Dunkel. Daher führt dieser Pfad aus dem dunkelsten Götterreich Helheim zum hellsten Götterreich Wanaheim.

Dagaz gibt es nicht gestürzt!

Als Einzelwurf

Es ist Zeit, die alten Muster hinter dir zu lassen und nach neuen Ufern zu streben. Eine große Wandlung in der betreffenden Angelegenheit oder Frage kommt auf dich zu. Möglicherweise wird dir diese Veränderung nicht leichtfallen. Halte dir vor Augen, dass dieser Wandel deinem höchsten Wohl dient.

Bedeutung im Nornenwurf

Urd: Jetzt ist die Kraft der Transformation dein, und freudvolles Wachstum findet statt. Du bist an einem Schnittpunkt. Und was immer du jetzt tust, es braucht deine volle und freudige Konzentration. Du bist an einem Schnittpunkt zweier oder mehrerer Welten. Schaue in alle möglichen Richtungen, ohne zu werten.

Werdandi: Du treibst es auf die Spitze und versuchst so, die Energie zum Kippen zu bringen, auch wenn es dir nicht bewusst ist. Dein höheres Selbst will die Transformation alter Muster, selbst, wenn es schmerzvoll sein könnte. Du weißt nicht, was dich treibt, du weißt aber auch nicht, wie du diesem Getriebensein entgegenwirken kannst. Triff eine Entscheidung.

Skuld: In Weisheit vereinst du die Gegensätze. Du kennst Tag und Nacht und weißt, dass sie einander bedingen, ebenso, wie es unsere Vorfahrinnen wussten. Denn im Weltbild der Germanen klingt immer wieder durch, dass auch das Böse seine Berechtigung hat: Selbst Loki wird einige Zeit geduldet. Du wandelst dich von der Raupe zum Schmetterling, vom ewig kriechenden Opfer zu einem strahlenden Geschöpf der Alten Magie.

Bedeutung im Weltenwurf

Midgard – Was jetzt ist: Du wandelst dich. Das kann ausschließlich im Inneren stattfinden, es ist aber auch äußerer Wandel gemeint.

Lysalfheim – Gefühle: Die Gefühle sind im Chaos.

Wanaheim – Verstand: Du entdeckst, dass dein Standpunkt nicht der einzige ist.

Asgard – Was hilft mir weiter? Lass den Transformationsprozess zu. Du veränderst dich, und das ist gut so.

Niflheim – Was hindert mich? Du bist in einem Wandlungsprozess, das kann bedeuten, dass dir der Boden unter den Füßen wegrutscht. Dieses Gefühl von Bodenlosigkeit hindert dich an klarer Wahrnehmung.

Helheim – Was ruhen soll: Unternimm jetzt keine weiteren Schritte in bezug auf Veränderungen in deinem Leben oder deinem Inneren. Konsolidiere das, was du schon erreicht hast, und stürme nicht weiter zum nächsten Ziel.

Jötunheim – Woran soll ich mich erinnern? Erinnere dich daran, dass das einzig Beständige der Wandel ist. Klammere dich nicht an Überlebtes, Altes, das nicht mehr zu dir gehört. Die dunkelste Stunde ist die, bevor die Morgendämmerung beginnt.

Swartalfheim – Was jetzt zu tun ist: Lass die Veränderung zu. Dazu gehört Loslassen ebenso wie Offenheit.

Muspelheim – Was wird aus der Situation? So, wie es ist und war, bleibt es nicht. Der Stein ist ins Rollen gekommen, und es noch nicht klar, wo er liegenbleibt.

INGUZ

Die Reise

Wieder reise ich mit Sleipnir. Diesmal geht es weder hinauf noch hinab; wir bleiben in Midgard. Vor uns steht die Rune Inguz übermannsgroß in der Luft. Sie schillert und leuchtet, und ich kann sehen, dass in – oder hinter? – der Rune eine andere Gegend liegt.

Sleipnir verleiht mir Geistform, das heißt, ich bin unsichtbar, kann aber alles sehen und hören, was vor sich geht. Er selbst kann sich unsichtbar machen, wie es ihm beliebt.

Wir steigen durch die Runen-»Tür«. Auf der anderen Seite ist es ein Morgen im Frühjahr, und wir sehen eine Wiese, die von einer Art Bastmatte umzäumt ist. Die Matten sind so hoch, dass eine Erwachsene nicht darüber schauen kann. Nach Osten hin ist ein großer Stein aufgerichtet, ein Menhir. In der Mitte dieses abgeteilten Raumes ist eine Feuerstelle angelegt.

Sleipnir bedeutet mir ohne Worte, mich auf die andere Seite der Feuerstelle zu setzen und zu schweigen. Er steht mir gegenüber.

Lange Zeit warten wir; nichts geschieht. Ich werde schläfrig und fange gerade an wegzudösen, da erschallt aus dem umgebenden Wald eine Stimme, die unverständliche Worte singt und schreit. Andere Stimmen wiederholen das Gesungene. Es sind ausschließlich Männerstimmen.

Es erscheint am Eingang dieses heiligen Geheges ein Mann, der in ein Bärenfell gehüllt ist. Den Kopf des Bären hat er über seinen Kopf gestülpt, so dass ich von seinem Gesicht nur seine Augen sehen kann. Er holt aus seiner Tasche eine Flasche mit einer Flüssigkeit. Jeder, der in den Kreis treten will, wird mit dieser Flüssigkeit bespritzt.

Auf der anderen Seite steht ein zweiter Mann. Er trägt ebenfalls ein Bärenfell, aber ohne Kopf. In seinen Händen hält er eine Art federgeschmückte Rute. Nachdem jeder Eintretende mit Flüssigkeit bespritzt wurde, schlägt der Mann ihn mit der Rute, erst auf die rechte Schulter, dann auf die linke, dann versetzt er ihm einen Stoß vor den Brustkorb. Die Männer setzen sich nacheinander um das Feuer. Ich sehe, dass alle Tätowierungen haben, zum Teil über den ganzen Körper. Jeder hat auf seinem rechten Oberarm eine Schmucknarbe in Form des Inguz.

Das Feuer wird entzündet. Alles dafür lag schon bereit. Jetzt kommen drei jüngere Männer ohne Tätowierungen und Narben in den Kreis, die von drei Tätowierten geleitet werden.

Als alle versammelt sind, ruft der Mann mit dem Bärenkopf in einer unbekannten Sprache. Ich glaube, er bittet die Ahnen und die Götter herbei, denn inzwischen ist mir klar, dass hier ein Ritual stattfinden wird.

Er verstreut Salz rund um den Kreis und singt dabei. Es entsteht ein Wechselgesang zwischen ihm und den anderen Männern. Ich bemerke, dass die drei ohne Tätowierungen nicht mitsingen.

Bärenkopf hat seinen Salzkreis beendet und beginnt mit einem rhythmischen Stampfen, einem Tanz, in den die anderen – diesmal alle – einfallen. Sie singen und tanzen stundenlang, die Sonne wandert über den Himmel, ich nicke ein wenig weg. Als ich wieder zu mir komme, ist es Nacht, aber keine Mondin am Himmel, nur Sterne. Neumond – vielleicht?

Die Männer tanzen nicht mehr. Einer ohne Narbe kniet am Feuer, während ein anderer gestenreich etwas erzählt in dieser fremden Sprache, die ich nicht verstehe. Aber ich verstehe die Gesten: Der Kniende hat wohl einen Kampf mit einem großen wilden Tier gewonnen, vielleicht einem Tiger.

Alle äußern zustimmende Laute, stampfen, schlagen mit den Händen auf den Boden. Ich entdecke im Hintergrund die beiden anderen und ihre »Paten«, die hinter ihnen stehen und ihre Hände auf die Schultern gelegt haben. An ihrem jeweils linken Arm bemerke ich jetzt blutende Wunden in Form des Inguz.

Bärenkopf hält nun ein Obsidianmesser in der Hand. Es wirkt alt und mächtig, ein Schimmer geht von ihm aus. Er hebt das Messer zum Himmel und hält es zur Erde, deutet in die vier Himmelsrichtungen, immer begleitet von einem Singsang.

Dann setzt sich der Begleiter vom Einzug vorhin hinter den knienden Mann. Vier andere treten hinzu; keiner von denen mit frischen Narben.

Der Kniende lässt sich zurücksinken, in den Schoß seines »Paten«. Die anderen setzen sich um ihn herum, fassen seine Arme, halten seine Beine. Einer schiebt ihm ein Stück Holz in den Mund, zum Draufbeißen. Alles in allem wirken die Männer sehr fürsorglich.

Bärenkopf beginnt mit einem Schnitt auf dem linken Arm. Die anderen murmeln unverständliche Worte und klappern mit Hölzern. Die Prozedur dauert für mein Empfinden eine ziemliche lange Zeit, aber schließlich ist es doch überstanden. Auch der dritte Aspirant hat nun ein blutendes Inguz am linken Arm.

Die Männer entfachen das Feuer kräftiger, die Flammen lodern hoch, und ein Tanz um die drei »Neuen« beginnt. Wieder stampfen sie rhythmisch und wieder nicke ich nach kurzer Zeit ein.

Als ich wieder aufwache, dämmert es. Die Männer essen und trinken, einige schlafen.

Sleipnir bedeutet mir, ihm zu folgen. Wir kehren zurück zur Inguz-»Tür«, und ich bin wieder in Midgard.

Kraftgedanken

Alles in meinem Leben ist gut angelegt.
Alles in meinem Leben entwickelt sich glücklich.

Weihehandlung

Dein Denken kontrollieren und wandeln

Alles, was in deinem Leben entsteht, hat seinen Ursprung in deinen Gedanken. Willst du ein Haus bauen, ein Essen kochen oder den Runenweg beschreiten, es hat alles seinen Ausgangspunkt in deinem Denken. Alles, was Menschen erfinden, tun, bauen, erforschen oder finden, hat seinen Ursprung im Denken. Allerdings haben auch negative Dinge den Ursprung im Denken: Wie oft tritt genau das ein, vor dem du Angst hast?

Das Unterbewusstsein und auch das Universum als Spiegel deines Selbstes, beide kennen das Wort *nicht* nicht. Du kannst nichts aus deinem Leben *aus*laden, sondern nur etwas in dein Leben *ein*laden. Es funktioniert nicht, zu sagen: »Ich will nicht krank sein.« Was davon gespeichert wird ist »krank«. Sagst du aber: »Ich will gesund sein«, kann nur »gesund« gespeichert werden.

Beginne also damit, dein Denken zu beobachten. Dein Denken schafft Realität – früher oder später. Höre dir selbst beim Denken zu! Was denkst du, welche Stimmung begleitet dich durch den Tag? Sind es Gedanken wie: »So ein Scheiß, das klappt doch nie! Hab keine Lust. Das ist alles doof, anstrengend, langweilig. Das wird nie was. Ich kann das nicht!«

Fange damit an, diese Gedanken zu ersetzen durch Gedanken der Freude, der Dankbarkeit oder zumindest durch Gedanken, die neutral sind. Freudige Gedanken könnten sein: »Wie schön, welche Pracht, was für ein wunderbarer Geschmack!« Dankbar kannst du für alles sein, was du bist: für deinen Körper, deine Gesundheit, das Dach über deinem Kopf, den Frieden in den Straßen, das Essen auf dem Tisch und so weiter. Dankbarkeit kannst du für alles um dich herum und dich selbst empfinden, denn nichts ist selbstverständlich. – Schau dich in der Welt um! Denkst du schlecht über andere Menschen, denkst du im Grunde schlecht über dich. Wenn alle außer dir Idioten und Nichtskönner sind, sprichst du im Grunde von dir. Denn dein Unterbewusstsein kann nicht unterscheiden zwischen dir und den anderen.

Neid, Hass, Eifersucht und Anklage sind niedrigschwingende Gefühle, die dich am Boden halten. Du veränderst sie, um dich weiterzuentwickeln.

Die Innenwelt verändern: Die eigenen Gedanken kontrollieren, negative Gedanken ausmerzen. Durch die Veränderung deiner Innenwelt wird sich nach und nach auch deine Außenwelt verändern.

Schritt auf dem Einweihungsweg

Alte Versprechen, Gelübde, frühere Eide, Flüche, Versprechungen, Verwünschungen, Bannungen, Bannzauber, »Verhexungen«, Verfluchungen, Schadenzauber und so weiter auflösen.

Es gibt drei Arten solcher Bindungen:

- Die du selber ausgesprochen hast und die dich betreffen.
- Die du selber ausgesprochen hast gegen andere.
- Die andere über dich ausgesprochen haben.

Beispiele: Ehegelöbnis, Priestergelöbnis, Eide für Volk und Vaterland, Armutsgelöbnis, Versprechen aller Art, ganz gleich, ob bewusst oder unbewusst, frei oder unter Druck gegeben.

Ursprünglich ist zum Beispiel bei einem Eid der Fluch, den man im Falle des Meineids gegen sich selbst ausspricht. Bei anderen Formen des Schwörens wird ein Gegenstand berührt oder man berührt sich selbst, und im Falle des Meineides soll das Berührte Schaden erleiden oder Schaden über einen bringen.

Nicht alle Eide, Versprechen und dergleichen werden im Minni (Emotionalkörper) gespeichert, aber jene, die erhalten bleiben, stören unterschwellig dein jetziges Leben. Hast du zum Beispiel ein Armutsgelöbnis abgelegt, ist es schwer für dich, zu Geld zu kommen. Selbst wenn du ein gutes Einkommen hast, fließt das Geld nur so weg. Hast du ein Ehegelöbnis »für dieses und alle folgenden Leben« abgelegt, was zum Beispiel im Buddhismus möglich ist, kannst du unter Umständen in diesem Leben lange auf deinen Partner oder deine Partnerin warten. Manche solcher Eide beeinträchtigen das Hamingja, manche beeinträchtigen das Önd.

Nimm dir einige Zeit der Ruhe. Entzünde ein Räucherstäbchen, eine Kerze, lege dir deine Lieblingskristalle zurecht. Mache es dir so schön wie irgend möglich. Mache eine Meditation zur Reinigung deines Hvels, danach eine Runenatmung mit dem ganzen Runenkreis.

Sprich jetzt leise oder laut, aber hörbar, Folgendes:

Ich …… (Name) bitte alle Mächte des Lichts, alle guten Geister und Götter, alle Lichtwesen jetzt und heute hier mit mir zu sein. Heute und von jetzt an für alle Zeiten löse ich …… (Name) alle Versprechen, Schwüre, Gelübde, Bindungen an Blutsbrüder- oder Schwesternschaften, die ich in dieser oder jeder anderen Inkarnation an Mensch, Tier, Pflanze oder jedwedes andere Lebewesen geleistet habe oder eingegangen bin. (Drei Mal wiederholen.) *Pause*

Ich …… (Name) bitte alle Mächte des Lichts, alle guten Geister und Götter, alle Lichtwesen jetzt heute hier mit mir zu sein. Heute und von jetzt an für alle Zeiten löse ich …… (Name) alle Versprechen, Schwüre, Gelübde, Bindungen an Blutsbrüder- oder Schwesternschaften, die ich in dieser oder jeder anderen Inkarnation an Gilden, Bünde, Vereine, geheime oder offene Gesellschaften, Bruder- oder Schwesternschaften, Religionen, Götter oder jedweden anderen Zusammenschluss, ganz gleich ob religiöser, spiritueller oder materieller Natur geleistet habe oder eingegangen bin. (Drei Mal wiederholen.) *Pause*

Ich …… (Name) bitte alle Mächte des Lichts, alle guten Geister und Götter, alle Lichtwesen jetzt heute hier mit mir zu sein. Heute und von jetzt an für alle Zeiten löse ich …… (Name) alle Verwünschungen, Flüche, schwarzmagischen Akte oder negative Gedankensendungen, die ich in dieser oder jeder anderen Inkarnation an welchen Empfänger und welche Empfängerin auch immer gesendet habe. Ich nehme ab sofort jede negative Einflussnahme zurück. (Drei Mal wiederholen.) *Pause*

Ich …… (Name) danke allen Mächten des Lichts, allen guten Geistern und Göttern, allen Lichtwesen, die mir heute hier ihre Hilfe und Unterstützung gegeben haben. (Drei Mal wiederholen.)

Jetzt lasse diese Meditation langsam ausklingen. Nimm dir danach nichts vor, lass den Tag ruhig verstreichen.

Diese Arbeit hat eine starke Wirkung. Sei auf alle möglichen Veränderungen und Auswirkungen dieser Meditation gefasst. Wundere dich nicht; lasse dich aber auch nicht ängstigen. Möglicherweise kann es gut sein, diese Arbeit zu wiederholen. Wenn du das dringende Bedürfnis hast, tue es auch.

Runenrat

Übe dich in Geduld und lasse die Dinge sich organisch entwickeln. Es ist keine Zeit zum Handeln, wohl aber eine Zeit, Ursachen zu wirken: Die erste Ursache ist immer dein Gedanke.

Weitere Namen: Ing, Ingwaz

Buchstabe: ing, ng

Pflanzen: Aronstab, Farnkraut

Gottheiten: Frey, Yngv-Frey, der Gott Ing

Steine: Malachit, Rauchquarz, Granat, Kohle

Tiere: Hirsch, Kaninchen

Körperteil: Bauchhvel, Eierstöcke, Hoden

Galdr: Der Runenname in all seinen Varianten oder auch nur der Anlaut In/Ing

Im Jahreslauf: Mitte Januar, Vollmond

Stichworte: schützt alles Werdende • Fruchtbarkeit • organisches Gelingen • Integration

Mythologischer Bezug

> Ing wurde zuerst unter den Ost-Dänen
> gesehen, bis er nach Osten zog
> über das Meer. Sein Wagen zog ihm nach.
> So nannten die Herdinger ihren Helden.

Altenglisches Runengedicht

Ing oder Yngvi, von dem in diesem Runengedicht die Rede ist, wird oft als der Stammvater der Ingaevonen bezeichnet und mit Frey gleichgesetzt. In der Edda gibt Frey als Brautgeschenk an ihren Vater Gymir sein Schwert, um die Riesin Gerda heiraten zu dürfen.

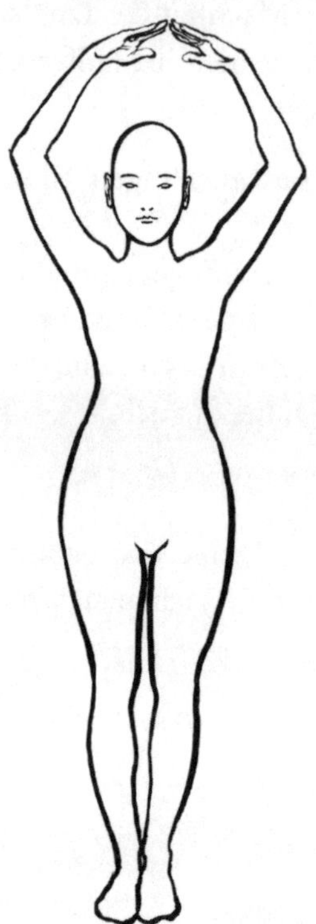

Stadha

Füße zusammen, Arme bilden deutlich über dem Kopf ein Dach.

Höndstadha

Die Daumen berühren sich an den Spitzen, nach oben gerichtet. Die anderen Fingerspitzen treffen sich ebenfalls, nach unten gerichtet.

Frey als Fruchtbarkeitsgott gibt seiner Auserwählten Gerda ein Phallussymbol. Gerda galt als Beschützerin von Haus und Hof und kann so mit der Erde assoziiert werden. Es lässt sich hieraus auf ein Fruchtbarkeitsritual der Göttin (Gerda) mit ihrem fruchtbringenden Gefährten (Frey) schließen.

Heilung

Fördert eine gesunde Fruchtbarkeit beim Mann und schützt in der Schwangerschaft die Frau.

Magische Anwendung

Wie ein Korb die Äpfel, hält Inguz die Energien zusammen, bis Ergebnisse gereift sind. So werden alle Vorhaben, die noch in der »Brutphase« sind, von Inguz geschützt. Zudem sorgt diese Rune für Fruchtbarkeit und organisches Gelingen.

Allgemeine Bemerkungen

In dieser zweiten Form kann man die DNS-Spirale erkennen. Zudem enthält diese Form zweimal Gebo, den harmonischen Austausch zweier ganzheitlicher Energien.

In jeder Form dieser Rune zentriert sich schöpferische Kraft, angesammelt über einen bestimmten Zeitraum, die dann freigegeben wird.

Inguz kann mit dem Spermium assoziiert werden, das nach seinem Eintritt in das Ei seinen Schwanz verloren hat.

Aus dem Sigdrifumal

Auf des Lösenden Hand

Der Pfad führt von Lysalfheim nach Jötunheim. Zwischen dem Stillstand (Jötunheim/Isa) und der Transformation (Lysalfheim/Dagaz) liegt eine Ruhephase (Inguz). Jeder, der etwas lösen will, sei es ein Problem oder das Kind aus dem Mutterleib, muss die Rhythmen des Lebens beachten: das tiefe Einatmen vor dem Sprung, die Atempause vor der Fortsetzung der Arbeit. Inguz auf des Lösenden Hand bedeutet eine stetige Erinnerung daran, den Dingen und Entwicklungen ihre Zeit zu lassen.

Gras wächst nicht schneller, wenn man daran zieht, das ist die Weisheit der Lichtalfen. Die Riesen raunen dir zu: In der Ruhe liegt die größte Kraft.

Inguz gibt es nicht gestürzt!

Als Einzelwurf

Warte ab und handle nicht. Lasse die Dinge wachsen und zur Reife gelangen.

Bedeutung im Nornenwurf

Urd: Etwas entwickelt sich, es ist Zeit, die Dinge wachsen zu lassen, ohne einzugreifen. Eine Lernphase.

Werdandi: Warte ab, beobachte, tue nichts.

Skuld: Keine konkreten Ergebnisse, weiterhin abwarten. Die Lernphase geht weiter. Neues ist zu integrieren.

Bedeutung im Weltenwurf

Midgard – Was jetzt ist: Einatmen. Still werden. Etwas ist in Arbeit. Störe die derzeitige Entwicklung nicht. Keine Handlung erforderlich.

Lysalfheim – Gefühle: Deine Gefühle sind unklar. Lass sie sich klären, bis du erkennen kannst, was du wirklich fühlst.

Wanaheim – Verstand: Es fehlen noch wichtige »Zutaten«: Informationen, eine Zielsetzung und so weiter. Lass es noch mehr reifen.

Asgard – Was hilft mir weiter? Die Dinge wachsen lassen. Nichts tun, aber alles mit positiver Energie begleiten.

Niflheim – Was hindert mich? Lähmung. Du bist zu träge, kommst nicht ins Tun.

Helheim – Was ruhen soll: Die Ruhe soll ruhen. Zeit, zu handeln. Tue, was dir angemessen erscheint.

Jötunheim – Woran soll ich mich erinnern? Gras wächst nicht schneller, wenn man daran zieht. Gib dir die Zeit, die Dinge (und dich selbst!!) wachsen zu lassen.

Swartalfheim – Was jetzt zu tun ist: Abwarten, die Dinge sich entfalten lassen. Positive Energie hineingeben.

Muspelheim – Was wird aus der Situation? Kein klarer Abschluss zu erkennen. Die Angelegenheit braucht noch Zeit. Das Ergebnis steht noch nicht fest.

LAUKAZ

Die Reise

Sleipnir erwartet mich am Fuße des Bifröst. Ich darf reiten, und so trägt er mich den Regenbogen hinauf und hinab, wir kommen an Yggdrasil vorbei, aber es geht tiefer nach unten, tiefer und tiefer. Im Vorüberreiten sehe ich den Nornenbrunnen, an dem eine der drei Wacht hält. Eine andere schöpft Wasser in einen Eimer, die dritte begießt eine riesige Wurzel, die wohl zum Weltenbaum gehört.

Wir reiten weiter, bis wir an einen Wald kommen, der aus kahlen Bäumen besteht, laublos, nadelleer. Ein seltsames weißliches Licht ist hier, aber eine Lichtquelle ist nicht zu erkennen. Überall scheint ein gleichmäßiges Strahlen zu herrschen.

Sleipnir bedeutet mir, abzusteigen. »Weiter kann ich dich nicht bringen«, sagt er. »Sei achtsam, es ist voller Gefahren dort an Mimirs Brunnen.«

»Ich werde an deine Worte denken, verehrter Sleipnir«, erwidere ich.

In jeder anderen Welt reise ich mit Schwert und Schild. Ich nehme sie mit mir, um dann weiter in den Wald vorzudringen. Die Bäume ohne Laub oder Nadeln scheinen sich hinter mir zu bewegen, und sehr schnell habe ich Sleipnir aus den Augen verloren. So recht weiß ich auch die Richtung nicht, weiß nur, dass ich Mimirs Brunnen besuchen will, um Weisheit zu erlangen. Welcher Art das von ihm geforderte Opfer wohl sein wird, besorgt mich.

Statt nun einfach immer weiterzustapfen und mich im Wald zu verirren, halte ich inne.

Ich lausche. Ich schaue. Ich rieche. Aus der Richtung links, etwas hinter mir, kommt ein leiser Luftzug, als hätte jemand dort eine Tür offenstehen lassen. Ich wende mich dorthin und spüre alle paar Schritte nach, ob ich noch auf dem richtigen Weg bin.

Nach einiger Zeit komme ich an eine Lichtung, die von einem milchigen Licht erfüllt ist. In ihrer Mitte steh ein Brunnen. Erfreut gehe ich darauf zu, da tritt mir ein wahrlich riesiger Mann entgegen. Er hebt schweigend seine Hand. Ich stehe still und warte darauf, angeredet zu werden.

»Was ist dein Begehr?« fragt er mich.

»Zunächst einmal Höflichkeit. Der Gast stellt sich jedoch zuerst vor: Mein Name ist S.«, sage ich und verneige mich ein wenig.

»Ich bin Mimir. Viele kommen hierher und wollen trinken, da bewache ich die Quelle und den Brunnen.« Ein seltsames, kleines, pelziges Tier schaut hinter ihm hervor. »Zahlen!« kreischt es. »Zahlen müssen alle, die trinken wollen! Zahlen! Was gibst du?«

Ich schrecke vor dem Aussehen und der Stimme zurück, das Tier beunruhigt mich, und ich habe gelernt, dass ich an jenem anderen Gestade meinem Gefühl folgen sollte, um heil davonzukommen.

»Was verlangst du für einen Trunk aus deiner Quelle?« wende ich mich an den Riesen. Das Tier beachte ich gar nicht, obwohl es weiter kreischt und mich sein Gekreisch schaudern macht. »Einen deiner Finger. Du kannst aussuchen, welchen.«

»Das muss ich bedenken.« Ich verneige mich wieder leicht und entferne mich. Odin gab sein Auge. Ich soll nur einen Finger geben, davon hat man immerhin zehn… Aber ich kann mich nicht entscheiden und grübele hin und her. Ziellos laufe ich durch den Wald und wünsche mir, mit Sleipnir sprechen zu können. Da kommt er mir auch schon entgegen. Ich erzähle ihm alles, auch von meiner Unfähigkeit, mich dazu zu entschließen, einen Finger zu opfern. Einen Finger… einen Teil von mir… Was würde in der materiellen Welt mit meinem Finger geschehen?

Sleipnir bringt seinen weichen Pferdemund an mein Ohr und flüstert, fast unhörbar: »Ich verrate dir ein Geheimnis: Frauen brauchen kein Opfer zu bringen, Frauen opfern jeden Monat ihr Blut. Und wenn ein Kind geboren wird, riskiert die Mutter ihr Leben für dieses neue Leben. Deshalb brauchen Frauen kein Opfer zu bringen an Mimirs Brunnen. So ist das Gesetz.«

Staunend sehe ich ihn an. Er nickt. Ich wende mich um und gehe zu dem Brunnen des Mimir zurück. Wieder kreischt das seltsame, ekelhafte Tier laut und geifernd. Ich gehe auf Mimir zu und fordere mein Recht auf einen Trunk ein. Mimir schaut säuerlich und sagt nichts mehr. Das Tier kreischt unerträglich laut und stößt wüste Beschimpfungen aus.

Der Riese tritt an den Brunnen, der fast bis zu seinem Rand gefüllt ist, und schöpft mit einem großen Horn Wasser, das er mir dann widerstrebend reicht.

Ich trinke, das Wasser ist kühl und klar mit einem leichten Geschmack nach Apfel. Ich leere das Horn ganz bis auf seinen Grund und gebe es dann zurück.

Meine Ohren hören neue Klänge. Meine Augen sehen neue Farben. Meine Gedanken gehen unbekannte Wege und mein Herz schlägt in einem neuen Rhythmus. Weisheit und Wissen wachsen, wie ein Baum, sich entfaltend und vermehrend.

Mit diesem Gefühl gehe ich zurück, sehr zufrieden.

Mimir entbietet mir keinen Abschiedsgruß.

Kraftgedanken

Ich bin im Fluss des Lebens sicher geborgen.
Es fällt mir leicht, im Fluss des Lebens mitzufließen.
Gutes auf jeder Ebene meines Seins fließt mir zu.

Weihehandlung

Ein Wasserritual, für das du zuerst dein Bad putzen und aufräumen solltest

Und ebenso, wie du dein Bad geputzt hast, reinige deine Seele, indem du aufschreibst, was du alles hinter dir lassen möchtest: Blockaden, Selbstbehinderungen, für dich unbrauchbar gewordene Programmierungen, alles, alles, alles an Altem, was dich noch hindert, schreibe auf.

Davon suchst du maximal zehn Punkte aus. Sei nicht ehrgeizig, sondern bedenke, dass alles, was du lösen willst, Folgen auf allen Ebenen des Seins hat. Gib dir Zeit, diese Folgen integrieren zu können.

Stelle Kerzen auf. Entzünde Räucherstäbchen. Mache alles so schön, wie du kannst und magst.

Dann bereitest du dir ein Bad mit Meersalz. Wenn du einen Runenstein hast, auf dem Laukaz eingraviert ist, lege ihn in das Wasser. Hast du nur eine Dusche, befestige den Stein am Duschkopf. Benutze das Salz zum Abreiben. Sei kreativ, nicht die Wanne ist das Wichtige. Rufe neun Mal Laukaz und mache auch das Stadha.

Lege dich dann in die Wanne, genieße diesen Zustand eine Zeitlang aus vollster Seele. Dann aber beginne, mit einem Schwamm oder einem Waschlappen deinen Körper zu schrubben. Dabei stellst du dir vor, wie du alles Alte abschrubbst. Benenne die Dinge, die du abwäschst, laut.

Du kannst beispielsweise sagen: »Ich übergebe mein Bedürfnis, mich klein zu fühlen, an dieses Wasser, in dem die Kraft von Laukaz wirkt, und löse mich vollkommen davon und von allen Symptomen, dies es verursacht. Die Kraft von Laukaz steht mir bei.« Du kannst es auch anders formulieren, es kommt nur darauf an, dass es für dich ganz persönlich kraftvoll ist.

Sei gründlich. Bleibe bei dem, was du ausgewählt hast; drängt sich aber ein Thema während des Rituals immer wieder auf, beziehe es spontan mit ein. Sind es mehrere Themen, die du nicht ausgewählt hast, die aber immer wieder in deine Gedanken kommen, merke sie dir und wiederhole das Ritual zu einem späteren Zeitpunkt.

Wenn du deutlich fühlst, alles abgewaschen zu haben, halte dir die Nase zu und tauche unter. Dabei sagst du: »Ich verlasse mein altes Leben und alle alten Muster, die ich benannt habe, jetzt!« Dann bleibe vollkommen unter Wasser, solange du kannst. Beim Auftauchen sprich: »Jetzt beginnt mein neues Leben! Ich bin neu geboren durch die Kraft von Laukaz!« Lass das Wasser aus der Wanne. Ist sie leer, spüle dich mit lauwarmem oder kaltem Wasser ab. Während das Wasser an dir abläuft, danke Laukaz laut.

Trockne dich ab und feiere deine Neugeburt durch ein schönes Essen oder wie immer du magst. Vielleicht hast du Freunde oder Freundinnen, die dieses Fest vorbereiten möchten.

Den Waschlappen oder Schwamm hebe auf. In den nächsten Tagen suchst du eine Gabe, ein Geschenk für die Wassergötter, die du gemeinsam mit dem Schwamm oder Lappen und deinem Dank in ein fließendes Gewässer gibst. Diese Gabe sollte deine Kinderseele erfreuen, also etwas von dem Ort der Wunder haben.

Schritt auf dem Einweihungsweg

Deinen inneren Kraftort schaffen

Dein innerer Kraftort ist ein Bereich, den du in deiner Meditation schaffen kannst. Er ist das »Allerheiligste« deiner Seele. Immer wieder kommst du an diesem Ort mit deiner Essenz, deinem Sein in Kontakt.

Dies ist ein besonderer Ort, an den du immer wieder zurückkehren kannst. Hier findest du Entspannung, Heilung, Erkenntnis, Weisheit, Rat und Trost und was immer du sonst noch dort finden möchtest. An diesem geheiligten Ort geschieht die wahre Wandlung, die nur von innen kommen kann. Du findest die Meditation im Kapitel über die feinstofflichen Körper auf S. 52.

Runenrat

Erst kommt der Glaube, dann das Wunder. Lasse das Wunder geschehen, lasse alles an Erwartungen und Meinungen hinter dir, dann kann die Energie des Fließens dich erreichen.

Weitere Namen: Laukaz (Lauch /Kraut), Laguz (Wasser), Laf, Lagu, Lina (Lein)

Buchstabe: L

Pflanzen: Weide, Lein (der Frigga heilig), Lauch, Sumpfdotterblume

Gottheiten: Njörd, Ran, Aegir und die neun Töchter der beiden, Frigga

Steine: Lepidolith, Perle, Mondstein, Labradorit

Tiere: Seepferdchen, Storch, Möwen, und Fische

Körperteil: das Herz und das Herzhvel

Galdr: Der Runenname in all seinen Varianten oder auch nur der Anlaut L

Im Jahreslauf: Neumond, Anfang Februar Disablot (»Disen« sind vergöttlichte weibliche Ahnen, »-blot« ist das Opferfest)

Stichworte: Wasser • Fließen • mit dem Fluss gehen

Mythologischer Bezug

Die Götter erschufen die Menschen am Meeresstrand aus angespülten Bäumen.

Frigga, deren Pflanze der blau blühende Lein ist, hat einen Bezug zu dieser Rune. Sie ist Odins Gattin und weiß alles, was war und was ist, aber sie sagt nichts. Frigga hat die Seelenkräfte, die uns durch ihr »Fließenlassen« in die Tiefe führen.

Der Brunnen der Nornen und der Brunnen Mimirs sind heilige Orte mit einem Bezug zum Wasser, an denen Weisheit erlangt werden kann.

Ran (»Räuberin«) ist die Meeresgöttin. Aegir gilt als ihr Ehemann und ist ihr Bruder. Sie wird als halbe Frau und als halber Fisch dargestellt. Mit ihrem Netz fischt sie die Seelen der Ertrunkenen aus dem Meer, die sie dann in ihrer Halle königlich

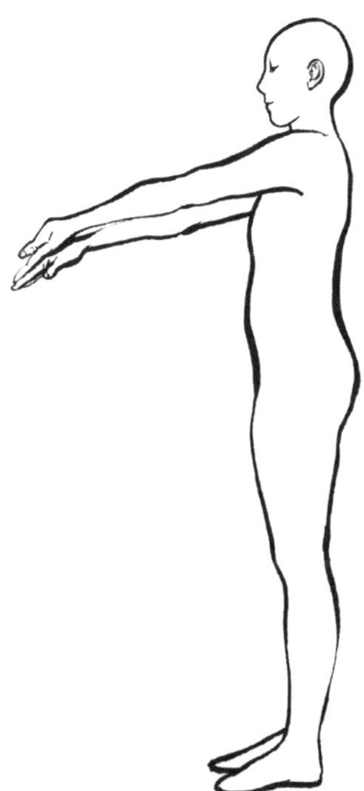

Stadha

Du stehst gerade und hältst deine linke Hand mit der Handfläche nach oben, die rechte Hand mit der Handfläche nach unten. Die Handrücken berühren sich. Die Arme sind in einem Winkel von etwa 45 Grad nach vorne ausgestreckt. So ist das Aufnehmen und Fließenlassen der kosmischen Energie gewährleistet.

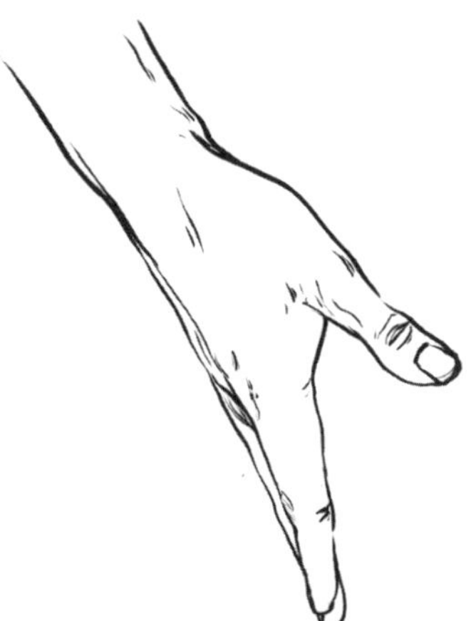

Höndstadha

Hand gerade nach unten halten, den Daumen abspreizen. Bringe dabei Spannung auf die Hand, strecke sie richtig aus.

bewirtet. Doch nicht alle, die in diese golddurchleuchteten Korallenhöhlen gelangen, sind Opfer der See. Manche hat Ran auch selbst in die Tiefe gezogen.

Um Andwari zu fangen, der sich in einen Hecht verwandelt hatte, lieh Loki sich einst ihr Netz aus. So erpresste er von dem Zwerge seinen Goldschatz.

Ran hat mit dem Meerriesen Aegir neun Töchter. Ihre Namen haben mit den Meereswellen zu tun: Angeya (Angeyja), Atla, Eistla, Eyrgjafa, Gjalp, Greip, Iarnsaxe, Imd und Ulfrun.

Andere Namen sind: Himinglära (die Himmelsglänzende), Blodughadda (Blutig Haar), Hefring (die sich Hebende), Kolga (die Kalte), Dufa, Udr, Hrönn, Bylgja, Bara (letztere fünf sind Synonyme für Welle).

Diese neun werden gemeinsam Heimdall als Mütter genannt.

Während man Ran für eine sichere Reise auf dem Meer Opfer gab, brachte man ihrem Mann Aegir Gaben, um sich günstige Winde zu sichern. Aegir wird auch Eagor, Ägir, Oegir, Oegier, (nord. »Meer«) genannt. Er entstammt dem Geschlecht der Jötunen (Riesen) und wird auch »Herr des Meeres« und »der Grauenhafte« genannt. Oft braut er das Bier für Feste, die er mit den Asen feiert. So ist er zweifach mit Laukaz verbunden.

Njörd ist die dritte Gottheit, die mit dem Meer in Verbindung gebracht wird. Er entstammt dem Geschlecht der Wanen und wird als freundlich und mild geschildert, so dass er ein Schutzgott aller ist, die die See befahren. Im Grimnirlied 16 wird er als der »Fürst der Menschen« bezeichnet. Allerdings liegt sein Palast »Noatun« (nord. »Schiffsplatz«, »Schiffsstadt«) nicht im Meer, sondern nur in der Nähe des Meeres.

Oft wird Nerthus als seine Gemahlin genannt, was aber nicht sicher ist. Seine zweite Ehefrau ist Skadi, mit ihr hat er das Zwillingspaar Frey und Freya.

Heilung

Laukaz hilft beim Finden und Anwenden von Kräuterwissen. In der Edda wird diese Rune als Schutz vor Vergiftungen genannt. Da sie Energien in Fluss bringt, löst sie auch die Menstruation aus und kann bei allen Stauungskrankheiten angewendet werden.

Magische Anwendung

Laukaz bringt dich in Kontakt mit der Kraft des Wassers, mit der Kraft aller Gewässer. Sie ist für alle Arten von Zauber geeignet, die mit Wasser zu tun haben. Sie ist die *Urrune* für Wasser, die das Element in seiner reinsten Form zeigt.

Laukaz hilft beim Finden und Anwenden von Kräuterwissen, weil die Rune auch hier die Kräfte zwischen dir und den Heilpflanzen fließen lässt.

Tritt mit der Pflanze in Kontakt und sage ihr, was du mit ihr vorhast und wofür du sie brauchst. Frage sie, ob sie bereit ist, dir zu helfen. Du wirst ihre Zustimmung oder Ablehnung spüren. Stimmt die Pflanze zu, geerntet zu werden, ritze eine Laukaz-Rune in den Stengel (so er groß genug ist) oder schlage Laukaz mit der Hand über der Pflanze. Die Spitze der Rune weist auf die Blüte. Dann erst schneide oder brich die Pflanze ab und trage sie heim.

In der Edda wird Laukaz außerdem als Schutz vor Vergiftungen genannt. Das lässt darauf schließen, dass durch das Segnen mit Laukaz Speisen und Getränke von negativen Einflüssen befreit werden können. Sie schützt vor Giftzauber und Verrat. Auch für Liebeszauber soll sie wirksam sein.

Laukaz bringt dich in den Fluss des Lebens zurück. Überall, wo Energie sich staut, ist sie hilfreich. Zudem fördert sie die Kreativität (*flow)* und die Intuition. Laukaz kennzeichnet den Ort, an dem Wunder geschehen.

Wer Winnie Pu gelesen hat, erinnert sich vielleicht an den Schluss: »Aber wohin sie auch gehen und was ihnen auf dem Weg dorthin auch passieren mag: An jenem verzauberten Ort ganz in der Mitte des Waldes wird ein kleiner Junge sein, und sein Bär wird bei ihm sein, und die beiden werden spielen.« (zitiert nach A. A. Milne: Pu der Bär, Gesamtausgabe Dressler Verlag) Diesen verzauberten, magischen Ort gibt es in jedem von uns. Natürlich ist es nicht immer ein Wald, aber es ist der Ort, an dem unsere Seele fließt, der Ort der Unschuld, der *Ort der Wunder* – der Ort Laukaz.

Allgemeine Bemerkungen

Erde und Mensch – beide bestehen zu 70 % aus Wasser. Wir leben im Fruchtwasser, bevor wir geboren werden, und ohne Wasser sind wir innerhalb von drei Tagen tot. Wasser ist lebenswichtig für alle Wesen auf diesem Planeten. In der Edda werden die Menschen am Meeresstrand von den Göttern geschaffen, der Brunnen der Nornen und Brunnen Mimirs sind heilige Orte, an denen Weisheit erlangt werden kann.

Gleichzeitig ist Wasser eine der größten Urgewalten: Es zerbricht Steine, überflutet Landschaften, verregnet Ernten, dringt in die Tiefe in jeden Winkel und lässt sich nicht zähmen. Wir vergessen das allzu leicht, wenn wir den Wasserhahn aufdrehen.

Die Forschungen des Dr. Emoto, der Wasser mit verschiedenen Worten wie »Liebe« oder »Hass« besprach und dann die entstandenen Formen durch Einfrieren sichtbar machte, haben gezeigt, dass es möglich ist, Wasser zu programmieren. Es nimmt Schwingungen auf, bewahrt sie und trägt sie weiter (nachzulesen bei: Masaru Emoto: Waserkristalle).

Und nicht nur das: Die aufgenommenen Schwingungen gehen über den Wasserkreislauf der Erde um den Globus. Es ist also immer eine gute Sache (für alles, was lebt!), das Wasser, welches du verbrauchst, zu segnen.

Laukaz zeigt die Form der Welle, bevor sie bricht, bevor sich also die einzigartige Individualität der Welle wieder mit der unendlichen Weite des Meeres vereint. Bei genauer Beobachtung kann das jeder nachprüfen.

Laukaz bedeutet Lauch, und die Lauchpflanze hatte für unsere germanischen Vorfahren eine große Bedeutung. In der Edda ist sie die erste Pflanze nach der Flut.

Da sie auch im Winter wächst, war sie wahrscheinlich in dieser Jahreszeit ein wichtiger Vitamin C-Lieferant. Das wertvolle, organisch gebundene Eisen regt die

Blutbildung an. Lauch wird in der Naturheilkunde gegen Nierenerkrankungen, Gicht, Arteriosklerose und andere Stoffwechselerkrankungen eingesetzt. Auch bei Bronchialkatarrhen sowie Leber-, Magen- und Darmerkrankungen entfaltet es eine hilfreiche Wirkung. Die ätherischen Öle der Lauchpflanze wirken desinfizierend. So wurde Lauch oft dem Bier zugesetzt. Laukr konnte auch Knoblauch oder Zwiebel bedeuten, die ähnliche Heilwirkungen wie der Lauch haben.

Ein gutes Gesetz wurde *log laukjofu* oder *laukar lögr* genannt, das bedeutet »gerade wie die Lauchpflanze«. Das lässt auf eine nahe Verbindung der Lauchpflanze zu den Göttern schließen, denn für die Germanen kamen die Gesetze direkt von den Göttern. Heute noch kennen wir die Wörter »Durchlaucht« oder »Erlaucht«, die einen Menschen als über den anderen stehend kennzeichnen. Es ist auch bekannt, dass der Samstag bei den Germanen »Laugardagr« hieß, also »Badetag«. Die wöchentliche Reinigung war damals eine übliche Prozedur.

Aus dem Sigdrifumal

In Wein

Wein ist flüssig, Laukaz ist die Rune des Wassers und des Fließens. Das Wasser fließt von Helheim zu Swartalfheim. In Helheim herrscht Hel, die Hüterin der Seelen, die ihrer Wiedergeburt harren. In Niflheim wurden diese Seelen gereinigt.

So wie Hel die Hüterin der Seelen ist, ist Modsognir, Swartalfheims Herrscher, der Hüter der Edelsteine und Metalle. So wie die Seele im Körper verborgen ist und ihn doch formt, sind diese Schätze in der Erde verborgen und formen auch diese.

Wasser – welches durch die Wurzel der Pflanzen auch in den Wein gelangt – verbindet unterirdisch diese beiden Reiche miteinander und allen anderen Welten.

Als Einzelwurf

Lasse los und vertraue. Es gibt jetzt nichts, was du erkämpfen oder erzwingen müsstest.

Lasse gehen, was gehen will, und lasse kommen, was kommen will. Entscheide dich für Dinge und Menschen, bei denen du das lebendige Fließen der Energie spürst.

Gestürzt: Du stagnierst und kommst nicht voran. Der Weg, nach dem du fragst, ist nicht gangbar, diese Lösung ist nicht hilfreich. In Beziehungen: Es gibt etwas zu klären und zu ordnen zwischen euch. Tue es, damit die Liebesenergie wieder frei zwischen euch fließen kann. So zeigt Laukaz auch, dass du abwarten musst. Es ist nicht die richtige Zeit, um schnell voranzugehen.

Bedeutung im Nornenwurf

Urd: Innenschau und dadurch klare Wahrnehmung des Geschehens. Höre auf deine innere Stimme. Du bist im Fluss. Du brauchst nicht kämpfen, alles fließt dir zu.

In einer Beziehung deutet Laukaz auf Glück und Übereinstimmung. In berufliche Situationen und Entscheidungen bedeutet sie, dass dir Informationen und Chancen zufließen. An dir ist es nur noch, sie auch zu nutzen.

Gestürzt: Du bist zu grenzenlos. Du hast dich verausgabt, zu viel gegeben. Es ist möglich, dass sich ein »Astralvampir« von dir nährt, also jemand, der sich deine Energie zunutze macht. Schaffe dir wieder Grenzen, die dich ja auch schützen! Dies gilt für alle Ebenen deines Lebens.

Du willst dich gegen den Strom des Lebens stemmen, weil du glaubst, das ist Sicherheit.

Werdandi: Schaue bewusst nach innen, finde Ruhe. Finde den Ort der Wunder in dir. Auch: Lasse jetzt los, damit Wunder geschehen können. Für eine Partnerschaft bedeutet die Rune, dass du oder dein Partner oder ihr beide zu verkrampft seid. Im Beruf kämpfst du gegen Windmühlenflügel.

Gestürzt: Ausufernde Energien bedrohen dich und könnten dich verschlingen. Du kannst ihnen mit Isa Einhalt gebieten. Du betreibst Nabelschau, bist nicht bereit, dich den Problemen des Lebens zu stellen. Schaffe dir ein lösungsorientiertes Denken, kein problemorientiertes. Möglich ist auch, dass du im Moment keinen Zugang zu deinen wahren Gefühlen hast. In deinem Beruf lässt du dich von Kollegen oder Ereignissen mitreißen, ohne wirklich zu wissen, wohin es geht. Halte inne und prüfe. In der Partnerschaft hast du dich von eher destruktiven Gefühlen übermannen lassen, beispielsweise dem Gefühl der absoluten Symbiose. Befreie dich wieder davon.

Skuld: Gelassenheit. Angekommen sein. Du bekommst, was du wünschst, aber möglicherweise anders, als du es erwartest hast. Du bekommst es in seiner höchsten Form, die für dich im Moment nicht vorstellbar ist. Heilung findet statt. Es läuft alles gut an deinem Arbeitsplatz. Du bist präsent und kreativ. Dein/e Partner/in ist glücklich über einfühlsame Nähe. Du trägst den Ort der Wunder in dir und kannst ihn anderen zugänglich machen.

Gestürzt: Du klammerst an deinen Egospielen, deinen Begierden, deinen unkontrollierten Trieben. Du klammerst auch an deiner Opferhaltung, und die Energie staut sich, bis der Damm bricht. Im Beruf überprüfe deine Ziele und Motivationen, vieles ist überaltert oder hindert dich jetzt am Weiterkommen. Du klammerst an deinem/deiner Partner/in, so dass er oder sie keine Luft bekommt. Möglicherweise bis du auch krankhaft eifersüchtig? Jedenfalls ist es dringend an der Zeit, lockerer zu lassen.

Bedeutung im Weltenwurf

Midgard – Was jetzt ist: Alles ist im Fluss. Du surfst auf der Welle des Lebens, bist eins mit den Energien, die im Moment schwingen.

Gestürzt: Du stemmst dich gegen den Fluss des Lebens. Was immer es ist: Um es zu erkennen, musst du es erst einmal zulassen.

Lysalfheim – Gefühle: Du hast im Moment die Fähigkeit zu besonderen Wahrnehmungen. Wie ein Seismograph spürst du deine Umwelt, deine Mitmenschen, die Geisterwelt und ihre Schwingungen.

Gestürzt: »Gefühle – was ist das?« könntest du fragen. Du fühlst dich abgeschnitten und alleingelassen.

Wanaheim – Verstand: Vollkommen im Fluss entwickelst du wunderbare Ideen, und kreative Lösungen strömen nur so auf dich ein.

Gestürzt: Alles blockt und bockt. Du versuchst, etwas zu erzwingen. Tritt einen Schritt zurück, lasse locker.

Asgard – Was hilft mir weiter? Lasse dich mitfließen im Strom des Lebens. Lass alles los, lass dich frei von allen Erwartungen und Anforderungen.

Gestürzt: Nimm dir bewusst eine Auszeit, in der du die Dinge von außen betrachtest.

Niflheim – Was hindert mich? Du lässt dich treiben, bist überall, nur nicht bei dir und deinen Angelegenheiten.

Gestürzt: Verweigerung ist zurzeit deine Grundhaltung. Die Welt dreht sich trotzdem weiter! Es nützt dir gar nichts, die beleidigte Leberwurst zu spielen.

Helheim – Was ruhen soll: Nimm wahr, aber lasse dich nicht mitziehen.

Gestürzt: Deine Verweigerung sollte ein Ende haben.

Jötunheim – Woran soll ich mich erinnern? Besinne dich auf die Kraft des Loslassens. Alles im Leben kommt und geht, alles hat seine Zeit.

Gestürzt: Auch mit noch so starken Krallen kannst du nichts halten, was nicht zu dir gehört. Bei dem Versuch, es dennoch zu halten, tust du dir nur weh.

Swartalfheim – Was jetzt zu tun ist: Fließe mit dem Strom des Lebens. Strebe nichts an, verlange nichts, surfe auf den Wellen des Seins.

Gestürzt: Stille, Schweigen und Rückzug sind jetzt angeraten.

Muspelheim – Was wird aus der Situation? Es entwickelt sich alles glücklich. Dich erwartet ein harmonischer Ausgang.

Gestürzt: Alles blockiert, es geht einfach nicht weiter. Die Angelegenheit, nach der du gefragt hast, zieht sich wie Kaugummi.

MANNAZ

Die Reise

Ich treffe Sleipnir am Fuße des Weltenbaumes. Wir bleiben auf dieser Ebene, in Midgard also. In der Ferne leuchtet ein heller Schein, auf den wir zugehen. Als wir näherkommen, erkenne ich einen Zaun aus Mannaz, viele Runen nebeneinander, die übermannshoch sind. Unter jeder von ihnen kann ich hindurchgehen.

Dahinter liegt ein Dorf, in dessen Mitte ein großes Feuer brennt. Die Menschen, Frauen und Männer, haben einander eingehakt und tanzen langsam im Kreis um das Feuer. Hin und wieder lösen sich zwei mit gefassten Händen, so dass sich die Mannaz-Rune ergibt, und springen zusammen über das Feuer. Dann verschmelzen sie wieder im Kreise der Tanzenden.

Sleipnir lädt mich auf seinen Rücken ein und erhebt sich über das Dorf. Je höher wir steigen, desto grafischer wird das Bild. Es zeigt sich ein Mandala, das aus Mannaz besteht.

Sleipnir sagt zu mir: »Dieses Bild zeigt die Bedeutung des Menschseins, die Verbindung zu deiner Familie und den Ahnen und zu allen anderen Menschen. Das Netz des Wurd. Nimm es mit und meditiere darüber.«

Dann halte ich das Mannaz-Bild übergangslos in Händen, auf ein Stück Rinde geritzt. Es scheint sich über die Ränder der Rinde hinweg auszudehnen, schattengleich zu zerfließen.

Wir gleiten zurück, und ich verabschiede mich von Sleipnir.

Kraftgedanken

Ich bin in vollkommenem Frieden mit mir selbst.
Ich bin in Frieden mit den Menschen in meiner Umgebung.

Weihehandlung

Errichtung eines Ahnenaltars

Deine Vorfahren, deine Ahnen sind die Menschen, die dir vorausgegangen sind, von denen du kommst.

Sie stecken in deinen Genen, oft auch in bestimmten Verhaltensweisen oder Körperformen, vielleicht auch in Ängsten oder Vorlieben. Es ist wichtig, ihnen Respekt zu erweisen und sie in Ehren zu halten, denn es ist zerstörerisch, einen Teil des eigenen Seins abzulehnen.

Deinen Respekt zeigst du durch einen Ahnenaltar, den du in deiner Wohnung einrichtest. Das kann ein Tischchen oder auch eine Kommode sein. Du bedeckst die

Fläche mit hübschen Tüchern; vielleicht hast du ja auch die selbst gehäkelten oder bestickten Deckchen von Tantchen da, denn etwas, was die Ahnen selbst gefertigt haben, ist natürlich besonders geeignet. Wenn du es magst, benutze Fotos, die gerahmt sind, um deine Ahnen darzustellen. Du kannst auch Erbstücke nehmen oder Steine, die deine Vorfahren symbolisieren. Eine Kerze ist unerlässlich, sie wird beim Dunkelwerden angezündet und brennt (feuersicher) die ganze Nacht. Zünde so oft es geht ein Räucherstäbchen an. Dazu kannst du ein kleines Gebet an deine Ahnen richten, zum Beispiel: »Geehrte Ahnen, für eure Führung und Hilfe, euren Schutz danke ich euch und erbitte dieses auch weiterhin für mich und die meinen. Seid gesegnet und segnet mich.«

Die Ahnengeister freuen sich über kleine Opfergaben, zum Beispiel ein Schlückchen Schnaps, ein Stückchen Apfel, Nüsse und so weiter. Lasse dich dabei von ihren Impulsen leiten.

Schritt auf dem Einweihungsweg

Lösen von energetischen Verbindungen

Jeder Mensch, mit dem wir in engen Kontakt treten, hinterlässt eine energetische Spur. Um ganz und gar von den Einflüssen der anderen frei zu werden, ist es nötig, sich definitiv loszusagen und alle Bande zu kappen, die eventuell noch vorhanden sind. Dies sollte in Respekt, besser noch Liebe geschehen.

Du kannst dieses Ritual nacheinander mit Liebhabern, Liebhaberinnen, Geschwistern, Mutter, Vater und allen anderen durchführen, mit denen du dich zu eng verbunden oder abhängig fühlst. Es stammt von Phylis Krystal.

Setze oder lege dich an einem ruhigen Platz hin. Komme zur Ruhe. Stelle dir dann vor deinem inneren Auge eine große liegende Acht vor. In einem Bauch der großen Acht sitzt du, in dem anderen Bauch die Person, von der du dich lösen möchtest. Wenn du beide wahrnehmen kannst, lasse eine blaue Lichtsäule auf dem Kreuzungspunkt der Linien entstehen. Diese Säule wandert rechts um dich herum, dann um den anderen. Neunmal nimmt es diesen Weg, dann beendest du die Übung. Mache diese Übung dreimal täglich (sie dauert nur zehn Minuten), mindestens zwei Wochen lang.

Für den Abschluss brauchst du mehr Zeit, plane ein bis zwei Stunden ein. Du gehst in die Entspannung und stellst dir wieder die Acht vor. Schaue jetzt genau, welche Verbindungen noch bestehen. Das können Lichtfäden sein, Schnüre, Seile und so weiter. Du hast ein Werkzeug, diese Verbindungen zu trennen, zur Hand und wendest es an. Hole alle Reste der Verbindungen in deinen Bauch der Acht, wo du sie verbrennen, vergraben oder auf andere Art vernichten kannst. Auch die Kleider, die du in der Situation trägst, verbrennst du. Sie sind ein Symbol für diese Verbindung, die du ja in Liebe lösen willst.

Gib den Stellen, an denen die Verbindungen waren, Heilung, indem du darum bittest. Du kannst dich dafür an Eir, Frigga oder eine andere Wesenheit wenden, die für dich Heilung bedeutet. Dann bitte darum, dass auch der andere Heilung erfährt.

In dem Maße, wie der andere tatsächlich Heilung erfährt, entfernt er/sie sich von dir, bis du allein zurückbleibst. Stelle dir jetzt zum Abschluss ein reinigendes Bad vor. In der Nähe deines Badeplatzes findest du auch neue Kleidung, wenn du es möchtest. Wenn du dein Bad genug genossen hast, komme sanft aus der Meditation, erde dich und lasse es dir gut gehen.

Runenrat

Sei dein bester Freund, deine beste Freundin. Vertraue dir. Erwarte das Beste.

Weitere Namen: Man, Manna, Mathr, Mannus

Buchstabe: M

Pflanzen: Würzkräuter

Gottheiten: Heimdall, Mannus

Steine: Buntkupfer, Blutachat, Moosachat

Tiere: Gans, Storch, Biene

Körperteil: Kopf, Kronhvel, Gehirn, bes. Sprachzentrum

Galdr: Der Runenname in all seinen Varianten oder auch nur der Anlaut M

Im Jahreslauf: Vollmond, Mitte Februar

Stichworte: Mensch • Kommunikation • Teamwork • beruflicher Aufstieg

Mythologischer Bezug

> Weiland als Jüngling wandelt ich einsam,
> Da führt mich mein Leben falsche Pfade;
> Doch fand ich Begleiter, so fühlt ich mich glücklich;
> Denn den Menschen erfreut am meisten der Mensch.
>
> Havamal 47, Übersetzung von Wilhelm Jordan

Dieser Weisheit aus den Sprüchen des Hohen ist nichts hinzuzufügen.

Ausschließlich bei Tacitus gab es den Gottessohn Mannus:

> »Als Stammväter und Begründer ihrer Völkerschaft verherrlichen sie [= die Germanen] in alten Liedern – der einzigen Art historischer Überlieferung, die es bei ihnen gibt – Tuisto, einen der Erde entsprossenen Gott, und seinen Sohn Mannus. Dem Mannus schreiben sie drei Söhne zu, nach deren Namen die dem Ozean nächsten Inguionen, die in der Mitte Herminonen, die übrigen Istävonen genannt sein sollen.«
>
> Germania, c. 2,2

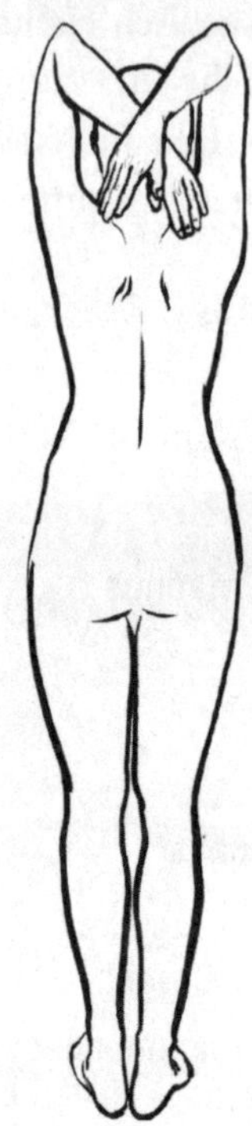

Stadha
Die Hände berühren die Schulterblätter über Kreuz.

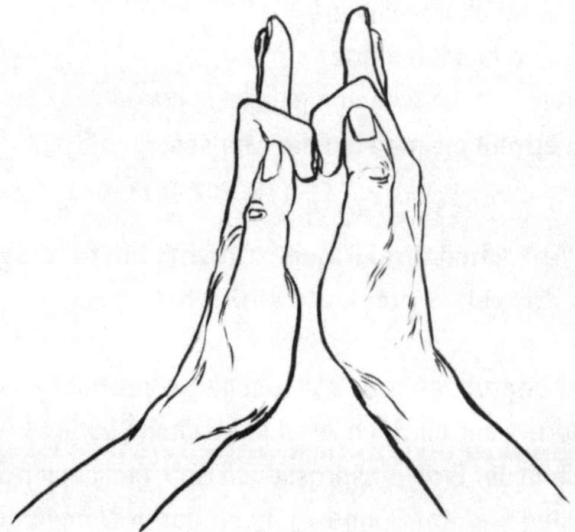

Höndstadha
Die unteren Glieder der Zeigefinger werden aneinandergelegt. Die anderen Finger zeigen gestreckt nach unten. Der Daumen ist angelegt.

Er ist also Stammvater dreier Stämme, der Inguionen, der Herminonen und der Istävonen und durch seinen Namen mit der Rune Mannaz verbunden.

Ask und Embla waren die ersten Menschen, nachzulesen in der Völuspa 17–18:

> Schließlich kamen drei aus dieser Schar,
> mächtige und wohlgesinnte Asen zum Haus,
> sie fanden am Strand, kaum Kraft habend,
> Ask und Embla, schicksalslos.
>
> Seele besaßen sie nicht, Vernunft hatten sie nicht,
> weder Blut noch Bewegung noch gute Farbe;
> Seele gab Odin, Vernunft gab Hönir,
> Blut gab Lodurr und gute Farbe.

Völuspa 17 – 18, Übersetzung von Arnulf Krause

Der Name Askr geht auf ein altnordisches Wort für »Esche« zurück. Häufig wird Embla dann der Einfachheit halber mit »Ulme« übersetzt, was jedoch umstritten ist. Man kann in Mannaz das erste Menschenpaar sehen, das sich einander zuwendet. Die Dreiheit der Götter: Odin, Hönir und Lodurr mit der Zweiheit der Menschen Askr und Embla ergibt die Zahl Fünf, die Zahl der Rune Mannaz auf dem esoterischen Runenweg.

Heilung

Da sie das Menschsein harmonisiert, ist Mannaz hilfreich bei depressiven Verstimmungen, Angstzuständen oder ähnlichem. Allerdings möchte ich hier eine Warnung aussprechen: In Fällen von psychischer Erkrankung wende die Rune nicht für oder an anderen an, und beobachte dich selbst sehr genau! Runen sind eine ernstzunehmende Kraft, die nicht unterschätzt werden darf. Es ist sicher einen Versuch wert, Mannaz bei Krankheiten, die mit Gedächtnisverlust einhergehen, zu verwenden. Konkrete Erfahrungen habe ich damit allerdings noch nicht gesammelt.

Magische Anwendung

Mannaz stärkt die Kommunikation, sie hilft dabei, den Kopf für Prüfungen klar zu haben, und unterstützt in Rechtsstreitigkeiten und zwar dadurch, dass sie den Intellekt allgemein stärkt und fördert. Odins Raben Hugin (Gedanke) und Munin (Erinnerung) sind mit der Magie dieser Rune verbunden. Indem du mit ihnen in Kontakt trittst, kannst du Informationen über Aktuelles und Vergangenes erhalten.

Allgemeine Bemerkungen

In Mannaz können wir zweimal Wunjo einander zugewendet sehen. So steht Mannaz für liebevolles Aufeinander-bezogen-Sein, für freundschaftlichen Austausch und gegenseitiges Verstehen. Mannaz kann aber auch als Dagaz zwischen zweimal Isa gesehen werden: Transformation des Ego durch den Spiegel eines zweiten Egos. Das Ich-Wyrd.

Mannaz bedeutet Mensch. Sie beinhaltet alles, was mit zwischenmenschlichen Beziehungen und Interaktionen zu tun hat. Das Verbindende zwischen zwei Menschen oder einer Gruppe wird betont. Sie fördert beruflichen Aufstieg, Teamwork und »Vitamin B«. Mannaz fördert die Klarheit im Ausdruck und stärkt die Fähigkeit, so zu sprechen, dass man verstanden wird. Diese Rune fördert alles, was mit Kommunikation zu tun hat. In Prüfungen bringt sie einen klaren Kopf und strukturiert die Gedanken.

Aus dem Sigdrifumal

Auf blutigen Schwingen,

Auf dem Wege zur materiellen Menschwerdung bewegt sich die Seele zwischen Helheim und Niflheim. Die Rune ist hier Mannaz, die Rune des Menschen.
Niflheim ist die unterste der neun Welten. Hier löst der Drache Niddhögg die Seelen der Verstorbenen von ihrem vorherigen Leben samt dem Körper. Wenn dieser Prozess abgeschlossen ist, wandelt die Seele weiter nach Helheim. Da sie einiges an Orlög und Wyrd mitbringt, sind ihre Schwingen »blutig«, das bedeutet, sie sind mit Teilen der Lebensessenz der verflossenen Leben behaftet. In Helheim bereitet sich die Seele darauf vor, wieder zu inkarnieren.

Als Einzelwurf

Ein Mensch in deiner Nähe, der dir positiv gesonnen ist. Gute Kommunikation, gutes Miteinander.

Gestürzt: Unfrieden, Streit, der in erster Linie über die Sprache ausgetragen wird. Missverständnisse. Unmenschlichkeit.

Bedeutung im Nornenwurf

Urd: Gute zwischenmenschliche Kontakte. Wie du anderen Menschen zugewandt bist, spiegeln sie dir in ihrem Verhalten dir gegenüber.
Gestürzt: Abwehr, Gefühl von Gezwungenheit, Ausweglosigkeit

Werdandi: Prüfe deine Grenzen und suche liebevollen Austausch.
Gestürzt: Du hast dich überrennen lassen, wirst vereinnahmt.

Skuld: Austausch, All-Eins-Sein, Miteinander in Freude
Gestürzt: Feindschaft, Ränkespiele, Bitterkeit hindert den Wandel, du gibst anderen die Schuld an deinem Elend und machst dich zum Opfer.

Bedeutung im Weltenwurf

Midgard – Was jetzt ist: Miteinander, Freundlichkeit, Kommunikation. Hilfreiche Freude.

Gestürzt: Einsamkeit. Jemand hat Geheimnisse vor dir, oder du hast ein Geheimnis, das dich erdrückt.

Lysalfheim – Gefühle: Emotionaler Austausch und friedvolles und kreatives Miteinander. Du kannst deine Gefühle gut aussprechen.

Gestürzt: Du hast das Gefühl, keiner versteht dich. Deine Gefühle sind dir fremd und vielleicht sogar unheimlich.

Wanaheim – Verstand: Klares Denken, das alle Eventualitäten einbezieht. Du sieht die Sache klar und eindeutig vor dir.

Gestürzt: Dein Denken ist wirr und ungerichtet. Fälle jetzt keine Entscheidungen oder plane weitreichende Schritte.

Asgard – Was hilft mir weiter? Sprich mit Menschen, die etwas von deiner Angelegenheit verstehen. Teile deine Gedanken und Überlegungen mit hilfreichen Personen.

Gestürzt: Schweige. Lasse nichts über deine Pläne und Absichten, deine Gedanken und Gefühle verlauten. Zu einem späteren Zeitpunkt ist dies sehr wahrscheinlich angemessener.

Niflheim – Was hindert mich? Zu viel Gerede, zu viele Kopfgeburten. Kaum eine Wahrnehmung für deine Intuition. Du willst alles vom Verstand her entscheiden und verstehen. – Fehlanzeige!

Gestürzt: Dein Schweigen hindert dich, weiterzukommen. Dir werden eventuell Informationen vorenthalten.

Helheim – Was ruhen soll: Sprich jetzt nicht über deine Projekte. Schweige und lausche der Stimme tief in deinem Inneren.

Gestürzt: Hier soll das Schweigen ruhen. Höre auf damit, dich vor anderen zu verstecken und sprich über deine Gedanken und Gefühle.

Jötunheim – Woran soll ich mich erinnern? Erinnere dich an die Schärfe deines Verstandes und die Kraft der Worte.

Gestürzt: Erinnere dich an die Kraft des Schweigens. Höre auf zu plappern.

Swartalfheim – Was jetzt zu tun ist: Nutze deinen Verstand und deine Verbindungen, dein »Vitamin B«.

Gestürzt: Bleibe für dich. Schweige. Beobachte.

Muspelheim – Was wird aus der Situation? Ein guter Ausgang, frohe Zeiten, gutes Miteinander. Gelingen in Freude.

Gestürzt: Du erreichst deine Ziele nicht. Wichtige Informationen fehlen dir. Keiner will Kontakt zu dir. Schlechter Ausgang.

EWAZ

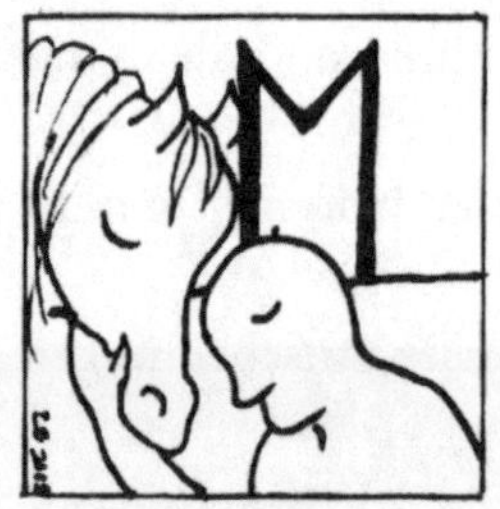

Die Reise

Ich spüre plötzlich, dass ich reite, auf einem braunen Pferd. Wir überqueren eine weite Ebene, bis wir an den Eingang zu einer Schlucht kommen. Eine furchterregende Pferdegöttin (Epona?) steht davor. Ich soll mich vorstellen, sagen, was ich will und so weiter. Ich weiß aber nichts zu sagen. Da legt das Pferd, auf dem ich geritten bin, von hinten seinen Kopf über meine Schulter. Die Göttin sagt: »Wenn dies Pferd für dich gutsagt, lasse ich dich durch.«

Dem braunen Pferd fällt es leicht, für mich zu sprechen. Es bürgt für mich.

Wir reiten hinein in die Schlucht; es ist dunkel und beängstigend. Aber ich vertraue dem Pferd. Wir passieren Hwegelmir, schäumend und brüllend, groß. Dies ist die Unterwelt. Aber wir verweilen nicht. Ein langer, schneller Ritt an einem Strand entlang landeinwärts. Wir kommen an einen heiligen Hain mit weißen Hengsten und einer weißen Stute. Sie ist göttlich. Weißgekleidete Frauen sorgen für die Pferde.

Ich bin tief ergriffen und knie nieder, mit dem Gesicht zum Boden. Die Stute kommt und gibt mir ihren Segen, indem sie an meinem Nacken schnobert. Dann frisst sie mich. Ich werde in ihrem Bauch ordentlich durchgeschüttelt, sie rennt eine Strecke.

Sie sagt: »Du bekommst den Geruchssinn eines Pferdes.

Du bekommst das Gehör eines Pferdes.«

Dann hält sie an und scheißt mich aus. Beschmiert mit Pferdescheiße sitze ich im Gras und freue mich.

Kraftgedanken

Ich entscheide mich, jetzt und hier frei zu sein und frei zu handeln.
Ewaz-Runenkraft in mir und um mich Treue schafft.

Weihehandlung

Schamanisches Reisen

Das Reisen in geistige Welten ist eine uralte Technik, die rund um den Erdball ausgeübt wird. Mit Sicherheit sind auch unsere germanischen Vorfahren auf Trancereise gegangen. Durch eine Trancereise kannst du

- dein Krafttier finden
- Antworten auf Fragen erhalten
- Informationen über Runen oder anderes bekommen
- Heilung erlangen und geben
- Seelenanteile zurückholen
- mit Tieren, Geistern und vielem anderen kommunizieren.

Jeder Mensch kann Trancereisen unternehmen, aber nicht jeder ist deswegen gleich ein Schamane. Ein Schamane wird von den Geistern und Göttern selbst gewählt und ausgebildet. Natürlich kann man in Seminaren die Techniken lernen, aber das macht noch keinen Schamanen aus dir. Dennoch kannst du auf Reisen gehen und wertvolle Informationen und Erfahrungen für dein Leben gewinnen.

Die Trancereise kann durch Trommeln, Tanzen, Schütteln, Singen oder Rasseln eingeleitet werden. Meist trommelt der Schamane nicht für sich selbst, sondern hat einen Helfer, der die Trommel schlägt. Übrigens ist das Headbanging, eine Tanzform der Metal-Szene, auch eine tranceinduzierende Methode, die Jahrtausende alt ist. Ebenso wie das Stroboskoplicht in einer Disco Trance einleiten kann.

Der Ablauf einer Trancereise ist immer gleich. Es ist auch zu deinem eigenen Schutz wichtig, ihn einzuhalten. Meine Reiselehrerin, Nana Nauwald, sagte bei der Einführung ins Reisen: »Das ist eine Sache auf Leben und Tod, und wer dafür nicht bereit ist, sollte jetzt gehen.« Meine eigenen Erlebnisse in der Anderswelt haben dies bestätigt. Trancereisen ist keine neue Methode für gelangweilte Eso-Hopper, sondern eine gefahrvolle Kontaktaufnahme mit den nicht-sichtbaren Welten *und* deren Bewohnern, die nicht immer freundlich, manchmal auch gefährlich sind. Gute Bücher zum Thema sind zum Beispiel von Nana Nauwald oder Axel Brück.

Hier nun die Anleitung zum Reisen:

- Räuchern
- Anrufung der Geister und Götter, die dir helfen sollen und dich beschützen
- Trommelmusik hören
- Augen schließen, gerade sitzen
- auf die Reise gehen
- nach dem Ende der Reise den Helfern – in dieser und der anderen Welt – danken
- aufschreiben, was du erlebt hast.

Die Lehre vom Weltenbaum gibt uns Hinweise, wie die anderen Welten beschaffen sind.

Für deine erste Reise schließe dich am besten einer Gruppe an, die von einer/einem kompetenten Schamanin/Schamanen geleitet wird. Wenn du oft reist, entwickelst du sowieso deine eigenen trance-induzierenden Methoden, deine eigenen Anrufungen und Vorgehensweisen.

Schritt auf dem Einweihungsweg

Bestimme dein neues Selbst. Was für ein Mensch willst du sein? Das Alte ist abgestreift, welche neuen Erfahrungen, Eigenschaften und Besitztümer möchtest du in dein Leben einladen?

Schaffe dir dazu ein schönes, großformatiges Buch an. Durchstöbere Zeitschriften und ähnliches und schneide alles aus, was dir verlockend erscheint. Wähle Bilder, die dein Herz erfreuen und erheben.

Dann legst du in diesem Buch eine Collage an von allem, was du sein oder auch besitzen möchtest. Vielleicht findest du auch Bilder, die die Charaktereigenschaften und Fähigkeiten symbolisieren, die du annehmen möchtest. Mache daraus schöne Bilder, die du gerne anschaust.

Falls es keine Bilder der Charaktereigenschaften gibt, die du stärken möchtest, schreibe sie auf. Das können Mut, große magische Fähigkeiten, Integrität oder was auch immer sein. Auch Erfolg, eine glückliche Partnerschaft, Gesundheit und treue Freunde können dazugehören.

Wenn du dein Buch mit Bildern und Worten erstellt hast, darf es natürlich mit dir gemeinsam immer weiter wachsen. Es ist nur für dich, lasse niemand anderen in deinem Buch lesen. Schaue dir dieses Buch jeden Abend vor dem Einschlafen an. Dabei lasse ausschließlich positive, freudvolle und liebevolle Gefühle in dir entstehen.

Tagsüber erfreue dich an der Gewissheit, dass du all dies *bist* und *hast*, was du in deinem »Buch meines Lebens« niedergelegt hast. – Es ist dir vielleicht in der Zeit noch ein wenig voraus, aber du hast es bereits und bist es bereits. Lasse dich *niemals* auf Gefühle des Mangels oder Nicht-Habens ein.

Runenrat

Lerne Lauschen! Nur wer wirklich zuhört, kann auch wirklich antworten.

Weitere Namen: Eh, Ehe, Ehu, Eoh, Egeis, Ior

Buchstabe: E

Pflanzen: Johanniskraut, Dill

Gottheiten: Epona, alle Pferde, bes. Sleipnir

Steine: Sodalith, Cynta

Tiere: Pferd, Ameise

Körperteil: alle Gelenke

Galdr: Der Runenname in all seinen Varianten oder auch nur der Anlaut E

Im Jahreslauf: Neumond, Anfang März

Stichworte: Kommunikation Teamwork • schamanisches Reisen • klare Sprache • sich ausdrücken können • gutes Zuhören

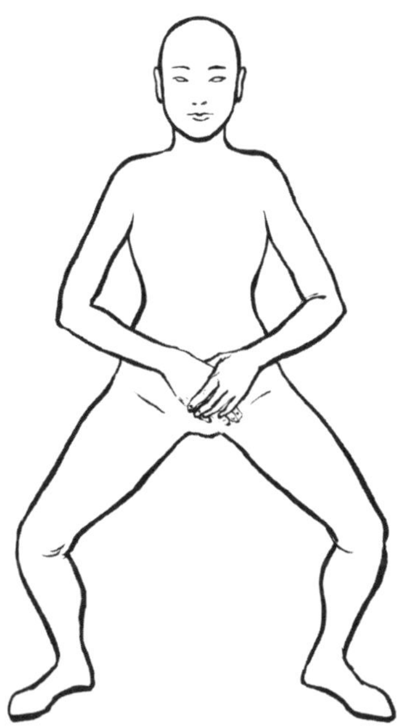

Stadha

Zu dieser Rune passt die Reiterhaltung. Du gehst mit gespreizten Beinen leicht in die Knie, als würdest du auf einem Pferd sitzen. Die Hände hälst du vor dem Bauch einander zugekehrt, sich aber nicht berührend.

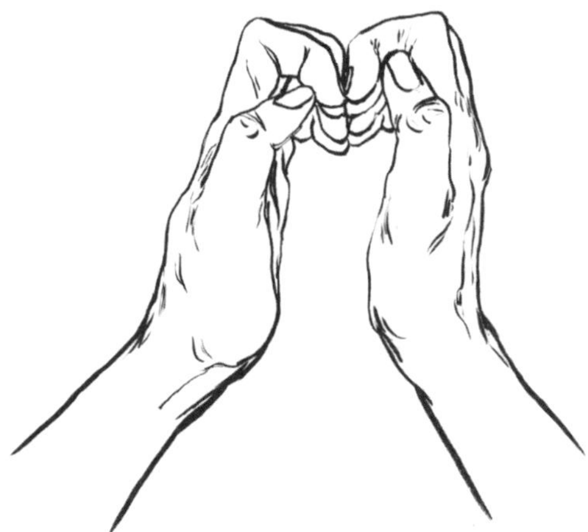

Höndstadha

Für das Höndstadha legst du die untersten Glieder deiner Finger so zusammen dass sie sich mit den Nägeln berühren. Die mittleren Gelenke werden abgeknickt, die Daumen angelegt.

Eine Ewaz-Geste ist es, einander zur Begrüßung oder Bekräftigung die Hände zu schütteln. Früher galt das Händeschütteln zum Beispiel beim Pferdekauf als verbindlicher Vertrag.

Mythologischer Bezug

Wafthrudnir:
Sage denn, so du von der Flur versuchen willst,
Gangradr, dein Glück,
Wie heißt der Hengst, der herzieht den Tag
Über der Menschen Menge?

Gangradr:
Skinfaxi heißt er, der den schimmernden Tag zieht
Über der Menschen Menge.
Für der Füllen bestes gilt es den Völkern,
Stets glänzt die Mähne der Mähre.

Wafthrudnir:
Sage denn, so du von der Flur versuchen willst,
Gangradr, dein Glück,
Den Namen des Rosses, das die Nacht bringt von Osten
Den waltenden Wesen?

Gangradr:
Hrimfaxi heißt es, das die Nacht herzieht
Den waltenden Wesen.
Mehltau fällt ihm am Morgen vom Gebiss
Und füllt mit Tau die Täler.

Vafthrûdhnismâl, 11 – 14, Übersetzung von Karl Simrock

In der Edda werden sechs Pferde mit Namen genannt, darunter natürlich Sleipnir. Er ist Odins achtbeiniges Pferd. Auch in anderen schamanischen Überlieferungen ist von achtbeinigen Pferden die Rede, beispielsweise in Sibirien. Arwaker und Alswidr ziehen den Sonnenwagen. Ihre Namen bedeuten »Frühwach« und »Schnellgeher«. Der Wagen der Nacht wird von Hrimfaxi (Frostmähne) gezogen, aus seiner Mähne tropfen Tau und Reif zur Erde. Skinfaxi (Leuchtmähne) zieht den Wagen des Tages über das Firmament. Gulltoppr, also Goldzopf, heißt Heimdalls Pferd.

Heilung

Fördert die Beweglichkeit, stärkt und schützt die Gelenke.

Magische Anwendung

Sie stellt Verbindungen zwischen Menschen, Tieren und anderen Wesen her und kann diese auch auflösen. Sie unterstützt eine dynamische, sich immer wieder neu anpassende Harmonie in Beziehungen und fördert die Kommunikation. Außerdem unterstützt sie die Sprachgewandtheit und den sprachlichen Ausdruck. In der Berufswelt unterstützt sie Teamwork und hilft dir, dich im Kollegenkreis besser einzubringen.

Ewaz ist eine der Reiserunen für das schamanische Reisen und kann auch ein Führer durch die Anderswelt sein.

Allgemeine Bemerkungen

Tacitus sagte von den germanischen Stämmen und ihrer Beziehung zu Pferden: »Sich selbst halten sie (die Priester) nämlich nur für Diener der Götter, die Pferde hingegen für deren Vertraute.«

Das Schnauben und Schnobern der heiligen Pferde wurde von den Priesterinnen gedeutet, ebenso ein Lauf des Tieres durch eine Doppelreihe Lanzen. Wenn alle Lanzen stehen blieben, bedeutete das den Sieg. Riss das Tier eine oder mehrere um, war die Schlacht verloren.

Das Wort Ehe wurde erst um das Jahr 1000 als Bezeichnung eines monogamen Lebensbundes zwischen Mann und Frau herausgebildet. Vorher stand Ehe als Synonym für Recht und Gesetz. Und so gibt es ja auch zwischen Reiter und Pferd gewisse Gesetze des Handelns, ohne die die Zusammenarbeit der beiden nicht möglich wäre.

Die Form der Rune geht möglicherweise auf das wichtigste Jagdtier der Eiszeit zurück: das Przewalski-Pferd (Equus przewalskij), das es heute nur noch in Tierparks gibt. Es ist ein mittelgroßes Steppenpferd mit einer dichten Stehmähne. Das Fell ist hellbraun, die Bauchpartie aber heller, so dass sich ein auffallendes ᛖ-Zeichen bildet. Dieses ᛖ ist auch in vielen Höhlenzeichnungen wiedergegeben.

Aus dem Sigdrifumal

Auf Sleipnirs Zähnen,

Sleipnir ist Odins achtbeiniges Pferd. Die Rune ist Ewaz. Ewaz bedeutet Pferd, und das Pferd ist es auch, das uns – unter anderem –zwischen den Welten hin- und herträgt. Manchmal wird auch die Schamanin/der Schamane, der/die einen Gott invoziert, als »Pferd« des Gottes bezeichnet, als Träger des Gottes in dieser Welt. Der Pfad führt von Asgard nach Wanaheim, ist also eine Verbindung zwischen den beiden Göttergeschlechtern.

Als Einzelwurf

Kommunikation ist jetzt wichtig. Höre zunächst einmal zu, ohne etwas zu bewerten oder zu antworten. Dann lausche in dich hinein. Dann erst antworte.

Das gilt auch im Umgang mit dir selbst: Höre dir selbst zu, ohne zu werten oder etwas abzuwürgen.

Gestürzt: Wichtige Informationen dringen nicht zu dir durch. Einerseits, weil du sie vielleicht gar nicht wahrnehmen willst, andererseits, weil andere etwas vor dir verheimlichen wollen. Seltener geht es um etwas, was du oder die andere Person nicht ausdrücken *können*, weil die Worte fehlen.

Bedeutung im Nornenwurf

Urd: Du stellst Kontakte her, ganz gleich auf welcher Ebene. Verbindungen zu Menschen oder anderen Wesenheiten werden geschaffen.

Gestürzt: Du hast keinen wirklichen Kontakt zu dir selbst oder anderen, bist dir selbst entfremdet. Darum kannst du deine Umgebung oder deine Entscheidungen nicht richtig einschätzen. Beschließe im Moment nichts Wichtiges, komme erst einmal zu dir zurück.

Werdandi: Knüpfe Verbindungen, lasse neue Menschen und Informationen in dein Leben. Vernetze dich und dein Wissen.

Gestürzt: Alle Verbindungen, alle Kontakte, die du knüpfen willst, zerrinnen wie Sand in deinen Händen. Komme bei dir an, in deiner Mitte, nichts im Außen wird dir jetzt helfen.

Skuld: Du bist eingebettet in einen Freundeskreis, eine Familie, eine Partnerschaft oder ähnliches, der/die dich trägt und nährt.

Gestürzt: Du hast auf das falsche Pferd gesetzt. Scheitern. In Trotz und Bockigkeit verschließt du dich vor notwendigen Veränderungen oder Kontakten.

Bedeutung im Weltenwurf

Midgard – Was jetzt ist: In Bewegung sein, den Pfaden des Lebens folgen. Gute Gespräche und Kommunikation auf jeder Ebene.

Gestürzt: Zuviel Gerede, zu viele Meinungen, zu viel Unruhe. Du bist im Außen so sehr beschäftigt, dass du deine Innenwelt nicht mehr wahrnimmst.

Lysalfheim – Gefühle: Traue deinem Gefühl, es ist goldrichtig.

Gestürzt: Deine Gefühle sind unklar, du hast Mühe zu begreifen, was in dir vorgeht. Du kannst dich auf deine Gefühle nicht verlassen.

Wanaheim – Verstand: Dein Verstand ist sehr klar, und du ziehst die richtigen Schlüsse, auch wenn sie dir vielleicht nicht gefallen.

Gestürzt: Dein Verstand narrt dich mit krausen Gedanken und falschen Schlussfolgerungen.

Asgard – Was hilft mir weiter? Darüber sprechen, aber vor allem: Lauschen und gut zuhören. Öffne dich für die Hinweise, die auf jeder möglichen Ebene zu dir kommen können.

Gestürzt: Es hilft dir jetzt, zu schweigen und in dich zu gehen.

Niflheim – Was hindert mich? Du nimmst durch Hören, Sehen und deine feinstoffliche Wahrnehmung zu viel auf. Grenze dich mehr ab.

Gestürzt: Lass nichts zu dir durchdringen, beziehe dich auf dich selbst und lasse die Welt in all ihren Erscheinungsformen vor der Tür.

Helheim – Was ruhen soll: Gib dein Wissen gerade jetzt nicht weiter. Lasse alle Bemühungen um Verbindung oder Vernetzung ruhen.

Gestürzt: Lass alle Trancereisen ruhen.

Jötunheim – Woran soll ich mich erinnern? Erinnere dich an die Macht der Worte und die Kraft eines guten Gesprächs.

Gestürzt: Denke daran, dass ein falsches Wort zur falschen Zeit nichts als Ärger und Schwierigkeiten bringt. Einfach mal den Schnabel halten!

Swartalfheim – Was jetzt zu tun ist: Strecke deine Fühler aus in alle Richtungen, auch in die anderen Welten.

Gestürzt: Tue nichts und bleibe still.

Muspelheim – Was wird aus der Situation? Harmonie und Freude. Gutes Miteinander.

Gestürzt: Durcheinander aufgrund unklarer Kommunikation. Verwirrung, Stress, Misserfolg.

BERKANA

Die Reise

Sleipnir holt mich ab. Ich freue mich sehr, ihn zu sehen, er war lange nicht da. Wir reiten los, die Milchstraße entlang, und ich denke: »Da wird es heute nichts mit Berkana, macht aber nichts, ist doch so auch schön!«

Da schüttelt Sleipnir sich, und ich falle tief hinab. Aber ich habe gar keine Angst, auch das macht Spaß, und es ist auch eher ein Schweben als Stürzen.

Weiche, runde Arme fangen mich auf, und ich kuschele mich so richtig glücklich hinein. So liege ich lange einfach glücklich und geborgen, warm und weich. Dann schaue ich auf, und über mir ist ein grünes Frauengesicht, sehr warm und liebevoll. Die Arme, die mich halten, sind ebenfalls grün, wie Zweige einer Birke.

Dann erfahre ich vieles über die Rune Berkana. Sie hilft bei allen Frauenkrankheiten, besonders, wenn es um Gebärmutter und Brust geht. Beifuß, Mädesüß, Baldrian, Frauenmantel und Fliegenpilz gehören zu ihr.

Sie hilft, schwanger zu werden, und stärkt kränkelnde Kinder.

Ganz sanft schwebe ich dann herunter auf die Wiese vor dem Weltenbaum, wo so vieles seinen Ursprung nimmt. Die Arme verschwinden dabei langsam, je tiefer ich sinke.

Als ich vor dem Weltenbaum stehe, sehe ich zum ersten Mal, dass er nicht ein Baum ist, sondern neun. Birke und Eibe kann ich erkennen, die Namen der anderen erfahre ich vielleicht noch ein andermal.

Dann kommt Sleipnir, um sich von mir zu verabschieden. Er schnobert mit seinem grauen Maul an meine Ohren und flüstert: »Hab Vertrauen, alles wird dir geschenkt.«

Kraftgedanken

Ich bekomme stets alles, was ich für mein Wohlergehen und mein Voranschreiten brauche.
Ich bin genährt mit allem, was ich brauche.
Erdmutter gib mir alles, was ich brauche, um mich zu entfalten.
Berkana-Runenkraft mir Nahrung schafft.

Weihehandlung

Nahrungszubereitung

Das Zubereiten von Nahrung ist in unserer Gesellschaft zu einer nötigen, aber nervenden Tätigkeit verkommen. Alles soll schnell gehen, wir werden mit Geschmacksverstärkern, Farbstoffen und sonstigen Zusatzstoffen überschüttet. Salate und zubereitetes Obst gibt es fertig in den Kühltheken zu kaufen.

Dennoch ist das Kochen eine heilige Handlung. Die Geschenke der Göttin werden mit Liebe zubereitet und mit Liebe geteilt. Für jemanden zu kochen, bedeutet, sie oder ihn an der eigenen Fülle teilhaben zu lassen. Die Köchin schenkt ihre Aufmerksamkeit und Zeit, um die anderen zu nähren. Wer kocht, bestimmt, wie gesund das Essen ist, das auf den Tisch kommt.

Beginne damit, alle negativen Gedanken vom Herd und der Essenszubereitung allgemein zu verbannen, ganz gleich, ob du dir »nur« ein Brot schmierst oder ein Fünf-Gänge-Menu kochst.

Bereite mindestens einmal am Tag eine Mahlzeit oder einen Imbiss mit Achtsamkeit zu und iss, was immer es ist, ganz bewusst. Gib in jedes Essen bewusst deine Liebe und deinen Segen, auch wenn es eine Fertigpizza oder ein Hamburger ist. Betrachte das Zubereiten von Essen mehr und mehr als eine heilige Handlung (was es ja auch ist) und weihe und segne jede Speise.

Mache das Kochen zu einer täglichen Weihehandlung.

Schritt auf dem Einweihungsweg

Nähre dich selbst energetisch. Dazu möchte ich dir die japanische Methode Jin Shin Yjutsu empfehlen. Diese einfache Übung heißt das »Harmonisieren des Hauptenergiestroms«. Wenn du sie täglich ausführst, kannst du einen deutlichen Zuwachs an Energie und Lebenskraft feststellen. Möglicherweise verschwinden sogar einige Symptome, die dir zur Last fallen. Auch wenn es dir nur hin und wieder gelingt, diese Abfolge einzuhalten, ist das schon ein Schritt in die richtige Richtung.

- Lege deine rechte Hand auf deinen Kopf
- Lege deine linke Hand auf deine Stirn. Lasse die linke Hand dort, bis du ein deutliches Pochen oder Ähnliches fühlst. Wenn es angenehm ist, auch länger.
- Wechsele mit der linken Hand (mit den Fingerspitzen) zur Nasenspitze. Lasse die linke Hand dort, bis es sich gut anfühlt oder länger.
- Lege die linke Hand auf dein Herz und lasse sie dort, bis es sich gut anfühlt oder länger.
- Lege die linke Hand auf deinen Solarplexus und lasse sie dort, bis es sich gut anfühlt oder auch länger.
- Lege die rechte Hand auf dein Steißbein.
- Lege die linke Hand auf deinen Bauch und lasse sie dort, bis es sich gut anfühlt oder auch länger.

Nebenströme

- Rechte Hand auf rechte Schulter, linke Hand auf die linke Pofalte, also dort, wo der Po in den Oberschenkel übergeht.
- Rechte Hand auf linke Schulter, linke Hand auf linke Leistenbeuge.
- Linke Hand auf rechte Schulter, rechte Hand auf rechte Pofalte.
- Linke Hand auf rechte Schulter, rechte Hand auf rechte Leistenbeuge.

Vermittlerströme

- Rechte Hand auf linke Schulter, Daumenspitze ringförmig auf Ringfingernagel, Knie zusammen
- Linke Hand auf rechte Schulter, Daumenspitze ringförmig auf Ringfingernagel, Knie zusammen

Die zweite Art, dich zu nähren, besteht in einem »Buch des Lobes« oder wie immer du es nennen magst. Da schreibst du alles hinein, was du an dir magst, was du gut kannst oder was du an dir schön findest. Beachte auch die Kleinigkeiten, wie zum Beispiel: »Ich kann gut Kuchen backen« oder »Ich habe schöne Augen«. Übergehe nichts. Versuche täglich, mindestens vier Dinge in dieses Buch zu schreiben.

Runenrat

Lasse dich von der Erdmutter, der Birkenmutter wiegen und kosen und nimm ihre guten Gaben dankbar und freudvoll an. Du hast alles Gute verdient, das jetzt zu dir kommt oder das du dir geschaffen hast.

Weitere Namen: Beorc, Bjarkan, Bercha, Berkano

Buchstabe: B

Pflanzen: Birke, Beifuß, Mädesüß, Frauenmantel, Baldrian, Fliegenpilz, Birkenporling

Gottheiten: Jörd, Berchta, Percht

Steine: Rosenquarz, Malachit

Tiere: Bär, Biene

Körperteil: alle weiblichen Organe

Galdr: Der Runenname in all seinen Varianten oder auch nur der Anlaut B

Im Jahreslauf: Vollmond, Frühlingsgleiche

Stichworte: Nähren, genährt werden • Schutz, besonders für kleine Kinder und werdende Mütter • Erdung • Fruchtbarkeit in allen Bereichen

Mythologischer Bezug

> Der Hohe antwortete: »Zunächst begann der Reif zu tauen, und daraus kam die Kuh hervor, die Audhumla hieß. Vier Milchströme flossen aus ihrem Euter, damit nährte sie Ymir.«
>
> Gylfaginning 8, übersetzt von Arnulf Krause

Das Urbild des Nährens ist die mystische Kuh Audhumla. Dadurch, dass sie Ymir nährte, konnte später aus seinem Körper die Welt von den Göttern gemacht werden.

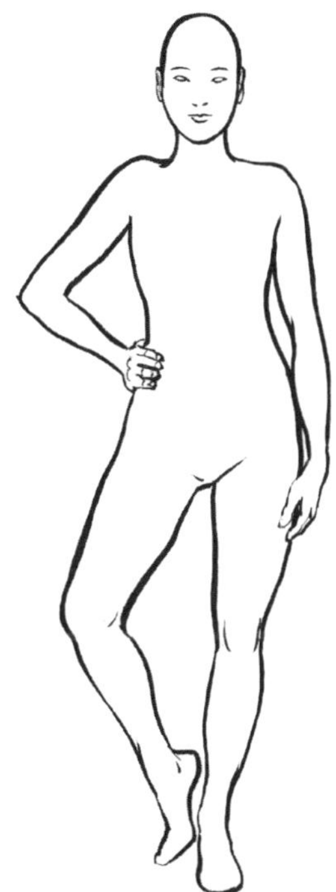

Stadha

Für das Stadha stützt du eine Hand in der Hüfte ab und stellst einen Fuß an den anderen an.
Du kannst den angewinkelten Fuß auch in die Kniekehle stemmen.

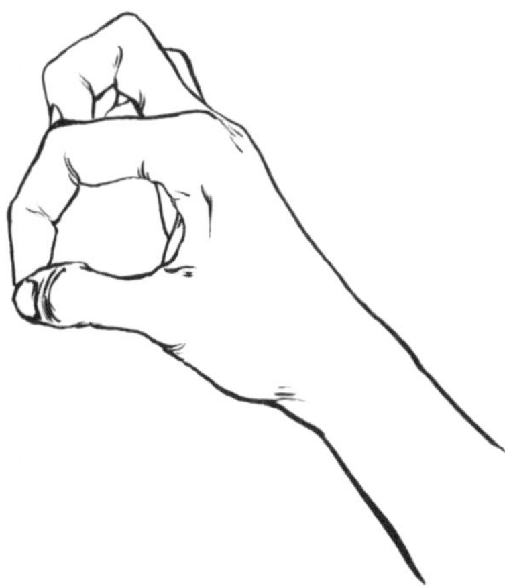

Höndstadha

Daumen und Zeigefinger bilden einen Ring. Der Mittelfinger bildet einen Ring, der über den ersten »Fingerring« gehalten wird.

Heilung

Steigert die körperliche Standfestigkeit, indem sie alle Körper nährt. Berkana stärkt Knochen und Muskeln und fördert Beharrungsvermögen und Widerstandskraft. Sie erdet und hilft, richtig stehen zu lernen. Alle Frauenkrankheiten, Brustentzündung, Gebärmutter und so weiter. Sie stärkt kränkliche Kinder und hilft, eine Schwangerschaft herbeizuführen. Basishvel, alle weiblichen Organe, die Brust.

Magische Anwendung

Sie schafft Kontakt zu Mutter Erde. Schutz und Fruchtbarkeit. Fördert das Gefühl des Genährtwerdens und das gemächliche Wachstum von Wohlstand und Sicherheit.

Im Volksglauben heißt es, dass es Glück bringt, wenn man unter einer Birke einen Wunsch ausspricht und dabei die Finger kreuzt, damit der Wunsch in Erfüllung geht.

Allgemeine Bemerkungen

Ihre Bedeutung ist Birkenreis, Birke. In den verschiedenen alten Sprachen lässt sich der Name auf ein Verb zurückführen, das »schützen«, »bergen« bedeutet. Berkana ist die Rune der Mütterlichkeit, des Nährens und Genährtwerdens. Sie steht für Fruchtbarkeit, Erdung und Schutz und bietet Geborgenheit in der Gebärmutter der Erdmutter. Das passive Empfangende und die erhaltende, schützende Macht sind hier stark und fest. Berkana hat eine sehr sanfte, aber starke, machtvolle Energie. Für Säuglinge und Kleinkinder ist sie eine besonders wirksame Schutzrune.

Dennoch steht sie auch mit den Berserkern in Verbindung. Das waren Krieger, die sich dem Bärengeist verschrieben hatten und von ihm »geritten« wurden. In der Schlacht galten sie als beinahe unbesiegbar und unverwundbar.

Die Birke wurde schon verehrt, bevor Bäume wie Eiche, Linde oder Esche heilig waren. In den USA wurde ein versteinertes Birkenblatt gefunden, das 48,5 Millionen Jahre alt ist. Es gibt etwa einhundert Birkenarten, die in der gesamten nördlichen Hemisphäre gedeihen, vom Nordiran über Sibirien bis hin nach Japan.

Die Birke ist vielseitig verwendbar: Ihr Bast kann zu einer Faser gedreht werden, aus ihrer Borke lassen sich Gefäße herstellen, ihre Blätter sind heilkräftig bei Blasen- und Nierenerkrankung, und ihr im Frühling gewonnener Saft stärkt und wirkt Haarausfall entgegen. Zudem wächst auf totem Birkenholz der Birkenporling, der bei allen Arten von Magenproblemen hilfreich ist und antiseptisch wirkt.

Übrigens trug Ötzi ein Gefäß aus Birkenrinde bei sich, um Glut zu transportieren, und Ringe des Birkenporlings um den Hals.

Aus dem Sigdrifumal

Auf des Bären Tatze

Berkana ist die Rune der Bärin. Der Bär/die Bärin genoss in der Frühzeit des Menschen eine ganz besondere Verehrung. Darauf deuten die Funde von Bärenschädeln in verschiedenen Höhlen. In Berkana steckt die Bärin, die Ge*bär*mutter. Die Gebärmutter der Erde ist natürlich eine Höhle. Ihr Pfad führt von Wanaheim nach Midgard. Wanaheim ist das Heim der nährenden Fruchtbarkeitsgötter. Ihr Segen lässt die Menschen in Midgard reiche Ernten einbringen.

Als Einzelwurf

Der Boden ist bereitet, die Zeichen deuten auf gutes Gelingen. Es ist eine gute Zeit, schwanger zu werden. Falls du das nicht möchtest, ganz gleich, ob als Mutter oder Vater, solltest du erhöhte Vorsicht walten lassen. Beruflich hast du eine gute Basis geschaffen, von der aus du erfolgreich weiterarbeiten kannst. Du strotzt vor Gesundheit.

Gestürzt: Dein Vorhaben hat keine Grundlagen, keine Wurzel. Erst einmal musst du die richtigen Voraussetzungen herausfinden und diese Grundlagen dann schaffen. Im Beruf steht eine Weiterbildung an. Aber auch: Du wirst ausgebeutet.

Überprüfe deine Ernährung. Isst du vieles, das dir nicht guttut? Fehlen Vitamine, Ballaststoffe oder andere wichtige Elemente in deiner täglichen Nahrung? Du treibst Raubbau mit deiner Gesundheit.

Auf der Partnerebene zeigt diese Rune gewendet Unehrlichkeit und Heimlichkeiten. Möglicherweise hat dein/e Partner/in eine Liebschaft.

Bedeutung im Nornenwurf

Urd: Alles, was unter dieser Rune beginnt, ist gut geerdet und hat einige Aussicht auf Erfolg. Lasse es zu, dass die guten Dinge auf ihrem gut vorbereiteten Boden gedeihen können, und nimm dieses Gedeihen auch an. Mutter Erde ist mit dir und gibt dir ihre Kraft. Auch deine Ahninnen stärken dir den Rücken. In einer Beziehungsfrage kann Berkana auch für ein Kind stehen, ansonsten ist es eine Beziehung, in der beide den anderen nähren können. Beruflich hast du einen sicheren Stand, wenn diese Rune an erster Stelle liegt.

Gestürzt: Du hast zugemacht und bist in keiner Weise empfangsbereit. Erde und öffne dich für Erdmutter, bevor du weitere Schritte unternimmst. Beginne jetzt nichts Neues. In deinen zwischenmenschlichen Beziehungen zeigt diese Rune an dieser Stelle, dass du auf dich selbst gestellt bist und niemanden an deiner Seite hast. Alles scheint viel schwieriger zu sein, als es objektiv ist, denn du nimmst es schwer. Möglicherweise ist deine Mutter schon gestorben und du leidest im Moment stark unter diesem Verlust und fühlst dich »mutterseelenallein«. In Bezug auf deine Gesundheit kann diese Rune bedeuten, dass du Raubbau mit dir selbst treibst, möglicherweise auch zu Tabletten oder Alkohol greifst.

Werdandi: Es ist jetzt wichtig, dich zu nähren und dich nähren zu lassen. Du bist körperlich oder seelisch oder sogar auf beiden Ebenen vollkommen erschöpft. Eine Kur oder ein Urlaub wäre jetzt gut, gesunde Ernährung und viel Ruhe in der Natur. Die Angelegenheit oder Beziehung, nach der du fragst, kostet dich viel Kraft und kann dich an deine Belastungsgrenzen bringen. Sei sehr achtsam!!

Gestürzt: Heimlichkeiten, die ungesund sind. Vergeudete Energien. Entblößung, Schutzlosigkeit. Verrat. Körperlicher Zusammenbruch aufgrund von Raubbau an deinen Kräften. Du hast wahllos genommen, ohne zu schauen, was du bekommst.

Dreht sich deine Frage um eine/n potentielle/n oder aktuelle/n Partner/in, so ist dies wahrscheinlich ein Nehmer-Typ, der/die nichts zu geben hat, aber alles haben will und dich aussaugt.

Skuld: Ein gutes Ende, aber du brauchst Geduld. Wünsche werden erfüllt. Du bist getragen von Mutter Erde selbst. Falls du schwanger werden möchtest, ist dies eine gute Zeit dafür. Beruflich winkt mehr Freude und Befriedigung, aber auch mehr Geld oder eine einmalige finanzielle Zuwendung.

Gestürzt: Du hast alles auf eine Karte gesetzt – und verloren. Erschöpfung, Zweifel und Verzweiflung bleiben und machen dich klein und hungrig. Als Endrune im Nornenwurf ist Berkana gewendet so negativ, dass ich ganz und gar von der nachgefragten Angelegenheit abraten würde.

Bedeutung im Weltenwurf

Midgard – Was jetzt ist: Fülle, Freude und Schönheit. Genuss. Rundum Wohlbefinden.

Gestürzt: Krankheit, Mangel, Selbsthass.

Lysalfheim – Gefühle: Du hast ein starkes Vertrauen in das Leben und Mutter Erde. Wärme, Liebe, stille Freude.

Gestürzt: Innere Leere und Verzweiflung. Ein schwerer Verlust.

Wanaheim – Verstand: Weisheit und Erdverbundenheit prägen dein Denken.

Gestürzt: Zu sehr trennst du dich von allem Sinnlichen und Nährenden. Du denkst selbstzerstörerisch.

Asgard – Was hilft mir weiter? Versorge deinen Körper gut mit allem, was er braucht. Gib deiner Seele auch Nahrung in Form von Aufenthalten in der Natur – vielleicht sogar unter Birken.

Gestürzt: Verwöhne oder verzärtele dich jetzt nicht, fordere dich und verlasse deine Komfortzone.

Niflheim – Was hindert mich? Du lässt es dir zu gut gehen, machst es dir zu gemütlich.

Gestürzt: Selbstzufriedenheit und Genusssucht hindern dich an deinem wahren Sein.

Helheim – Was ruhen soll: Verwöhne dich nicht, überfüttere dich nicht. Ziehe dich nicht zurück vor den Anforderungen des Lebens.

Gestürzt: Höre auf damit, dich anzutreiben und zu Höchstleistungen anzuspornen.

Jötunheim – Woran soll ich mich erinnern? Erinnere dich an nährende Wärme deiner Mutter. Gib dir selbst diese Wärme und nähre dich gut.

Gestürzt: Besinne dich darauf, dass du Reserven hast. Manchmal ist notwendig, alles zu geben, um das gewünschte Ziel zu erreichen.

Swartalfheim – Was jetzt zu tun ist: Nähre und schütze dich und die deinen.
Gestürzt: Ruhe dich aus und sammele neue Kräfte.

Muspelheim – Was wird aus der Situation? Wohlstand, Glück, Liebe und Erfolg erwarten dich.
Gestürzt: Mangel und Schwierigkeiten. Verlorene Liebe oder Lieblosigkeiten.

TYR

Die Reise

Ich reite mit Sleipnir unter einem klaren Sternenhimmel. Der Polarstern blinkt, und ich verstehe, dass Tyr der Polarstern ist.

Ich freue mich über Sleipnir und drücke mein Gesicht an seinen Hals. Wir fliegen über die weite Ebene, bis wir an einen Fluss mit breiter Furt kommen. Auf der anderen Seite stehen dunkle Gestalten. Sie tragen Kapuzen, die ihre Gesichter verbergen, und rühren sich nicht. Eine seltsame Beklemmung ergreift von mir Besitz. Eine helle Gestalt kommt, die so stark strahlt, dass ich weder Gesicht noch genaue Körperformen erkennen kann. Die dunklen Gestalten verblassen, verfliegen, sind einfach weg, und wir überqueren den Fluss. Bilder entstehen rechts und links meines Weges, die mir zeigen, was Tyr ist: volle Verantwortung für das eigene Tun übernehmen in dem Wissen, dass nicht alles Tun erfolgreich oder richtig ist oder sein kann. Für die eigenen Fehler einstehen ohne Selbstmitleid. Treue. Die Grundfrage: Wem dienst du?

Dunkel oder Licht? Wyrd und Orlög entstehen und werden wieder gelöst.

Ich sehe, wie Tyr seine Entscheidung für das Leben aller trifft und seine Hand in den Schlund des Fenriswolfs legt. Er weiß, dass er seine Hand verlieren wird, zum Wohle von allem, was ist. Er ist sich selbst treu, allen Wesen dieser Welt und auch dem Wolf gegenüber – er lässt sich seine Hand abreißen.

Ich sehe, wie Gott Tyr ohne Klagen oder Selbstmitleid lernt, das Schwert mit links zu nutzen, den Schild mit rechts.

Wir reiten weiter, bis in der Ferne eine leuchtende Gestalt auftaucht, auf die wir zuhalten.

Als wir näherkommen, sehe ich, dass es Tyr ist, Hüter der Gerechtigkeit, Himmelsvater, Hüter des Friedens. Tyr ist der Pfeil, der Schicksal bringt. Er strahlt wie ein Stern.

Ich springe vom Pferd, er sagt: »Knie nieder, meine Tochter, und empfange meinen Segen!«

Zutiefst bewegt knie ich nieder, und er segnet mich, indem er die linke Hand auf meinen Scheitel legt. Der Segen kommt aus seiner Herzenergie. Er gibt mir die Kraft, aufrichtig zu sein, zu kämpfen, wenn es sein muss, mich auf-zu-richten.

Kraftgedanken

Mein Ziel steht mir klar vor Augen.
Ich sehe meinen Weg jetzt klar vor mir.

Weihehandlung

Deine innere Mitte finden – Gelassenheit erlangen

Diese Weihehandlung kannst du immer wieder im Alltag praktizieren. Sie ist für den täglichen Gebrauch gedacht.

Wann immer du dich angestrengt, hektisch, überfordert, wütend, weinerlich oder einfach durcheinander fühlst, tue Folgendes:

Lege deine Hände knapp unter deinen Bauchnabel. Frauen nehmen für den direkten Körperkontakt auf dem Bauch die rechte Hand, Männer die linke. Schließe deine Augen. Beobachte drei Atemzüge lang deinen Atem, aber verändere dabei nichts an deinem Atemrhythmus.

- Drei Atemzüge atmest du die Tyr-Rune durch deine Fußsohlen ein, lässt sie durch den Körper fließen und an deinem Scheitel austreten. Die Rune gleitet einmal vor deinem Körper herunter, du atmest sie wieder durch die Füße ein. Wenn Tyr diesmal am Scheitel angekommen ist, lässt du sie an deinem Rücken hinabgleiten und atmest sie durch die Füße ein. Beim nächsten Atemzug gleitet die Rune wieder vor deinem Körper hinab.
- Bleibe mit Tyr in dem Atemrhythmus wie beim vorherigen Teil der Übung. Lasse deinen Bauch los und nimm drei Atemzüge lang die Runenhaltung ein.

Diese Übung dauert insgesamt nicht einmal drei Minuten. Aber wenn du wenig Zeit hast, genügt es auch, nur einen Teil allein auszuführen. Falls du beobachtet wirst (zum Beispiel am Arbeitsplatz), brauchst du die Augen nicht unbedingt zu schließen. Dann achte darauf, dass dein Blick ins Leere geht. Praktiziere diese Übung, sooft du daran denkst. Wenn du sie vergisst – schimpfe nicht mit dir, sondern freue dich darüber, dass du gerade jetzt daran gedacht hast und sie gleich machen wirst. Lobe dich, wenn du sie ausführst. Je länger du übst, desto schneller kommst du in deine Mitte und zu innerer Gelassenheit. Zum Schluss kann es sogar so sein, dass du nur noch an Tyr zu denken brauchst, schon fühlst du dich wieder ausgewogen.

Schritt auf dem Einweihungsweg

Ziele erreichen

Werde dir zunächst klar, welche Ziele du überhaupt hast. Dabei ist es gleichgültig, ob sie materieller, emotionaler oder spiritueller Natur sind.

Wähle *ein* Ziel aus. Hast du mehrere Ziele, wirst du dich verzetteln. Nehmen wir an, dein Ziel ist es, täglich drei Liter Wasser zu trinken, weil du genau spürst, dass es dir guttut.

Du hast dein Ziel benannt. Jetzt überlegst du, ob es Mineral- oder Leitungswasser sein soll. Messe von dem Wasser drei Liter ab. Trinke das erste Glas und lobe dich, denn du bist deinem Ziel einen großen Schritt nähergekommen.

Lasse dich nicht von mangelndem Durstgefühl beeindrucken. Auch nicht von Gedanken wie: »Das schaff ich eh nicht… habs doch schon so oft versucht… ob das wohl wirklich so gut ist… immer nur Wasser…« und so weiter und so fort. Du hast dein klares Ziel: Gehe Schritt für Schritt darauf zu, ganz gleich, welche Einwände dein Verstand oder deine Mitmenschen vorbringen.

Freue dich über jedes Glas, das du trinkst und getrunken hast. Lobe dich für deinen Erfolgsweg.

Wenn du einmal dein Ziel aus den Augen verlierst oder einfach nicht daran denkst, werte es als Erfahrung, niemals als Misserfolg. Schimpfe dich nicht aus. – Denke auch hier wieder an all die getrunkenen Gläser Wasser, die dich deinem Ziel näherbringen. Und mache weiter. Halte an deinem Ziel fest!

Die meisten Ziele, die wir haben, sind weitaus komplexer. Also werden auch deine Aktivitäten komplexer sein müssen. Vielleicht musst du den Weg zu deinem Ziel in viele kleine Häppchen zerlegen, um wahrhaftig und gut anzukommen. Nimm dir Zeit, meditiere mit Tyr, aber trödele nicht. Beginne mit dem ersten Schritt.

Runenrat

Werde klar mit dir selbst. Finde deine wahren Herzenswünsche.

Weitere Namen: Tiwaz, Tiu, Teiwaz, Tir, Tewis, Ziu, Tiv

Buchstabe: T

Pflanzen: Salbei, Meerrettich

Gottheiten: Tyr

Steine: roter Jaspis, Granat, Sugilith, Rubin, Hämatit

Tiere: Wolf, Hund, Greifvögel

Körperteil: Halshvel, zentrales Nervensystem, Reflexe

Galdr: Der Runenname in all seinen Varianten oder auch nur der Anlaut T

Im Jahreslauf: Neumond, Anfang April

Stichworte: Gerechtigkeit • Zielstrebigkeit • stärkt Kampfkraft • weckt die Kraft der Kriegerin /des Kriegers in dir

Mythologischer Bezug

> Da sprach Gangleri: Groß scheint mir die Macht dieser Asen und nicht zu verwundern ist es, da so viel Gewalt euch beiwohnt, da ihr so gute Kunde habt von den Göttern und wisst, wen von ihnen man in jedem Falle anzurufen hat. Sind aber nicht noch mehr Götter? Har versetzte: Da ist noch ein Ase, der Tyr heißt. Er ist sehr kühn und muthig und herrscht über den Sieg im Kriege: darum ist es gut, daß Kriegsmänner ihn anrufen. Wer kühner ist als andere und vor nichts sich scheut, von dem sagt man sprichwörtlich, er sei tapfer wie Tyr. Er ist auch so weise, daß man von Klugen sagt, sie seien weise wie Tyr. Ein Beweis seiner

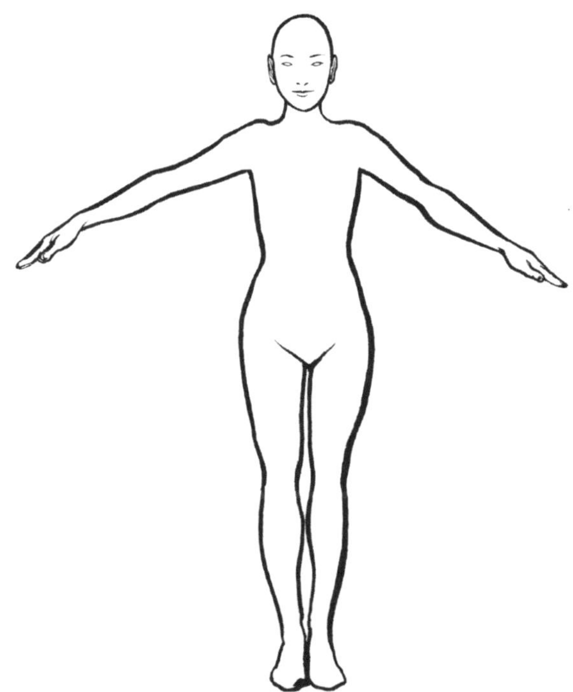

Stadha

Gerade stehen, die Arme seitlich ausstrecken wie ein Dach.
Dieses Stadha stärkt deinen Gerechtigkeitssinn und hilft, die Angst zu überwinden. Sie weckt die Kraft der Kriegerin/des Kriegers in dir. Besonders sinnvoll ist die Ausführung vor einem Kampftraining.

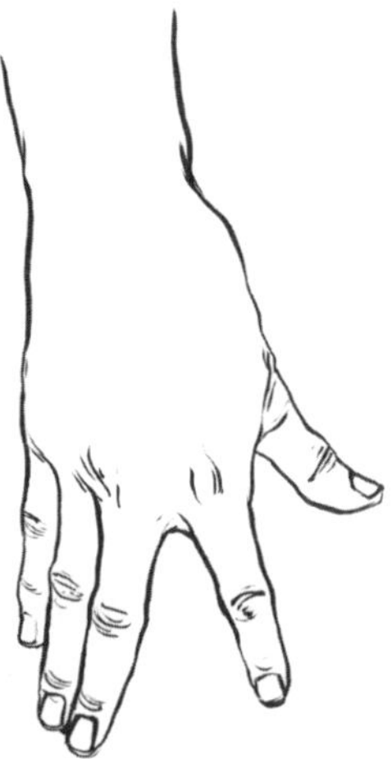

Höndstadha

Der Zeigefinger weist gestreckt nach unten. Daumen und Mittelfinger werden ebenfalls gestreckt und abgespreizt, die anderen Finger liegen neben dem Mittelfinger.

> Kühnheit ist dieß: Als die Asen den Fenriswolf überredeten, sich mit dem Bande Gleipnir binden zu lassen, traute er ihnen nicht, daß sie ihn wieder lösen würden, bis sie zum Unterpfande Tyrs Hand in seinen Mund legten. Und als die Asen ihn nicht wieder lösen wollten, biß er ihm die Hand an der Stelle ab, die nun Wolfsglied heißt. Seitdem ist Tyr einhändig, gilt aber den Menschen nicht für einen Friedensstifter.
>
> Gyfaginning 25, Übersetzung von Karl Simrock

Tyr ist kein Friedensstifter, darauf wird hier am Ende des Textes noch einmal hingewiesen. Er ist und bleibt ein Kriegergott, der seine Schutzbefohlenen vor allem vor Unheil bewahrt.

Heilung

Alle Krankheiten, die auf einem Ungleichgewicht basieren, auch Störungen des Gleichgewichtes.

Magische Anwendung

Erlangung von Zielstrebigkeit, Zielklarheit, Gerechtigkeit und Kampfkraft. Unterwegs kann man die Rune benutzen, um die richtige Richtung zu finden oder beizubehalten. Tyr ist mit dem Nordstern verbunden, so dass er in jeder Lebenslage dazu beiträgt, die ureigene Richtung, den Weg des wahren Willens und Seins zu finden.

Allgemeine Bemerkungen

So wie die Spitze des Pfeiles nach rechts und links zeigt, so hat die Tyr-Rune zwei Seiten: Den Krieger und den Söldner.

Der Krieger hat eine Ethik, es gibt Regeln im Kampf, und Nichtbeteiligte dürfen nicht angegriffen werden. Hierzu passen die Regeln des Aikido oder Karate.

Ein Söldner kämpft für jeden, der ihn bezahlt. Er nimmt sich, was er will, und handelt allein nach seinem Ermessen und seinen Gefühlen, die von Gier und Gewalttätigkeit bestimmt sein können.

So steht Tyr für die göttliche Ordnung und der Wolf für das Chaos. Tyr ist das Gesetz, Fenris die Gesetzlosigkeit. Tyr als Protagonist, Fenris als Antagonist. Man könnte sie auch »den Ordner« und »den Zerstörer« nennen.

Seit jeher symbolisiert der Wolf auch Freiheit und Wildheit; jene Freiheit und Wildheit, die der Mensch in sich zähmen muss, um in der Gemeinschaft leben zu können. Diese zwei Seiten finden sich auch in jedem von uns. Die Runenkraft unterstützt uns darin, diese beiden Anteile auseinanderzuhalten und richtig einzuordnen. Sie schafft immer wieder Balance zwischen den Kräften des Chaos und den Kräften der Ordnung.

Eine Freundin von mir lässt in ihrer Wohnung immer wieder kleine Chaos-Inseln entstehen, um seine Mächte zufriedenzustellen. Sie schwört darauf, dass das Chaos sie im großen und ganzen in Ruhe lässt, seit sie ihm einen kleinen Platz in ihrem Leben gibt.

Tyr ist auch die Rune des Lichtkriegers – desjenigen Menschen, der daran arbeitet, sein ganzes Leben auf die Energien des spirituellen Seins und der göttlichen Quelle auszurichten, ohne dabei die Bodenhaftung zu verlieren. Sie zeigt uns den Weg zu den höheren Gesetzen. Tyr sorgt für ein gutes Gerechtigkeitsgefühl und unterstützt uns, wenn wir für unsere Werte einstehen, besonders dann, wenn dies mit Liebe zu den göttlichen Energien geschieht.

Diese Rune fördert die Zielstrebigkeit und schützt vor Ungerechtigkeiten.

Aus dem Sigdrifumal

Auf den Klauen des Wolfs

Wenn es in der Edda um einen Wolf geht, ist meist der Fenriswolf gemeint. Der Fenriswolf steht für die Kräfte des verschlingenden Chaos, der Zerstörung durch Gewalt. Doch nichts kann sich entwickeln, wenn diese Kräfte regieren. Der Gott Tyr opferte seine rechte Hand, damit der gefährliche Fenris gefesselt werden konnte und so bis zum Ragnarök alle Welten vor ihm beschützt sind. Zum Wohle aller brachte Tyr das Opfer seiner rechten Hand.

Der Pfad dieser Rune führt von Midgard nach Jötunheim, von der Welt der Menschen zum Reich der Riesen. Riesen sind ebenfalls ein Symbol für die Kräfte des Chaos. Tyr beschützt die Menschen vor den Kräften des Chaos, und daher ist das sein Pfad.

Ein Mensch, der das Reich der Riesen besucht, sollte gerüstet sein wie ein Krieger und sich klar darüber sein, dass er sich in Feindesland begibt. Auch, um daran zu erinnern, gehört Tyr dieser Pfad.

Als Einzelwurf

Schnurgerade erreichst du dein Ziel. Allerdings wirst du Durchsetzungskraft und große Zielklarheit brauchen. Lasse dich durch nichts abbringen, der Erfolg wartet auf dich!

Gestürzt: Schwankend gehst du wirre Wege. Du weißt nicht, was du willst und was du kannst. Dein Unterscheidungsvermögen ist gestört. Misserfolg und Zerstörung.

Bedeutung im Nornenwurf

Urd: Du hast Klarheit, über das, was du erreichen willst. Pfeilgenau strebst du deinem Erfolg entgegen.

Gestürzt:. In deinem Kopf und deinem Herzen herrscht ein großes Durcheinander. Du kommst in Gefahr, dir selbst untreu zu werden.

Werdandi: Gehe auf dein Ziel, dein Anliegen zu. Tue alles, was nötig ist, um es wahr werden zu lassen.

Gestürzt: Stärke deine Klarheit. Wenn nötig, ziehe dich zurück, um wieder einen ungetrübten Blick auf das Wesentliche zu bekommen.

Skuld: Die Kraft der Kriegerin in dir ist erwacht. Alle Ängste bleiben zurück. Dein Anliegen ist von Erfolg gekrönt.

Gestürzt: Verlust. Wenn du in Konfrontation gehst, wirst du verlieren. Unternimm jetzt nichts, du bist geschwächt und unklar in deinen Bestrebungen.

Bedeutung im Weltenwurf

Midgard – Was jetzt ist: Du weißt, was du willst und wie du es bekommen kannst. Ein Projekt beginnt.

Gestürzt: Du hast deine Richtung verloren, weißt nicht mehr, wohin du willst. Desorientierung.

Lysalfheim – Gefühle: Deine Gefühle sind klar und zielgerichtet.

Gestürzt: Ein großes Gefühlschaos in dir. Die Gefahr ist groß, dir selbst untreu zu werden.

Wanaheim – Verstand: Deine klaren, scharfen Gedanken führen zu klaren, manchmal scharfen Ergebnissen.

Gestürzt: Deine Gedanken sind wirr und waghalsig. Lass dich nicht verführen, bleibe ruhig.

Asgard – Was hilft mir weiter? Arbeite dich Schritt für Schritt an dein Ziel heran. Bleibe ruhig, trödle aber auch nicht. Sei klar in deiner Absicht und deinem Ziel.

Gestürzt: Lasse los. Mache dich frei von allem verbissenen Streben nach Erfüllung.

Niflheim – Was hindert mich? Deine Verbissenheit und dein Dogmatismus hindern dich enorm.

Gestürzt: Unklarheit. Du willst zu viel auf einmal und verzettelst deine Kraft.

Helheim – Was ruhen soll: Kämpfe nicht, streite nicht, werde still und lausche nach innen und außen.

Gestürzt: Komme aus deinem Tran, setze dich für deine Ziele und Vorhaben wirklich ein! Lasse alle Entschuldigungen und Ausflüchte hinter dir.

Jötunheim – Woran soll ich mich erinnern? Erinnere dich an deine Kraft und deinen Mut. Mut ist nicht die Abwesenheit von Angst, sondern ihre Überwindung.

Gestürzt: Erinnere dich daran, dass Zielstrebigkeit nicht in Fanatismus ausarten darf. Und Kampf um des Kampfes willen ist nur im sportlichen Rahmen statthaft.

Swartalfheim – Was jetzt zu tun ist: Finde Klarheit. Finde dein Ziel und mache dich auf den Weg. Vielleicht erst einmal mit kleinen Schritten, doch denke daran, dass alles mit dem *ersten* Schritt beginnt.

Gestürzt: Werde ruhig und prüfe, was du hast und was du willst. Lasse alles Unwesentliche von dir abfallen und richte dich in Klarheit neu aus.

Muspelheim – Was wird aus der Situation? Du erreichst dein Ziel, du hast Erfolg. Klarheit, Mut und innere Größe.

Gestürzt: Misserfolg und Verwirrung. Scheitern und Lügen.

SOWILO

Die Reise

Ich finde mich übergangslos in Yggdrasils Krone. Die Sonne scheint, der Himmel ist blau und klar. Der Adler nimmt mich mit. Er lässt mich auf seinem Hals sitzen. Der Flug geht in die Sonne. Sie ist nicht heiß, nur angenehm warm und hat kleine Händchen wie auf ägyptischen Grabmalereien. Sie winkt und streichelt uns. Ich genieße die Wärme und die sanften Berührungen.

Plötzlich ist der Himmel schwarz, ein Gewitter grollt und ein Blitz zuckt vor einem Wanderer in die Erde. Der Adler erklärt mir, dass der Blitz ein Geschenk der Sonne ist, ein Impuls für einen anderen Weg.

Dann vollführt der Adler ein Looping, und ich falle. Erst ganz schnell, und ich habe große Angst und versuche zu fliegen, aber es geht nicht. Mein Flug geht in eine Art Gleitflug über, wie ein Blatt falle ich sanft zur Erde. Auf einer Wiese mit gelben Blumen lande ich. Da liege ich eine kurze Weile, dann beginne ich langsam einzusinken, immer tiefer dem Erdkern entgegen. Während ich tiefer sinke, betrachte ich die verschiedenen Erdschichten und freue mich an den Farben, denn obgleich ich unter der Erde bin, kann ich die Farben gut erkennen. Sie strahlen Wärme in verschiedenen Graduierungen aus und auch sanfte, melodische Töne.

Ich komme im glühenden Erdkern an. Aber auch hier ist die Wärme angenehm und nährend. Der glühende Kern der Erde ist eine Spiegelung der Sonne und ist Muspelheim, der Wohnort der Feuerriesen.

Die Feuerriesen begrüßen mich, obwohl ich ihnen nur höchstens bis an den Oberschenkel reiche. Sie haben Haare wie Flammen, auch ihre Bärte sehen so aus. Ihre Augen sind orange oder rot, manchmal auch schwarz. Wir tanzen zusammen zu der Musik der Erdschichten. Mir wird heiß, ich schwitze und komme außer Atem.

Sie sind nicht unfreundlich, aber sie sind auch nicht wirklich an mir interessiert. Es ist in etwa so, als hätte man eine Katze oder einen Hund in Pflege: Man freut sich, kümmert sich um das Tier, kann es dann aber auch wieder gut abgeben.

Ich höre auf zu tanzen. Die Riesen tanzen weiter, und durch ihren Tanz erfahre ich, dass man mit Feuer heilen kann, indem man es durch den kranken Bereich des Körpers lodern lässt (im Geiste natürlich!).

Ist das Fieber zu hoch, muss man mit dem Feuergeist sprechen, der es verursacht.

Mit Sowilo kann man auch einen Raum erwärmen und lange in der Winterluft draußen sein. Ich bedanke mich für diese Erkenntnisse mit einer Verbeugung.

Dann bin ich übergangslos wieder in meinem Zimmer.

Kraftgedanken

Sowilo – Sonnenkraft mir Wachstum und Fülle schafft.
Sowilo Runenkraft mir Lebenskraft schafft.

Weihehandlung

Eine Runenuhr herstellen

Die Sonne gibt unserem Tag und unserem Jahr eine Einteilung. Für alles, was du tun willst, gibt es einen optimalen Zeitpunkt und einen absolut schlechten Zeitpunkt. Wenn du den optimalen Zeitpunkt gewählt hast, geht es leicht und du kannst viel mehr bewegen, als zu jedem anderen Zeitpunkt. Eine Runenuhr ist ein nützliches Hilfsmittel, um zu lernen, den optimalen Zeitpunkt für eine Aktivität zu erspüren.

Um den besten Zeitpunkt für eine Tätigkeit oder einen Zauber zu nutzen, kannst du die Runenzeiten benutzen. Dazu brauchst du die Sonnenaufgangszeiten deines Wohnortes oder des Ortes, an dem du die Tätigkeit oder den Zauber ausführen willst. Die findest du problemlos im Internet. Die Zeit, die du auf deiner Runenuhr einstellst, muss nicht auf die Minute genau stimmen, das gab es bei den Vorfahren auch nicht.

Die Runenzeit beginnt mit dem Sonnenuntergang des vorhergehenden Tages. Willst du also deine Aktion an einem Sonntag durchführen, schaust du, wann am Samstag die Sonne untergeht. Das ist beispielsweise 20:03 Uhr. Du stellst also Odal auf 20:00 h. Dann ergibt sich der Zeitpunkt für deine Aktion, der am Sonntag zum Beispiel gut ein Heilungszauber sein könnte, durch die Stellung von Uruz. Die Rune steht auf 18 h, so dass die optimale Zeit für deinen Heilungszauber am Sonntag zwischen 18 und 19 Uhr ist.

Man kann sich mit Hilfe zweier Pappscheiben eine Runenuhr bauen. Die untere Scheibe sollte etwa zwei bis drei Zentimeter mehr Durchmesser haben, als die obere. Auf die größere Scheibe werden jetzt die Zahlen 1 bis 24 in regelmäßigen Abständen aufgeschrieben. Das sind die 24 Stunden des Tages. Auf die obere, kleinere Scheibe werden die 24 Runen in regelmäßigen Abständen geschrieben. Jetzt werden beide Scheiben aufeinandergelegt, die kleinere auf die größere, und in der Mitte gelocht. Durch das Loch kommt ein Versandtütenclip, so dass die Scheiben gegeneinander verschiebbar sind. Jetzt ist die Runenuhr fertig und kann jeden Abend neu eingestellt werden.

Auch mit den Runenstunden kann man spielen und schauen, was zu einer Wunjo-Stunde leicht geht oder wie sich eine Ansuz-Stunde anfühlt.

Schritt auf dem Einweihungsweg

Die Jahreszeitenfeste feiern

Über das Jahr teilt der Lauf der Sonne unser Leben ein. Ihr Lauf, der so deutlich nur in den Regionen nördlich beziehungsweise südlich der Wendekreise zu beobachten ist, zeigt, wie sich die Schwingungen der Erde mit dem Sonnenlauf verändern. Um dich an diese Energien »anzuschließen«, ist es ein wunderbarer Weg, die alten jahreszeitlichen Feste ein ganzes Jahr lang zu begehen. Das kannst du allein oder in einer Gruppe tun. Literatur, die dich anregen könnte, findest du im Anhang.

Das Jahresrad beginnt mit

Allerseelen

Während dieser Nacht, die kein Teil vom alten oder neuen Jahr ist, stehen die Türen der Unterwelt offen. Die Geister kommen in unsere Welt und bitten um Speisung.

Es ist das Fest der Ahnen, die zum Mahl geladen werden. Und doch ist es kein Klagefest, denn der Tod ist kein Ende, sondern der Beginn neuen Lebens. Licht und Dunkel, Leben und Tod sind harmonische Gegenpole, die einander brauchen und bedingen. Samhain (sprich: So-wien) ist der keltische Name dieses Festes. Die Kelten feierten es als Neujahrsfest.

Wintersonnenwende

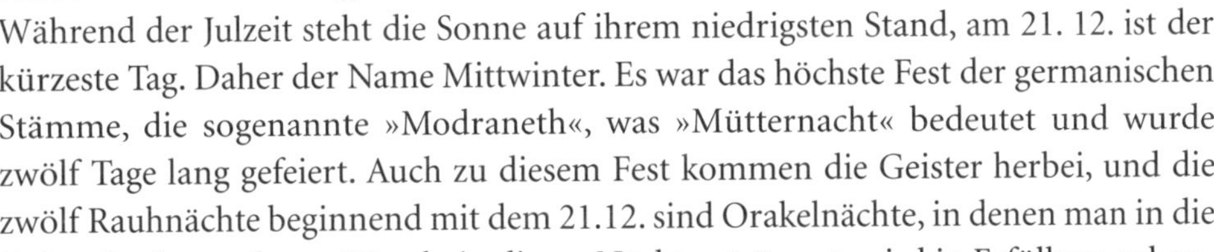

Während der Julzeit steht die Sonne auf ihrem niedrigsten Stand, am 21. 12. ist der kürzeste Tag. Daher der Name Mittwinter. Es war das höchste Fest der germanischen Stämme, die sogenannte »Modraneth«, was »Mütternacht« bedeutet und wurde zwölf Tage lang gefeiert. Auch zu diesem Fest kommen die Geister herbei, und die zwölf Rauhnächte beginnend mit dem 21.12. sind Orakelnächte, in denen man in die Zukunft schauen kann. Was du in diesen Nächten träumst, wird in Erfüllung gehen.

Disting

Mit diesem Fest wird die Wiedergeburt des Lichts gefeiert. Die Tage werden deutlich länger und heller. Disting wurde das Fest bei den germanischen Stämmen genannt. Disen sind vergöttlichte weibliche (!) Ahnen. Die traditionellen Masken und wilden Feste, die in der Fastnachtszeit gefeiert werden, sind ein Ausdruck für die Anwesenheit der Geister. Bei den keltischen Stämmen wurde die Göttin Brigid an diesem Tag gefeiert.

Frühlingsgleiche oder Ostara

Ob eine Göttin Ostara (der Name kommt von der germanischen Göttin Eostre) wirklich verehrt wurde, ist heute strittig. Jedenfalls ist die Frühlingsgleiche ein Fest der Geburt. Das Wiederauferstehen der Vegetation wird gefeiert. Ein uraltes Symbol für dieses Fest ist das Ei, das das neue Leben in sich trägt. Segen und Fruchtbarkeit werden erbeten, Wachstum und Erneuerung sind die Themen.

Walpurgis

Beltane wird am fünften Vollmond nach Mittwinter gefeiert. Der Sommer wird begrüßt. Mensch und Vieh können sich nach der langen, dunklen kalten Winterzeit wieder viel draußen aufhalten. Traditionell wurden die Tiere zwischen zwei reinigenden Feuern hindurchgetrieben, und die Menschen reinigten sich von den Winterlasten, indem sie einzeln oder paarweise über das Feuer sprangen. Heute noch gibt es vielerorts den Tanz um den Maibaum, der mit roten und weißen Bändern geschmückt ist. Hier spiegelt sich der Fruchtbarkeitsaspekt dieses Festes in dem phallischen Maibaum. Der weibliche Aspekt sind die weißen und roten Bänder, die Farben der Großen Göttin, sowie der Kranz. Früher gingen Paare in die Felder und Wälder, um sich in Lust zu vereinen und damit Mutter Erde und Vater Himmel dazu anzuregen, es ebenso zu tun und große Fruchtbarkeit hervorzubringen.

Mittsommer

Gefeiert wird der längste Tag des Jahres. Freude über die Fülle des Lebens ist das Thema. Auch hier wurde zwölf Tage gefeiert, doch im Gegensatz zu der inneren Einkehr an Modraneth steht an Mittsommer die Verbindung mit den Naturwesen und der Natur selbst im Vordergrund. In der nordgermanischen Überlieferung ist das Mittsommerfeuer der Scheiterhaufen Baldurs, des schönen Sohnes von Odin und Frigga, der durch List ums Leben gebracht wird.

Schnitterinnenfest oder Kräuterweih

Die Schnitterin beginnt, die Ernte einzubringen. Jetzt wird geerntet und eingekocht, die reichen Gaben der Mutter Jörd werden wohl verwahrt. Auch Kräuter werden jetzt, am Höhepunkt ihrer Kraft, gesammelt. Lughnasad (sprich: Lu-na-ssah) ist das keltische Erntefest zu Ehren des Sonnengottes Lugh.

Herbstgleiche

An diesem Tag sind Licht und Dunkel im Gleichgewicht. Danach werden die Tage kürzer. Es wird ein Erntefest gefeiert, bei dem den Göttern für die Ernte gedankt wird. Ein Blót ist ein Opferfest, also werden den Disen Opfer in Form von rituell geschlachteten Tieren dargebracht worden sein.

Das Jahresrad

Und so kehren wir zurück zu Allerseelen und haben alle acht Feste des Jahresrads gefeiert, die vier Mondfeste und die vier Sonnenfeste. Die Feste sind zugleich Feier und ein Weg, mit den Kräften der Natur und den alten Göttern zu kommunizieren.

Diese jahreszeitlichen Rituale sind die Einstimmung auf Mutter Erde und ihre Zyklen. Seit altersher gibt es bestimmte Wendepunkte im energetischen Leben unseres Planeten, und diese Punkte zu feiern bedeutet, dem Kosmos in dir und um dich herum nachzuspüren. Diese Rituale schaffen eine Verbundenheit mit allem, was ist und nährt, auf einer ganz tiefen, seelischen Ebene.

Die Rituale sind alt im Sinne von traditionell – aber jedes Ritual ist neu, soll neu sein, wie ein neuer Tag. Spüre den jahreszeitlichen Energien nach und schaffe deine eigenen Rituale unter dieser Maßgabe.

Runenrat

Übe dich in Großzügigkeit auf allen Ebenen und stärke Willen und Tatkraft.

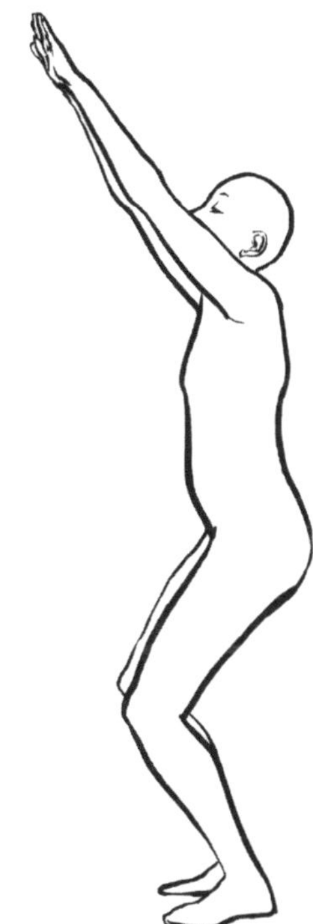

Stadha

Gehe leicht in die Knie und neige den Oberkörper vor. Der Blick geht nach oben, über die nach oben geöffneten Hände hinaus. Die Arme sind schräg nach vorne oben gestreckt.

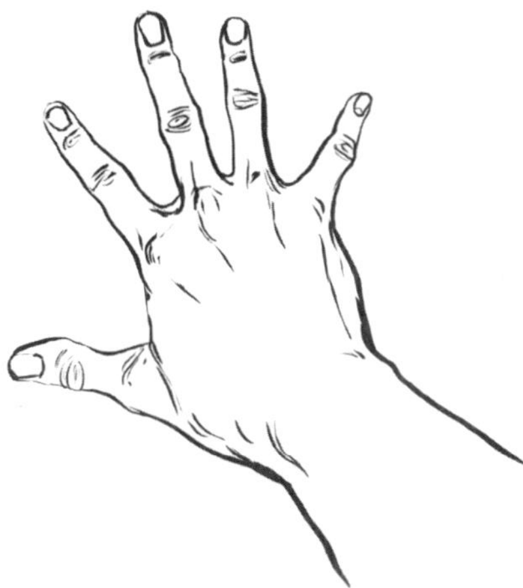

Höndstadha

Die Finger strecken und abspreizen. Die Handfläche stellt die Sonne dar, die Finger ihre Strahlen.

Weitere Namen: Sol, Sunna, Sowelu, Sig

Buchstabe: S

Pflanzen: Brennnessel, Mistel, Rainfarn, Johanniskraut, Sonnenblume

Gottheiten: Sunna (die Sonne, bei den Germanen weiblich), Baldur

Steine: Tigerauge, Goldtopas, Flint (Feuerstein)

Tiere: Drache, Schlange, Salamander

Körperteil: Solarplexushvel, Augen, Sehnerven

Galdr: Der Runenname in all seinen Varianten oder auch nur der Anlaut S

Im Jahreslauf: Vollmond, Mitte April, Sigrblot (Ostern)

Stichworte: Sonne • Lebenskraft • Durchlichtung • Erkenntnis • Durchsetzungskraft • Vorstellungskraft

Mythologischer Bezug

Sunna ist der Name der germanischen Sonnengöttin. Allerdings wird sie in der Edda nicht erwähnt. Wir kennen sie aus dem zweiten Merseburger Zauberspruch:

> Phol und Wodan ritten ins Holz.
> Da ward dem Fohlen Balders der Fuß verrenkt.
> Da besprach ihn Sinthgunt (und) Sunna, ihre Schwester.
> Da besprach ihn Frija (und) Volla, ihre Schwester.
> Da besprach ihn Wodan, wie nur er es verstand:
> So Knochenrenke wie Blutrenke
> Wie Gliederrenke: Bein zu Bein,
> Blut zu Blut,
> Glied zu Gliedern, als ob sie geleimt seien!

Sinthgunt, Sunna, Frija und Volla versuchen, das Fohlen mit ihren weiblichen Kräften zu heilen. Das bedeutet, dass auch sie heilerische Fähigkeiten haben müssen, sonst würden sie ihr Glück gar nicht erst versuchen. Vier Frauen besprechen das Bein des Fohlens, doch fehlt die männlich strukturierende Energie. Wodan bringt diese strukturierenden Kräfte dann ein, um das Fohlen ganz zu heilen.

Um also ein Wunder zu bewirken, braucht es vier weibliche Kräfte und eine männliche Energie. Wobei männlich und weiblich im Sinne von Yin und Yang zu verstehen sind, nicht als materielle Geschlechter. Sowohl eine Heilerin als auch ein Heiler kann diese Energiestruktur hervorbringen.

Eine weitere Stelle, an der Sowilo unter dem Namen Sig genannt wird, ist folgende:

Sigrunen lernen, willst du Sieg haben!
Auf den Schwertknauf schneide sie,
auf die Blutrinne und des Rückens Breite
und ruf zweimal zu Tyr!

Tyr bringt in diesem Spruch den Willen zu siegen, also die Durchsetzungskraft, Sowilo (Sig) die Lebenskraft und die Kraft zum Sieg.

Heilung

Harmonisiert und stärkt die Hvels. Schützt vor Einflüssen, die die Vitalität angreifen. Sowilo wirkt sich auf den ganzen Körper kräftigend und belebend aus. Schafft Wärme.

Magische Anwendung

Sowilo verstärkt Heilenergie; es ist gut, sie bei jeder Behandlung an den Anfang zu stellen. Auch unterstützt sie dabei, die Wahrheit ans Licht zu bringen. Sie zerreißt jedes Lügennetz. Wenn du frierst, kann du mit Sowilo Wärme erzeugen, indem du sie in den Raum stellst oder sie dir in deinem Körper vorstellst. Sowohl im Raum als auch im Körper ist es gut, wenn die Rune als strahlend vor Licht und Wärme gedacht wird. Eine Wärmflasche, die mit Sowilo geschmückt ist, hält die Wärme länger. Ein Wasserkocher oder eine Heizungsanlage mit dieser Rune produziert schneller Wärme und verbraucht dabei weniger Energie.

Allgemeine Bemerkungen

Nur in unseren Breiten, also zwischen dem 60. und 70. Breitengrad, gibt es Jahreszeiten, die sich so deutlich voneinander unterscheiden. Also konnte auch nur in dieser Region das achtspeichige Jahresrad entstehen mit dem harmonischen Gegensatz von Sonne und Mond.

Sowilo ist die Sonne, die Sonnenkraft und das Licht, das alles an den Tag bringt.

Aus dem Sigdrifumal

Auf dem Schilde stünden sie vor dem scheinenden Gott,

Dies ist der Pfad der Rune Sowilo. Er führt von Muspelheim nach Asgard. Der scheinende Gott meint die Sonne, der Schild vor dem scheinenden Gott ist die Ozonschicht.

Sowilo gibt es nicht gestürzt!

Als Einzelwurf

Die Rune spricht von Glück und Freude, von Erfolg und Lebenskraft. Sie ist ein Zeichen dafür, dass alles in deinem Leben rund läuft und du wirklich zufrieden sein kannst.

Manchmal allerdings zeigt sich auch, dass etwas ans Licht will oder kommt.

Bedeutung im Nornenwurf

Urd: Ein Tag, eine Phase, die gutes Gelingen verheißt. Vitalität, dynamische Kraft.

Werdandi: Scheinerfolge, unerfüllte Hoffnungen. Hilf deiner Lebenskraft, sich zu entfalten.

Skuld: Frei werden von begrenzenden Gedanken durch das Gefühl des Vertrauens in das Leben und das Fühlen der eigenen Kraft. Eine gute Zeit zu wirken – Wirklichkeit zu formen.

Bedeutung im Weltenwurf

Midgard – Was jetzt ist: Dir scheint die Sonne. Du hast Glück und Erfolg in dieser Lebensphase.

Lysalfheim – Gefühle: Dein sonniges Gemüt strahlt auch auf andere aus und ist anziehend.

Wanaheim – Verstand: Deine Gedanken sind klar und klärend. Du bringst Dinge an den Tag.

Asgard – Was hilft mir weiter? Freude an den guten Stunden und Erlebnissen. Beachte das Negative nicht, es wird weniger und weniger werden und schließlich ganz verschwinden.

Niflheim – Was hindert mich? Du siehst die Dinge und möglicherweise auch dich zu optimistisch und rosig.

Helheim – Was ruhen soll: Lass das Nachfragen und Nachforschen ruhen.

Jötunheim – Woran soll ich mich erinnern? Erinnere dich an alles, was dir Freude macht und dich zum Lachen bringt. Erinnere dich, dass das Lebens viele gute Seiten hat, auch wenn es jetzt vielleicht recht düster aussieht.

Swartalfheim – Was jetzt zu tun ist: So wie das Sprichwort sagt: »Die Sonne bringt es an den Tag.« Schaue du genau hin und bringe die Wahrheit ans Licht.

Muspelheim – Was wird aus der Situation? Freude, Glück, Erfolg, Gesundheit.

ALGIZ

Die Reise

Sleipnir holt mich ab, ich freue mich sehr, ihn zu sehen.

Er schnobert an meiner Wange, ich streichele seinen Kopf und lege meine Wange an seine. Wie wunderschön, dass er hier zwischen den Welten an meiner Seite ist.

Es ist eine Nacht ohne Mond, die Sterne sind klar zu erkennen und so viele, wie ich nie vorher gesehen habe. »Zu viel Licht!« sagt Sleipnir. »Ihr habt zu viel Licht, dort, wo ihr lebt!« Mit jedem Tritt gleitet er weiter in die Luft, und schließlich reiten wir in den Sternenhimmel hinauf, zum Sternbild Schwan. Seine hellen Sterne leuchten vor dem Band der Milchstraße.

Dann verbinden sich die Sterne, scheinen sich zu dehnen und werden zu einem Schwan. Der Schwan ist eines der Tiere der Großen Göttin, denn er trägt Ihre Farben: Schwarz, Rot und Weiß.

Der große, schneeweiße Vogel fliegt auf uns zu. Dabei verwandelt er sich langsam in eine Walküre. Sie hat erst das Gesicht meiner Mutter, dann folgen nacheinander meine beiden Großmütter, dann viele Frauengesichter, die ich nicht kenne. Doch sie alle haben immer eine gewisse Ähnlichkeit mit mir.

Walküren sind weibliche Ahnengeister, sehr starke Schutzgottheiten. Diese hier schwebt einige Meter vor uns, und wie auf einer Leinwand lässt sie auf dem Firmament folgendes entstehen:

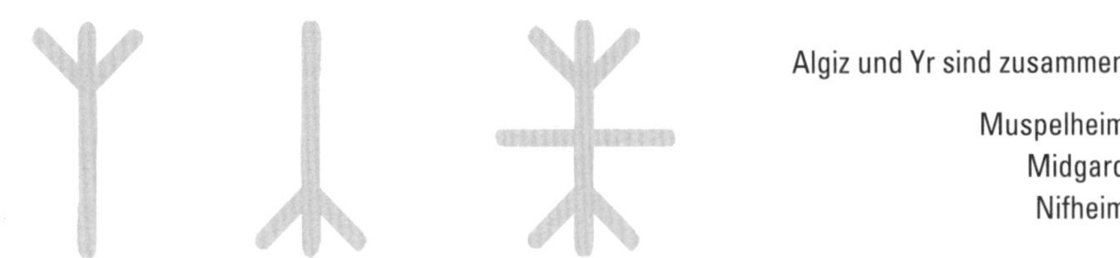

Dabei nennt sie die Namen in einem eigenartigen Singsang. Ich sehe dieses Zeichen auf meinem Rücken, jemand muss es mir aufmalen, wenn ich wieder in dieser Welt bin. Die Walküre, meine Götter-Ahnin, nimmt die Runenstellung von Algiz ein. So schafft sie eine Verbindung zur Sternenenergie. Dann kreist sie mit der linken Schulter, bis die Fingerspitzen auf die Erde reichen. So schafft sie Verbindung zur Erdenergie.

Kraftgedanken

Algiz Runenkraft vollkommenen Schutz mir schafft.
Yr Runenkraft vollkommenen Schutz mir schafft.

Weihehandlung

zum Tagesbeginn

Dies ist eine Weihehandlung, mit der du jeden Tag beginnen kannst. Während dieser Übung atme ganz tief ein und aus, so dass sich auch deine Bauchdecke hebt und senkt.

Nimm das Stadha zu Algiz ein, nach Osten gewandt. Dabei stelle dir vor, wie lichtvolle Energien von oben in dich einströmen. Dann wende dich nach Westen und drehe die Handflächen nach unten. Gib die empfangene Energie an Mutter Erde weiter.

Richte dich jetzt nach Norden aus, die Handflächen bleiben nach unten gerichtet. Du nimmst die Energie der Erde auf.

Wende dich nach Süden und drehe die Handflächen nach oben. Gib die Energie der Erde an den Himmel ab.

Spüre dich selbst als Mittlerin zwischen Himmel und Erde. Verwurzele dich und durchlichte dich. Jetzt beginne deinen Tag.

Schritt auf dem Einweihungsweg

Lerne, dich zu schützen.

Beginne damit, dein Heim zu reinigen. Räuchere mit Beifuß, Lavendel, Rosen und was dir sonst noch an heimischen Kräutern einfällt. Natürlich kannst du auch eine besondere Reinigungsräuchermischung kaufen.

Du stellst dich mit der Räucherschale in die Mitte des Raumes. Dann gehst du in die Nordecke und wieder zurück. So machst du es mit Süden, Osten und Westen in jedem Raum. Lasse dir Zeit und beobachte den Rauch. Wenn du fertig bist, nimm dir Kreide in der Farbe deiner Fenster- und Türstürze.

Damit malst du eine Algiz-Rune über Türen und Fenster auf den Rahmen. Ziehe dann die Rune mit der Hand oder einem magischen Werkzeug nach und sprich dabei:

»Nichts Böses dringe hierdurch ein! – Nur Sonnenlicht und Mondenschein!«

Jetzt ist dein Haus geschützt. Es empfiehlt sich, diesen Schutz in regelmäßigen Abständen zu erneuern, zum Beispiel zu jedem Neu- und/oder Vollmond. Eine andere, uralte Variante, dein Haus zu schützen: Streue rund um dein Haus eine dünne Linie Salz.

Als nächsten Schritt lernst du, dich selbst zu schützen. Dabei kann dir ein Kampfsporttraining ein gutes Gefühl geben, es ist aber nicht unbedingt erforderlich. Es gibt viele Möglichkeiten, die eigene Person zu schützen. Eine ist selbstverständlich das Höndstadha von Algiz.

Eine andere ist die Vorstellung, ganz und gar in einer weißen, blauen oder violetten Kugel aus Licht zu stehen. Hier ist es sehr hilfreich, wenn du dieses innere Bild immer wieder übst. Verbinde diese Vorstellung der Lichtkugel mit dem Höndstadha von Algiz, dann wird sich die Schutzatmosphäre bald ganz von selbst einstellen.

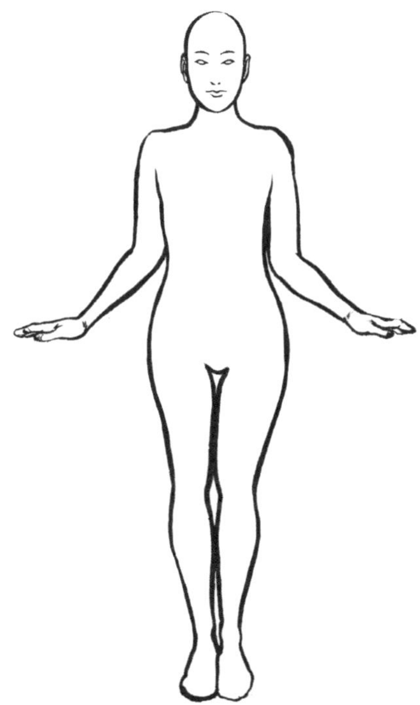

Stadha für Yr

Füße geschlossen, die Arme liegen am Körper an. Dann hebst du die Unterarme auf eine gerade Linie mit dem Becken. Dabei die Schultern nicht hochziehen.
Jetzt atmest du durch dein Basishvel und deine zur Erde weisenden Handflächen ein und durch das Kronhvel aus.
Dieses Stadha vermittelt dir die Kraft und den Schutz der Erde. Es stärkt dein Basishvel.

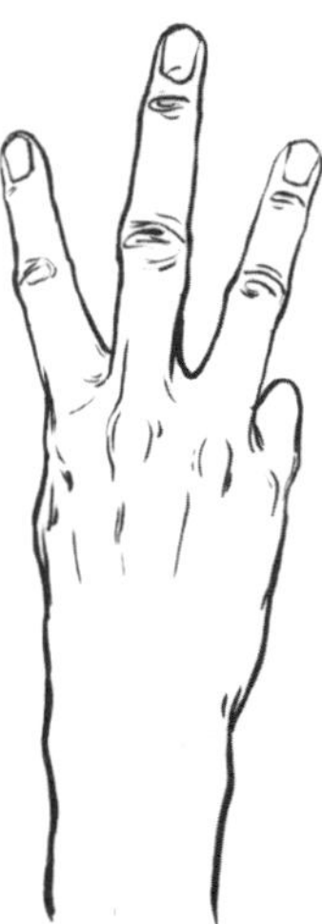

Höndstadha

Der Daumen legt sich auf das zweite Glied des kleinen Fingers. Die anderen drei Finger werden gerade nach oben gestreckt.

Runenrat

Suche dir Schutz und Beistand von höchster göttlicher Ebene. Lasse dir sowohl durch die geistigen Reiche als auch durch die Menschenwelten beistehen. Finde deine innere Weisheit und lasse sie erstrahlen.

Weitere Namen: Eol, Yr, Elhaz

Buchstabe: Z

Pflanzen: Schilf, Baldrian, weiße Kamille (Baldersbra)

Gottheiten: Walküren, Heimdall, Disen, Idisen

Steine: Sugilith, schwarzer Turmalin

Tiere: Elch, Hirsch, Schwan

Körperteil: Kronhvel, Arme und Beine

Galdr: Der Runenname in all seinen Varianten oder Z als eine Art Zischen

Im Jahreslauf: Neumond, Anfang Mai, Walpurgis

Stichworte: Schutz • Segen • Erneuerung • Weisheit

Mythologischer Bezug

Die Bedeutung »Schilf« steht sicherlich in Zusammenhang mit der Schutzfunktion, denn die sumpfigen Gebiete, in denen das Schilf wächst, waren früher in Kriegszeiten Rückzugsorte. Die Schilfpflanze selbst schützt sich auch durch ihre harten Blätter, die einem sehr wohl die Finger zerschneiden können.

Auch der Elch, der mit dieser Rune in Verbindung gebracht wird, ist ein sehr wehrhaftes Tier. Der Elch ist eine Hirschart, so dass auch die Hirsche zu Algiz gehören.

Die Walküren, auch Disen oder Idisen genannt, beschützen auf Odins Geheiß Männer auf dem Schlachtfeld. Jene, welche fallen, geleiten sie nach Wallhall. Es ist oft von den Schwanengewändern der Walküren die Rede, zum Beispiel in der Wielandssage.

Aus Algiz als Binderune besteht der Aegishjalmr, Oegishialmr, der »Schreckenshelm« des Meeresriesen Œgir (Ägir). Er soll diesen Helm als erster besessen und ihn dann Hreidmar geschenkt haben. Hreidmar war der Vater Fafnirs, der seinen Vater gemeinsam mit seinem Bruder Regin wegen des Goldes des Andwari tötete. Fafnir wurde dann von Sigurd getötet. Der Helm verleiht seinem Träger ein schreckenerregendes Aussehen, möglicherweise eine Drachengestalt. Das Zeichen schützt und weist alles Negative zurück. Du kannst es als Schutz an die Wand malen oder als Amulett tragen.

Fafnir:
»Mein Schreckenshelm
scheuchte die Menschen,
da den Hort ich hütete: Der allerstärkste
glaubte ich einzig zu sein;
nicht fand ich Männer gleich mir.«

Sigurd:
»Der Schreckenshelm
schützt wohl keinen,
treffen Tapfre sich;
dann findet sich's,
wenn man vielen begegnet,
daß keiner der kühnste ist.«

Edda, Fafnismal, Übersetzung von Felix Genzmer

Heilung

Schutz vor neuerlicher Erkrankung. Abwehr krankmachender Einflüsse.

Heilung geschieht hier durch die Aufladung mit kosmischer beziehungsweise irdischer Energie und durch den Schutz vor neuen Infektionen, ganz gleich, ob auf aurischer oder materieller Ebene.

Magische Anwendung

Schutz, Abwehr unerwünschter Einflüsse, stärkt deinen Kreis. Bringt dich mit deiner Weisheit in Kontakt. Öffnet für göttliche Schwingungen. Algiz ist die Schutzrune überhaupt. Sie bewahrt dich vor unerwünschten Einflüssen jeder Art: Auravampiren, Bakterien, negativen Gedanken und so weiter.

Stelle dir Algiz als einen großen Stab in deiner Hand vor, auf den du dich stützt und mit dem du dich gut geerdet fühlst. Algiz Kraftfeld wirkt um dich herum wie ein Schirm gegen Angriffe und Gefahren. Oder stelle Algiz zwischen dich und die Bedrohung.

Allgemeine Bemerkungen

Algiz bietet Schutz und die Abwehr unerwünschter Einflüsse. Sie stärkt deinen Kreis und bringt dich mit deiner Weisheit in Kontakt. Außer Schutz lässt Algiz Glück und Erneuerung entstehen und ruft den Segen der Götter herbei.

In skandinavischen Runenreihen wird ᛘ mit Man bezeichnet. Die auf den Kopf gestellte Algiz-Rune wird in einigen Runenreihen mit Yr benannt und steht im Zusammenhang mit der Eibe. In diesem Text nenne ich ᛘ Algiz, die gestürzte Form Yr. Algiz bedeutet für mich Schutz durch die kosmischen Energien, Yr ist der Schutz aus der Erdkraft.

Noch ein paar Worte zum Sternbild Schwan: Die Form der Rune Algiz sieht aus wie ein Schwan im Fluge. Das Sternbild bildet sich aus elf Sternen und ist im Sommer eines der auffälligsten. Der hellste Stern ist Deneb, der den Schwanz des Schwanes bildet. Albireo ist der Kopfstern. Durch das Sternbild, welches auch Kreuz des Nordens genannt wird, fließt die Milchstraße. Die Milchstraße ist in der Mythologie von Nordeuropa die Straße der Seele gewesen, der Helweg. Das Sternbild Schwan stellt eine Walküre da, welche die Seelen auf diesem Teil ihres Weges begleitet und auch die irdischen Menschen von dort aus beschützt.

Aus dem Sigdrifumal

und den Krallen des Adlers,

Woher kommt der Wind?
Am nördlichen Himmelsrand sitzt der Riese,
der Hräswelg heißt. Er hat die Gestalt eines Adlers,
und wenn er die Flügel ausbreitet,
so entsteht der Wind unter seinen Schwingen.

Gylfaginning 18, Übersetzung von Arnulf Krause

Hier wird uns erzählt, dass am nördlichen Himmelsrand ein Riese in Gestalt eines Adlers sitzt. Sein Name ist Hräwelg, und der Wind entsteht dadurch, dass dieser Riesenadler die Flügel ausbreitet. Ein Riese ist natürlich in Jötunheim beheimatet, daher führt dieser Pfad von Jötunheim nach Helheim.

Auch in der Krone der Welteneibe sitzt ein Adler, dessen Name allerdings nicht bekannt ist. Zwischen seinen Augen befindet sich ein Habicht, dessen Name Vedrfölnir ist.

Ein Adler sitzt in den Ästen der Esche, der hat manches Wissen
und zwischen seinen Augen sitzt der Habicht mit Namen Wedrfölnir.
Das Eichhörnchen, das Ratatosk heißt, springt an der Esche hinauf und hinunter.
Zwischen dem Adler und Nidhögg tauscht es Gehässigkeiten aus.

Gylfaginning 16, Übersetzung von Arnulf Krause

Die altnordische Redewendung »haukr í horni« bedeutet »Habicht im Winkel« und meint einen verborgenen Ratgeber. Vom Adler wird allgemein gesagt, er »hat manches Wissen«. Vedrfölnir ist sicherlich sein »Habicht im Winkel« in doppelter Hinsicht: Er ist des Adlers weiser Ratgeber.

Als Einzelwurf

Du bist göttlich geschützt in dieser Angelegenheit.

Spüre in dich hinein, traue deinem Gefühl und deiner Wahrnehmung.

Die Disen sind an deiner Seite. Schreite voran auf deinem Wege, nichts kann dich wirklich halten, denn dieser Weg ist der richtige.

Yr (gestürzt): Gut geerdet lebt es sich besser. Schlage Wurzeln und lass dich von Mutter Erde tragen. Du bekommst Unterstützung auf der materiellen Ebene; das kann Geld, praktische Hilfe oder ein Jobangebot sein.

Bedeutung im Nornenwurf

Urd: Du bist von den Göttern geschützt. Segen und Schutz ruhen auf dir und deinem Fragethema.
Als Yr (gestürzt): Die Erde selbst unterstützt dich in deinem Vorhaben.

Werdandi: Schütze dich, es besteht Gefahr. Wenn du deiner höheren Führung vertraust, wird alles gut. Sei wachsam und aufmerksam und prüfe alles, was dir entgegenkommt. Du brauchst jetzt Klugheit. Lasse deinen Verstand für dich arbeiten.
Als Yr (gestürzt): Du bist erdenschwer und wenig durchlichtet im Moment. Sorge wieder für eine gute Anbindung an das göttliche Licht. Erforsche dein Unterbewusstsein. Dort liegt Weisheit und Klarheit, die du jetzt brauchst.

Skuld: Du hast Erfolg, denn der Segen der Götter ruht auf dir. Du läufst in den Hafen ein und bringst reiche Geschenke mit.
Als Yr (gestürzt): Du hast Erfolg, aber hebe deswegen nicht ab. Setze weiterhin einen Fuß vor den anderen.

Bedeutung im Weltenwurf

Midgard – Was jetzt ist: Du bist geschützt und die Götter begleiten dich.
Gestürzt: Du bist gut geerdet und Mutter Erde selbst stärkt dich.

Lysalfheim – Gefühle: Du bist offen für den Kontakt mit den göttlichen Kräften.
Gestürzt: Mutter Erde ruft dich, wende dich verstärkt ihr zu und halte dich in der Natur auf.

Wanaheim – Verstand: Richte dein Denken auf das Spirituelle, sieh die Angelegenheit unter dem Aspekt des höchsten Wohles – sowohl für dich als auch für alle anderen.
Gestürzt: Du denkst zu abgehoben. Richte dein Denken auf das in der Materie Machbare und setze einen Fuß vor den anderen.

Asgard – Was hilft mir weiter? Schütze dich, stärke dich, kläre deine Grenzen.
Gestürzt: Schütze dich, erde dich. Genieße deine Sinne und das sinnliche Erleben: Essen, Trinken, Fühlen, Sehen, Hören…

Niflheim – Was hindert mich? Du hast dich auf eine verkrampfte Pseudo-Spiritualität ausgerichtet. Das macht dich abgehoben und trennt dich so von allem anderen, auch davon, deine täglichen Abläufe zu bewältigen.
Gestürzt: Du siehst nur die Materie, hast buchstäblich ein Brett vor dem Kopf. Deine übermäßige Bodenhaftung hindert dich an weiterer Entwicklung.

Helheim – Was ruhen soll: Schwebe nicht mehr über der Erde, lass deine spirituelle Entwicklung jetzt ruhen und konsolidiere das Erreichte.
Gestürzt: Klebe nicht mehr am Boden, sondern lass dein Herz sich öffnen für die Liebe, die von Himmel und Erde ausgedrückt wird.

Jötunheim – Woran soll ich mich erinnern? Erinnere dich daran, dass du göttlich geschützt und geführt wirst.

Gestürzt: Erinnere dich, dass jeder Baum, der groß werden will, gute und starke Wurzeln braucht. Stärke deine Wurzeln.

Swartalfheim – Was jetzt zu tun ist: Schütze dich und öffne dich für die göttlichen Kräfte. Lass die Energie von oben dich erreichen.

Gestürzt: Erde dich und nimm die Kräfte der Erde auf.

Muspelheim – Was wird aus der Situation? Göttlich gestärkt und geschützt kommt alles zu einem wunderbaren Ende.

Gestürzt: Manche Träume werden Wahrheit, und das Ergebnis ist wunderbar und gut.

PERTHRO

Die Reise

Sleipnir kommt, ich freue mich, als er mich am Fuße des Weltenbaumes abholt. Ich darf reiten, was immer sehr schön ist. Wenn Sleipnir dich tragen will, so tut er es. Wenn er es nicht will, gibt es nichts in dieser oder der anderen Welt, was ihn dazu bringen könnte, es trotzdem zu tun.

Wir reiten auf eine Höhle zu. Ihr Eingang ist ein großes, fast ovales Loch, von Efeu und anderen Pflanzen umrankt. Sleipnir sagt: »Ich kann dort nicht hineingehen.« Ich bin entsetzt – ohne ihn zu gehen, kann ich mir nicht vorstellen.

Da ringelt sich aus dem Grün, das die Höhle umrankt, ein roter Drache. Wenn er sich ausstreckt, ist er so lang wie mein Bein. Der Drache umschlingt meinen Unterschenkel und ringelt sich daran empor bis zum Knie. »Das ist Kleiner Blutdrache«, stellt Sleipnir ihn vor. »Er wird dich begleiten.« Ich begrüße den Drachen, indem ich mich vorstelle und höflich um seine Unterstützung bitte. Er antwortet mit einer kleinen blauen Flamme und schiebt sich wie eine Stola um meine Schultern.

Ich winke Sleipnir, der mir bedeutet, dass er warten wird, um mich zurückzubringen.

Kleiner Blutdrache und ich gehen in die Höhle. Sein Körper ist viel leichter, als ich erwartet habe und angenehm warm. Wir gehen einen Gang im Gestein entlang, es ist dunkel. Mit einem Mal spuckt der Drache wieder Feuer, das wie ein Feuerwerk vielfarbig und kräftig leuchtet. Ein Stern wird aus diesem Feuer, mit vielen Zacken, die strahlen und schillern. »Fang!« sagt Kleiner Blutdrache mit heiserer, rauchiger Stimme. Ich strecke die Linke aus, und der Stern schwebt über meiner Handfläche. Jetzt erleuchtet der Stern unseren Weg.

In seinem Licht entdecke ich Adern im Gestein, die wie ein Geflecht aus Blutgefäßen oder Nerven aussehen. Vielleicht sind sie beides. Hin und wieder blitzt es auf, immer in einer anderen Farbe. Kleiner Blutdrache flüstert mir zu, dass so Informationen zwischen den Höhlenteilen ausgetauscht werden.

Ein Ungeheuer taucht vor uns auf. Es ist wie ein großer Schlammkloß und strahlt Entsetzen aus, aber ich lasse mich nicht so leicht erschrecken, schließlich bin ich mit einem Drachen unterwegs. Ich verscheuche es mit dem Stern. Ich hebe die Linke, der Stern steigt auf und das Ungeheuer flieht.

Jetzt wandern wir ungestört eine lange Zeit in den Höhlen umher und bestaunen ihre Schönheit. Schließlich gelangen wir wieder in einen engeren Gang, der auch noch immer enger wird. Zum Schluss muss ich kriechen, aber Kleiner Blutdrache geht mir voraus, und so folge ich ihm voller Vertrauen. Es wird heller, wir kommen ins Freie. Sleipnir steht auf der Wiese und erwartet mich. Als ich mich umdrehe, sieht es fast so aus, als wären wir zwischen den Beinen einer Frau hervorgekommen. Ich verabschiede mich von Kleiner Blutdrache, danke ihm und reite mit Sleipnir heim.

Kraftgedanken

Perthro-Runenkraft mir Weisheit und Erkennen schafft.
Perthro-Runenkraft mir Einweihung und Eingebung schafft.

Weihehandlung

In die Ordnung der Göttin zurückführen

Auch dies ist etwas, das du täglich anwenden und womit du deine Lebensqualität sehr verbessern kannst. Neue Schuhe, Brillen und Kleidungsstücke, Lebensmittel, Autos, was auch immer – alles erfährt eine deutliche Verbesserung. Die Schuhe drücken nicht mehr, die Brille sitzt besser, die Lebensmittel sind schmackhafter und bekömmlicher. Alles hat seine harmonische Schwingung. Tiere, Pflanzen, Landschaften, die vom Menschen unberührt sind, sind natürlicherweise in dieser Ordnung. Gegenstände, die von Menschen gefertigt sind, insbesondere Industrieware, schwingt dagegen nicht in dieser harmonischen Energie.

Durch die folgende einfache Methode lässt sich die göttliche Ordnung wieder herstellen. Sie lässt sich auf alles anwenden, was denkbar ist: kranke Körperteile, neue oder gebrauchte Gegenstände, Tiere, Pflanzen, Häuser und so weiter.

Probiere es beispielsweise mit neuen Schuhen aus: Du wirst feststellen, dass du durch das Tragen keine Druckstellen oder ähnliches bekommst. Auf diese Art kannst du auch dein Essen segnen oder dein Bett. Es sind dieser Technik keine Grenzen gesetzt.

Beginne mit der Perthro-Handgeste, die du teilst. Der Daumen hält dabei die Mittelfinger und den Ringfinger fest.

Mit dieser Geste hältst du beide Hände über den Gegenstand oder die Körperstelle, den du in die Ordnung der Göttin zurückführen möchtest.

Während du nun laut »Algiz – Dagaz – Laukaz« sagst, lässt du die Hände aufsteigen und wirfst sie nach dem »Laukaz« nach oben. Dabei öffnen sie sich.

Schritt auf dem Einweihungsweg

Finde deinen Runennamen

Das Aussprechen deines Namens ist wie ein kleiner Zauberspruch, der deine Grenzen und Fähigkeiten immer wieder bestätigt und festigt. Der Klang jedes Namens verursacht eine Schwingung, die die Welt nicht nur als Tonschwingung durchzieht.

Auch wenn du selbst nicht weißt, was dein Name bedeutet, kommt diese Schwingung bei deinem Unterbewusstsein an und wird materialisiert. Ein Name, der richtige Name, verleiht Macht über Dinge und Menschen. Daher ist es wichtig, sich einen Namen für die magische Arbeit zuzulegen. Er kennzeichnet einen anderen Lebensbereich, so wie Mönche und Nonnen bei Eintritt in ihren Orden einen neuen Namen bekommen.

Der magische Name dient dazu, deine Kraft zu bündeln und zu konzentrieren. Du kannst ihn als Binderune auf einen Zettel schreiben oder ein Amulett daraus machen und am Körper tragen. Das wird dich stärken und schützen.

Dein magischer Name ist geheim. Du verrätst ihn nur ausgewählten Personen, vorzugsweise anderen Magierinnen oder Magiern, die dich dann im Notfall unterstützen können oder mit denen du gemeinsame magische Arbeiten ausführen willst.

Mache dir folgenden Gedanken von Hermann Löns zu eigen:

Lass deine Augen offen sein, geschlossen deinen Mund,
und wandle still, so werden dir geheime Dinge kund.
Dann weißt du, was der Rabe ruft...

Ziehe eine Rune, die dir verrät, ob dies der Tag ist, an dem die Runen dir deinen magischen Namen verraten wollen. Wenn es der richtige Tag ist, ziehe den magischen Schutzkreis. Meditiere und komme ganz und gar bei dir an.

Bitte die Götter, die Nornen, Drachen, Einhörner und was immer du willst, dich jetzt zu unterstützen und deine Hand zu leiten.

Dann nimm deinen Runenbeutel zur Hand und ziehe so viele Runen, wie es sich für dich richtig anfühlt. Dazu bleibst du ganz bei dir und spürst, wie sich eine Rune mehr anfühlt. Wenn du die Hand wieder in deinen Runenbeutel steckst, sollte sich ein gutes, warmes Gefühl ausbreiten, sonst ist es nicht richtig, noch eine Rune mehr zu ziehen. Dann belasse es bei denjenigen, die du bereits gezogen hast, auch wenn es nur eine einzige ist. Dann ist der Name dieser Rune dein magischer Name.

Schreibe dir die Runen in dein Tagebuch, auch als Buchstaben.

Dann finde deinen magischen Namen, indem du die Lautwerte der Runen immer wieder neu kombinierst, bis es so klingt, dass es dich sehr anspricht. Der Name, den du gefunden hast, sollte ein Gefühl von Freude, Vergnügen und Wohlbefinden in dir auslösen.

Weitere Namen: Peorth, Pertho, Pertha, Perth, Perthra

Buchstabe: P

Pflanzen: Ipomena, Dreiblatt, Zwiebelgewächse, Herbstzeitlose

Gottheiten: Frigga, Hel, die Nornen

Steine: Geoden, Drusen, Tektite

Tiere: Schildkröte, alle Mimikry-Tiere, Ratten, Mäuse

Körperteil: alle Sinnesorgane

Galdr: Der Runenname in all seinen Varianten oder auch nur der Anlaut P

Im Jahreslauf: Mitte Mai, Vollmond

Stichworte: Initiation • Erlangung von Weisheit • Geheimnisse erschließen • spirituelles Wachstum

Wenn du diesen Namen hast, bedanke dich bei den Runen und allen Kräften, die dir geholfen haben, ihn zu finden. Verbrenne noch ein besonders Räucherwerk zum Dank. Öffne den Kreis.

Runenrat

Lausche und beobachte. Ziehe deine Schlüsse.

Mythologischer Bezug

> Die dritte Wurzel der Esche liegt im Himmel, und unter ihr ist eine Quelle, die sehr heilig ist. Sie heißt Urdbrunnen.
>
> Gylfaginning 19, Übersetzung von Arnulf Krause

Täglich schöpft die Norne Urd heiliges und heilendes Wasser aus diesem Brunnen. Damit besprengt sie Yggdrasil, um allen Schaden vom Weltenbaum fernzuhalten.

Heilung

Öffnet Furunkel, aber auch den Schoß für eine Schwangerschaft. Stärkt die Ohren.

Magische Anwendung

Für Rückführung und Initiation. Perthro führt zur Wiederentdeckung verborgener Weisheit und verborgenen Wissens. Wenn du sie vor der Wahrsagung stellst, das Höndstadha machst oder singst, stärkt das deine Fähigkeit zur Vorausschau und hilft dir beim Deuten des Orakels. Mit Perthro kannst den für dein Vorhaben günstigen Zeitpunkt erkennen.

Das Stadha der Rune öffnet und schärft deine inneren Sinne und kann dir die kosmischen Strukturen offenbaren, aber auch Einsicht in deine eigene Lebensstruktur geben.

Allgemeine Bemerkungen

Der Name dieser Rune in unklar, es gibt verschiedene Bedeutungen:

Das Wort »Perth« bedeutet so viel wie Fruchtbaum. Fruchtende Bäume sind zum Beispiel Apfel-oder Birnbäume. Der Apfel ist ein altes Symbol für Fruchtbarkeit und gehört zu Göttin Idun.

Das althochdeutsche Wort »phorta, borta« bedeutet »Tür« oder »Tor«. Gelegentlich wurde Perthro auch mit »Würfelbecher« übersetzt.

Perthro hilft dir bei der Wiederentdeckung von verborgener Weisheit und altem Wissen. Sie ist die Rune der Einweihung und öffnet auf der geistig-seelischen Ebene Tore. Perthro erschließt Geheimnisse und öffnet Türen. Dein spirituelles Wachstum und auch deine Intuition werden durch die Arbeit mit dieser Rune gefördert.

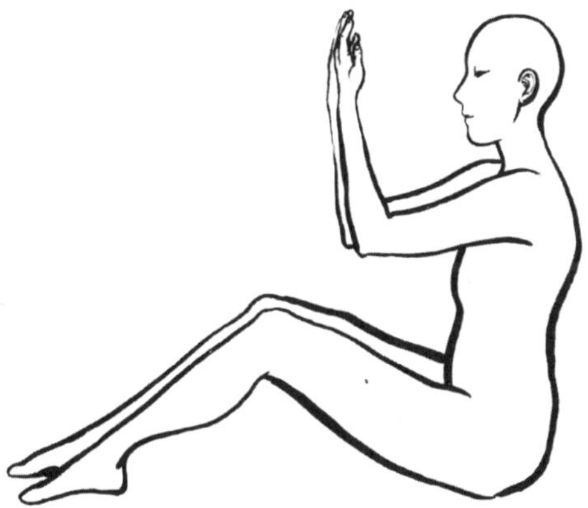

Stadha

Du sitzt, die Knie sind angewinkelt, die Füße stehen auf dem Boden. Die Arme werden vor dem Körper angewinkelt, so dass die Handflächen zum Gesicht zeigen. Die Unterarme liegen aneinander.

Höndstadha

Mittelfinger und Ringfinger einklappen, Zeigefinger und kleiner Finger bleiben gestreckt. Daumen liegen an. Hände zusammenführen.

Aus dem Sigdrifumal

Auf dem Nagel der Norn

Die Nornen wissen alle Geheimnisse der Menschen, auch die, welche die Menschen mit nach Hel nehmen. Durch Gefühle kann man etwas über die eigenen früheren Leben erfahren, daher verbindet dieser Pfad Helheim und Lysalfheim.

Perthro ist die Rune des Geheimnisses und der Einweihung, und so offenbart sich manche Einweihung, manches sehr gut Gelernte aus einem anderen Leben in diesem Leben als besondere Begabung.

Als Einzelwurf

Ein Geheimnis wird dir offenbart. Du kannst etwas über dich und andere lernen. Im Beruf kannst du etwas Neues lernen und Erkenntnisse sammeln. Eventuell bekommst du einen Forschungsauftrag.

In Beziehungen sagt die Rune dir: Ihr kennt euch noch nicht lange, es gibt noch viele Dinge zu erfahren. Einer von euch beiden (vielleicht auch ihr beide?) beschäftigt sich mit Magie und/oder Esoterik. Für deine Gesundheit kannst du jetzt viel durch alternative Medizin, auch Energiearbeit (zum Beispiel Qi Gong oder Yin Shin Yjutsu) und Handauflegen erreichen.

Gestürzt: Alles bleibt geheim. Es gibt keine neuen Erkenntnisse oder Meinungen.

In der Beziehung hat einer von euch ein Geheimnis, das er/sie nicht aufdecken will. Die weiteren Runen sagen etwas darüber aus, ob es ein böses oder ein lichtes Geheimnis ist.

Beruf: Es gehen Gerüchte um, die die Wahrheit verschleiern. Schaue sehr genau hin, wer dir wohlgesonnen ist, und wem du überhaupt trauen kannst.

Gesundheitlich solltest du dich einmal durchchecken lassen.

Bedeutung im Nornenwurf

Urd: Es gibt ein Geheimnis aufzudecken. Die Angelegenheit, um die es geht, hat eine dir vollkommen unbekannte Seite, etwas, das dich staunen lässt. Die folgenden Runen sagen dir etwas darüber, ob es ein freudiges Staunen wird oder ein entsetztes. Im Beruf haben deine Vorgesetzten etwas geplant, dich aber noch nicht informiert. Eventuell möchte man dich auf einen Lehrgang schicken. Für deine Gesundheit wirst du etwas entdecken, das dir sehr guttut. Deine Beziehung entwickelt sich, ihr lernt euch immer besser kennen und verstehen.

Gestürzt: Verwirrung und Durcheinander. Du hast im Moment keine Klarheit über deine Gefühle. Möglicherweise ist ein unbekannter Dritter oder eine unbekannte Dritte im Spiel, der/die Ärger oder Schwierigkeiten bringt.

Werdandi: Teile mit, was dich bewegt. Mache aus deinem Herzen keine Mördergrube. Aber suche dir die Menschen auch genau aus, mit denen du über deine Angelegenheiten sprichst. Teile deine Ziele mit, sprich über die Themen, die dich bewegen.

Schleiche nicht wie die Katze um den heißen Brei herum. Nimm dir Zeit zu entdecken, was dein Körper jetzt braucht, um gesund zu bleiben.
Gestürzt: Kümmere dich um dein inneres Wachstum. Du brauchst im Moment eine schützende Hülle, wie ein Einsiedlerkrebs. Bleibe auf jeder Ebene bei dir und in dir. Es ist nicht die Zeit, um dich mitzuteilen, zu vieles ist noch zu unausgereift.

Skuld: Spirituelles Wachstum. Erlangen von Weisheit. Beruflich erreichst du unerwartet eine bessere Position. Du erlangst für deinen Partner Verständnis auf einer ganz tiefen Ebene. Neues Wohlbefinden entfaltet sich. Gute Entwicklung.
Gestürzt: Kein Rat wird erteilt. Das Geheime soll noch geheim bleiben, der Ausgang bleibt unklar.

Bedeutung im Weltenwurf

Midgard – Was jetzt ist: Geheimnis und Einweihung. Stille und Schweigen.
Gestürzt: Eine Mauer aus (Ver-)Schweigen.

Lysalfheim – Gefühle: Tiefe Gefühle aus dem Unterbewusstsein kommen hoch. Vieles, was sich noch nicht deuten lässt.
Gestürzt: Du bist im Kopf, versuchst deine Gefühle zu rationalisieren.

Wanaheim – Verstand: Neue Erkenntnisse erschließen sich dir, ohne dass du viel dafür tun musst.
Gestürzt: Du käust die gleichen alten Weisheiten immer wieder, das ist fruchtlos und langweilig.

Asgard – Was hilft mir weiter? Öffne dich für göttliche Eingebung und Einweihung.
Gestürzt: Gehe nach innen, ganz tief, ganz weit, und schau nach, was sich dort findet.

Niflheim – Was hindert mich? Du wartest auf Erleuchtung, die in dieser Form nicht stattfinden wird. Allerdings blockiert dich dieses Warten.
Gestürzt: Was dich hindert, ist deine Annahme, dass alles, was du denkst und fühlst, gleich eine Erleuchtung oder eine göttliche Eingabe ist. Lerne zu unterscheiden zwischen dem Eigenen und dem Fremden.

Helheim – Was ruhen soll: Jetzt ist Zeit, deine spirituellen Erlebnisse und Erfahrungen zu festigen, statt dich gleich in etwas Neues zu stürzen.
Gestürzt: Lass die Abschottung gegen die Impulse aus deinem Unterbewusstsein ruhen und wende dich deinem Inneren zu.

Jötunheim – Woran soll ich mich erinnern? Erinnere dich, dass du deine eigene Meisterin oder dein eigener Meister bist.
Gestürzt: Erinnere dich daran, dass fremdes Wissen einen Impuls für dein eigenes inneres Wachstum geben kann, wenn du es zulässt.

Swartalfheim – Was jetzt zu tun ist: Mache die Einweihung, öffne dich für die höheren Kräfte, lasse dich von den Göttern berühren. Öffne dich, lasse es zu!
Gestürzt: Versenke dich in dich selbst und dein Wissen. Was du brauchst, findest du in dir selbst.

Muspelheim – Was wird aus der Situation? Ein guter, aber überraschender Ausgang. Alles wird gut, aber in einer Weise, die du dir nie hättest träumen lassen.

Gestürzt: Das sollst du jetzt nicht wissen. Hier ist das Schweigen der Götter.

EIWAZ

Die Reise

Diesmal beginnt die Reise ganz anders als die anderen: Mir ist schwindelig, ich drehe mich wie ein Kreisel über dem Weltenbaum.

Ein Eichhörnchen holt mich auf der Wiese am Fuße des Weltenbaumes ab. Ich schaue nach Sleipnir, kann ihn aber nirgends entdecken. Mürrisch sagt das Eichhörnchen: »Du musst wohl mit mir vorliebnehmen, wenn du den Weltenbaum erkunden willst. Ich kann aber auch wieder gehen, so neugierige Schlaumeier mag ich nicht. Von mir aus könnt ihr alle bleiben, wo der Pfeffer wächst!« »Nana«, sage ich, »ich kann ja wohl nach alten Freunden und Reisegefährten ausschauen, ohne dass du maulst.« Dann stelle ich mich vor ihn und frage nach seinem Namen. Es ist Ratatöskr, das Eichhörnchen, das die Nachrichten im Weltenbaum zwischen Krone und Wurzel hin- und herträgt.

Es wischt mir mit seinem Schwanz über das Gesicht, und »schwupp!« bin ich ein Eichhörnchen! Das fühlt sich lustig an. Es zeigt sich jedoch, dass es sehr anstrengend ist, denn Ratatöskr legt ein sehr schnelles Tempo vor, und ich husche hinterher. Zwischen Wurzel und Krone Yggdrasils zeigt es mir alle geheimen Pfade, die Runen, die zu jedem Pfad gehören, und wie diese Pfade am besten zu bereisen sind.

Schließlich verschnaufen wir auf einem Ast in Höhe von Lysalfheim. Jetzt kann ich fragen, was mich schon so lange beschäftigt: »In der Edda steht, dass du zwischen Adler und Nidhögg Gehässigkeiten austauschst. Warum tust du das? Warum stiftest du Unfrieden?«

Ratatöskr lacht und will sich fast kugeln vor Lachen. »Ich verbinde die Gegensätze, dafür muss man sie kennen. Denk mal drüber nach!« Wieder lacht es. Dann wischt es mir noch einmal mit seinem Schwanz übers Gesicht, und ich falle aus der Welteneibe, tiefer, tiefer, tiefer, bis ich wieder auf meinem Platz in dieser Welt lande.

Kraftgedanken

Eiwaz Runenkraft mir Jagdglück schafft.
Eiwaz Runenkraft mir höchsten Schutz schafft.

Weihehandlung

Verbinde die Gegensätze

Ein Ratatöskr-Ritual: Die Integration eines ungeliebten Wesensanteils

Ebenso wie die Eiwaz-Rune hat auch jedes Ich zwei Seiten, eine lichte und eine dunkle. Beide zusammen erst machen uns aus, aber oft wollen wir die dunklen Anteile nicht wirklich anerkennen. Genau dadurch bekommen sie aber eine ungeformte, nicht realisierte Macht über uns. Diese Weihehandlung dient dem Kennenlernen und Akzeptieren deiner Schattenanteile. Werde dir zuvor bewusst, welchen ungeliebten Seelenanteil du bearbeiten möchtest. Möglicherweise gibt es zum Beispiel einen Teil in dir, der immer nörgelt, ganz gleich, was du tust. Oder du bist wütend, ohne genau zu wissen, woher die Wut kommt. Oder du hast eine Angewohnheit (vom Nasebohren bis zum Rauchen), die dich schrecklich nervt und die du ablegen möchtest. Einen dieser Anteile wählst du aus, auch wenn du ihn nicht genau fassen kannst. Dann sagst du dir beispielsweise: »Ich möchte mit dem Teil von mir arbeiten, der stets unzufrieden ist.«

Ich gehe davon aus, dass alle unsere Anteile eigentlich für uns arbeiten – aber ihre Informationen sind teilweise schlicht veraltet. Alle diese Teile von dir haben dir irgendwann einmal geholfen zu überleben, emotional, geistig oder körperlich. Deshalb ist es falsch, sie zu unterdrücken. Viel sinnvoller ist es, ihnen neue Aufgaben zu suchen, wo sie dir weiter dienen können, ohne dass du dich damit schlecht fühlst.

Suche also einen Teil von dir aus, den du kennenlernen und verändern möchtest.

Komme zur Ruhe und suche deinen inneren Kraftort auf.

Sobald du diesen Ort betreten hast, sprich eine Einladung aus oder stelle dir einen Einladungsbrief vor, den du an deinen ungeliebten Wesenszug sendest. Mach dir keine Gedanken darüber, wie oder ob dieser Anteil von dir die Einladung auch bekommt. Sei dir vielmehr sicher, dass deine innere Post sehr gut funktioniert.

Dann gehe in den Raum, den du eigens für solche Gespräche an deinem Kraftort einrichtest oder sogar schon eingerichtet hast, und warte auf deinen Wesensanteil. Er kann jede Gestalt annehmen, jedes Geschlecht haben, lass dich überraschen, was durch die Tür zu dir hereinkommt.

Bitte dieses Wesen, Platz zu nehmen. Du kannst ihm auch ein Getränk anbieten, wenn du das möchtest.

Dann beginne das Gespräch, freundlich und nett, und höre dir an, was dein Wesensanteil dir zu sagen hat. Vertraue den Antworten, die du bekommst, glaube daran, dass diese Antworten aus den Tiefen deiner Seele kommen.

Erkläre dem Wesen, dass du für seine Dienste sehr dankbar bist. Aber du möchtest mit ihm jetzt gemeinsam einen neuen Tätigkeitsbereich für es finden, der ihm Freude macht.

Wenn das geschafft ist, bedanke dich noch einmal und verabschiede dich. Dann kehre zurück in den Wachzustand. Am besten ist es, nicht weiter darüber nachzudenken, ob alles auch so läuft, wie du es möchtest, ob es wirklich so war und so weiter und so weiter. Vergiss es einfach so weit wie möglich.

Schritt auf dem Einweihungsweg

Mache den Tod zu deinem Freund.

Das kann nur langsam geschehen.

Beginne damit, dir anzuschauen, wie du den Tod siehst. Beantworte für dich folgende Fragen schriftlich:

- Was ist der Tod für dich?
- Was geschieht deiner Meinung nach beim Sterben?
- Wie hast du Tod und Sterben bisher erlebt?
- Was fühlst du, was denkst du, wenn du an den Tod von Angehörigen denkst?
- Was fühlst du, was denkst du, wenn du an deinen eigenen Tod denkst?

Wenn du alle diese Fragen eingehend bedacht hast, fahre mit einer Sterbemeditation fort.

1.Stufe: Atemmeditation: Alles, was geboren wird, kommt mit einem Einatmen ins Leben. Alles, was stirbt, stirbt mit einem Ausatmen. Atme für zwanzig Minuten nur aus. Da es einen Atemreflex gibt, wird dein Körper von selbst wieder einatmen. Lasse das Einatmen geschehen, bleibe mit deiner Aufmerksamkeit beim Ausatmen. Dehne die Ausatemzüge lange aus. Beginne mit einem Zeitraum von zwei Minuten und steigere dich langsam auf zwanzig Minuten. Mache diese Meditation mehrere Tage oder Wochen, bis du das Gefühl hast, zur nächsten Stufe übergehen zu können.

Beachte deine Gedanken und Gefühle. Kommt Angst auf? Fühlst du dich überfordert? Gehe achtsam mit dir um.

2. Stufe: Einleitend immer die Meditation aus der 1. Stufe im Liegen. Dann entspanne deinen Körper. Gehe mit deiner Aufmerksamkeit nach innen, fühle deinen Körper von innen. Stelle dir vor, dass du dich aus deinem Körper zurückziehst, beginnend bei den Füßen. Dein ganzes Selbst zieht sich mit jedem Ausatmen immer weiter zu deinem Herzen zurück, bis du nur noch ein leuchtender Punkt in deinem Herzen bist. Dann breite dich mit dem Einatmen wieder in deinen Körper hinein aus. Mache diese Meditation mehrere Tage oder Wochen, bis du das Gefühl hast, zur 3. Stufe übergehen zu können.

Auch hier sei achtsam mit dir selbst und überfordere dich nicht. Lasse es in deiner Geschwindigkeit geschehen. Alle Zeitvorgaben sind Schall und Rauch im Vergleich mit deinem Gefühl.

3. Stufe: Meditiere wie in der zweiten Stufe. Allerdings mit einem Unterschied: Wenn dein Selbst sich in deinem Herzen konzentriert hat, stelle dir vor, du verlässt deinen Körper. Du betrachtest dich selbst von oben, als würdest du unter der Zimmerdecke schweben. Aus dieser Position würdige deinen Körper und dein bisheriges Leben. Und dann lasse es hinter dir, stelle dir vor, wie alle Pläne, alle Wünsche, alle Ziele gegenstandslos werden. Alles, alles bleibt zurück: Besitz, Beziehungen, Orte, einfach alles. Bleibe in diesem Zustand, solange du kannst oder magst. Dann kehre über das Einatmen zurück in dein Herz und von deinem Herzen aus zurück in deinen Körper.

Zunächst können diese Übungen Angst auslösen, denn wir alle definieren uns ja durch unser Sein und Haben. Mache es, so weit es für dich erträglich ist. Gehe an deine inneren Grenzen, aber zwinge dich nicht, darüber hinaus zu gehen. Lass dir die Zeit, die du brauchst, und wenn es Jahre oder Jahrzehnte sind.

Doch bald wirst du die ungeheure Freiheit entdecken, wenn du alles loslässt. Und dein tägliches Leben relativiert sich, alles rückt an den richtigen Platz im Angesicht des Todes. Wenn du dir den Tod zum Freund gemacht hast, hast du auch das Lebens ganz ergriffen.

Runenrat

Sieh das Ende im Anfang, sieh den Anfang im Ende. Finde das Feuer im Wasser, finde die Luft in der Erde. Nimm Abschied, betrauere den Abschied und dann freue dich auf das Neue.

Weitere Namen: Iwas, Eihwas, Ihwar, Eoh, Eiwaz
Buchstabe: ei oder e
Pflanzen: Eibe
Gottheiten: Uller, Hödur, Freya
Steine: Jaspis, Falkenauge, Larimar, Schneeflocken-Obsidian
Tiere: Eichhörnchen, Siebenschläfer, Haselmaus, Baummarder, Dachs
Körperteil: Wirbelsäule, Kehle, Haut
Galdr: Der Runenname in all seinen Varianten oder auch nur der Anlaut Ei
Im Jahreslauf: Neumond, Mai/Juni
Stichworte: wehrt schwarze Magie ab • Weltenbaum • Jagd/Suche • Schamanin/ Schamane

Mythologischer Bezug

> Ratatosk heißt das Eichhörnchen,
> das herumspringt
> an der Esche Yggdrasil;
> die Worte des Adlers
> trägt es von oben herab
> und sagt sie unten Nidhögg.«

Grímnismál, Strophe 32, Übersetzung von Arnulf Krause

»*Yr al behabet*« bedeutet: »Die Eibe enthält alles.«

Das kann man im *Abecedarium Nordmannicum* nachlesen, einem Runenlehrgedicht aus dem 9. Jahrhundert. So wird hier die Eibe als der Weltenbaum gezeigt, der eben alles enthält: Alle Welten, alle Götter und Geister, alle Pfade, alle Möglichkeiten, einfach alles.

Asgards Markt ist mit Iwen (= Eiben) bestanden, so sehr schätzen die Götter diesen Baum.

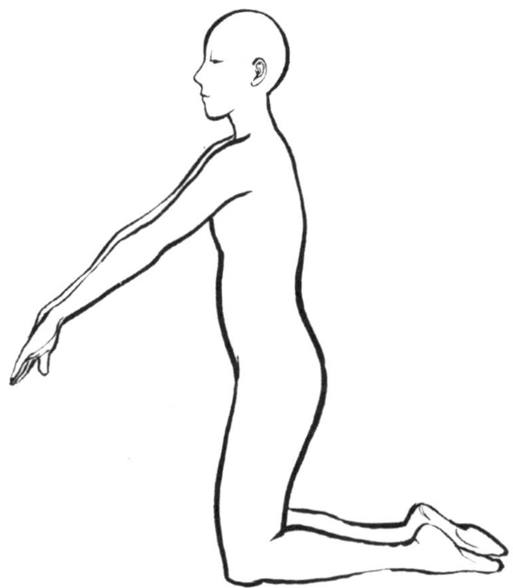

Stadha

Im Knien. Die Füße werden aufgestellt, die Arme nach vorne gestreckt, Handflächen nach unten.

Dies stellt das innere Gleichgewicht wieder her und gibt Gelassenheit. Es stärkt bei Hindernissen.

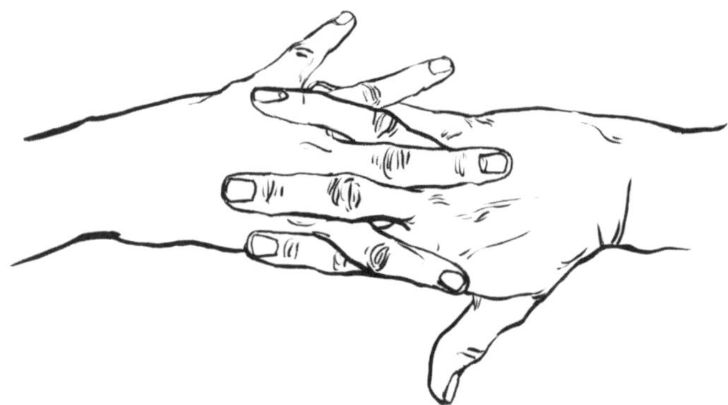

Höndstadha

Hände greifen ineinander, der Daumen der oberen Hand wird ausgestreckt, ebenso der kleine Finger der unteren Hand.

Heilung

In der Wirbelsäule visualisiert, stärkt sie den Rücken und fördert eine gerade Haltung. Außerdem schützt sie vor allen negativen Einflüssen, die ja sehr wohl Kopfweh oder Nackenschmerzen oder sogar Schlimmeres verursachen können.

Magische Anwendung

Ein altes Sprichwort sagt: »Vor Eiben kann kein Zauber bleiben.« So ist diese Rune der größte Schutz vor schwarzer Magie, bösen Geistern, Dämonen und ähnlichem.

Allgemeine Bemerkungen

Eiwaz verbindet Oben und Unten, Rechts und Links. Sie verbindet die Oberwelt mit der Unterwelt, die Krone Yggdrasils mit ihrer dreifachen Wurzel. Sie ist ein Bild für den Weltenbaum und seine Ausdehnung in alle Dimensionen. Entlang der Eibensäule steigt die Runenschamanin in die oberen oder unteren Welten.

Eiwaz hilft bei der Jagd und im übertragenen Sinne bei der Arbeits- oder Wohnungssuche. Auch bei der Rückholung eines Seelenanteils ist es sehr hilfreich, Eiwaz zu nutzen, zum einen, weil sie die Rune der Jagd ist, zum anderen, weil sie einen sehr starken Schutz bietet.

Aus dem Sigdrifumal

auf der Wala Sitz,

Die Rune Eiwaz, stärkster Schutz gegen schwarze Magie und Dämonen, schirmt den Pfad der Wala, der Seherin und weisen Frau. Sie bringt Wissen von Helheim nach Midgard, von der Welt der Toten zur Welt der Lebenden. Als Wanderin zwischen allen Welten braucht sie den starken Schutz von Eiwaz.

Eiwaz gibt es nicht gestürzt!

Als Einzelwurf

Zum einen: Schütze dich und passe gut auf dich auf. Zum anderen: Verbinde die Gegensätze zu einem harmonischen Ganzen. Bereise die Welten und die Pfade, die sie verbinden, du wirst wichtige Erkenntnisse gewinnen.

Bedeutung im Nornenwurf

Urd: Konzentriere deine Energie, wähle *ein* Ziel und gib alles, um es zu erreichen.

Werdandi: Nimm in Angriff, was immer du planst. Scheue nicht die Hindernisse und Mühen, aber schütze dich gut. Verbinde die gegensätzlichen Pole.

Skuld: Glücklicher Ausgang und freudvolles Ende. Gegensätze kommen in Einklang.

Bedeutung im Weltenwurf

Midgard – Was jetzt ist: Du als Verbinderin der Welten, der Gegensätze. Bei dir laufen verschiedene Fäden zusammen, und es ist deine Aufgabe, die losen Enden zu verbinden.

Lysalfheim – Gefühle: Du fühlst dich stark und klar. Verlasse dich auf dein Fühlen, es liefert dir die richtigen Hinweise.

Wanaheim – Verstand: Dein Verstand ist klar, deine Gedanken entwickeln sich folgerichtig. Traue dir selbst.

Asgard – Was hilft mir weiter? Schutz und das Verbinden der Gegensätze.

Niflheim – Was hindert mich? Du schottest dich zu sehr gegen alle Einflüsse ab.

Helheim – Was ruhen soll: Lasse alle deine Schutzmechanismen einmal los und schaue, was geschieht.

Jötunheim – Woran soll ich mich erinnern? Erinnere dich, dass in jedem Schwarz ein wenig Weiß und in jedem Weiß ein wenig Schwarz ist. Jedes Ding oder jede Erfahrung beinhaltet ihr Gegenteil.

Swartalfheim – Was jetzt zu tun ist: Schütze dich und vereine die Pole.

Muspelheim – Was wird aus der Situation? Der Ausgang ist gut – im Sinne aller, die den Weltenbaum bewohnen.

JERA

Die Reise

Am Fuße des Weltenbaumes warte ich auf Sleipnir. Sonst ist er immer schon da, heute aber kommt und kommt er nicht. Ich schaue mich um, kann ihn aber auch am Himmel nicht entdecken.

Ich lege mich ins Gras. Nach kurzer Zeit sinke ich in den weichen Erdboden, und irgendwie rolle ich mich zusammen wie zu einer Kugel.

Lange, lange liege ich in der dunklen warmen Erde. Es wird nass, es wird kälter und wieder wärmer. Da spüre ich einen seltsamen Druck auf der Haut. Er kommt aus dem Inneren meines Körpers, als wollte etwas heraus. Das macht mir ein wenig Angst; ich werde doch nicht einfach hier so platzen? Dann aber fühle ich winzige Fädchen, die sich ihren Weg durch das Erdreich bahnen, aus meiner Haut sprießen. Ein Teil dieser Fädchen strebt nach oben, dem Licht entgegen, ein anderer Teil wächst nach unten, der Schwerkraft folgend.

Aus den Fädchen werden Fäden, dann Wüzelchen und schließlich Wurzeln und Keimspross. Die Wurzeln halten sich fest in der Erde, der Spross durchbricht die Erdscholle und reckt sich keck dem Licht entgegen. Es ist ein wohliges Gefühl, so nach oben und nach unten zu wachsen und sich gut zu verwurzeln.

Ich wachse und strecke mich, werde schlank und hoch. Während ich wachse, spüre ich die Bodenlebewesen an meinen Wurzeln, der Wind streicht meine Blätter, Flugtiere besuchen mich, und ich schwinge im Erdenrythmus mit.

Die Sonne stärkt mich, sie wird immer kräftiger und brennt stärker auf mich herab. Ich werde müde, meine Blätter beginnen, trockener zu werden, die Säfte fließen nicht mehr so schnell wie noch vor einigen Mondumläufen. Immer mehr ziehe ich mich in die kleinen Kapseln zurück, die Samen, die ich gebildet habe. Ich mag nicht mehr in der Erde wurzeln, mag nicht mehr mit dem Wind spielen. Ich will schlafen. So vertrocknet ein Teil meiner selbst, während ich mich zurückziehe. Dass ich auf den Boden falle und einsinke, das merke ich noch. Dann schlafe ich.

Kraftgedanken

Jera-Runenkraft mir reiche Ernte schafft.
Jera-Runenkraft mir Verstehen der Lebenskreisläufe schafft.

Weihehandlung

Der richtige Zeitpunkt

Wenn du mit der Runenuhr, die du im Kapitel Sowilo hergestellt hast, gearbeitet hast, hat sich dein Gefühl für den richtigen Zeitpunkt im Verlaufe eines Tages geschärft.

Jetzt geht es in dieser Weihehandlung darum, innerhalb eines Mondzyklus den richtigen Zeitpunkt zu erspüren, um zu säen und zu ernten, Dinge zu tun oder zu lassen oder auch Magie zu wirken. Natürlich kannst du viel zu diesem Thema nachlesen; mehr Gewinn bringt dir jedoch das Spüren. Wenn du in der Stadt lebst, kann es schwieriger sein, mit den zyklischen Kräften des Mondes in Kontakt zu kommen, lass dir daher Zeit und versuche nicht, etwas zu erzwingen. Nimm dir möglichst oft einige Minuten, in denen du dich still hinsetzt und dich dem Mond öffnest. Dazu genügt erst einmal die innere Willenserklärung: »Ich öffne mich jetzt den Mondkräften.« Dann nimm wahr, was du fühlst. Beende die Übung mit einem kleinen Dank an Mani, dass er dich seine Energien spüren ließ, manchmal mehr, manchmal weniger. Sei absichtslos, forciere nichts, lass es fließen.

Der **abnehmende Mond** und der **Neumond** gehören zu Urd. Sunna und Mani wandern gemeinsam über den Himmel; daher ist Mani nicht zu sehen. Mani und Sunna stehen im gleichen Tierkreiszeichen. Es ist eine Zeit der Reinigung und Befreiung von Ballast, gut für das Loslassen.

Im **zunehmenden Mond** entfernt sich Mani wieder von Sunna. Werdandis Mond unterstützt dich bei der Aufnahme von Nährstoffen und Heilenergie. Dieser Mondkraft ist die Kraft des Beginnens, der Zeugung, des Wachstums innewohnend.

Skulds Mond ist der **Vollmond.** In dieser Zeit stehen sich Sonne und Mond gegenüber. Es ist eine Zeit der Fülle, der Ernte.

Dann kannst du noch den aufsteigenden Mond zwischen Winter- und Sommersonnenwende erfühlen. Er ist das Ausatmen der Erde, welches sich in Wachstum und Ausdehnung zeigt.

Der absteigende Mond zwischen Sommer- und Wintersonnenwende ist das Einatmen der Erde mit Reife und Ernte.

Schritt auf dem Einweihungsweg

Meditiere über den Kreis des Lebens.

Natürlich sind die verschiedenen Lebensstationen nicht immer in dieser Reihenfolge im persönlichen Leben vorhanden. Auch durchschreitet ein Mensch manchmal einige Lebensräume mehrmals, andere dafür scheinbar gar nicht.

- Was säst du aus?
- Welche Energie bringst du in dein Leben?
- Was möchtest du ernten?
- Welche Ergebnisse möchtest du erzielen?
- Wo bist du in diesem Kreis?
- Welche Stationen hast du bereits erlebt?

Das sind einige der Fragen, die sich bei der Meditation über den Lebenskreis stellen können.

Runenrat

Sei dir sicher, alles geht vorüber, das Gute wie das Schlechte. Halte an nichts fest. Vertraue auf die ewige Wiederkehr im neuen Gewand.

Weitere Namen: Jeran, Jara, Ger
Buchstabe: J
Pflanzen: Löwenzahn, Getreide
Gottheiten: Sif, Jörd
Steine: Bojis, Moquis, Unakit
Tiere: Eichelhäher, Hamster, Feldmaus
Körperteil: Leber, Darm, Solarplexus
Galdr: Der Runenname in all seinen Varianten oder auch nur der Anlaut J
Im Jahreslauf: Vollmond, Sommersonnenwende Mitte Juni
Stichworte: Ernte • Harmonie • freudvolles Wachstum

Mythologischer Bezug

> Högni hieß ein König; dessen Tochter war Sigrun. Sie war Walküre und ritt Luft und Meer. Sie war die wiedergeborene Swawa. Sigrun ritt zu Helgis Schiffen.
>
> Das andere Lied von Helgi, dem Hundingstöter, Übersetzung von Karl Simrock

Jera ist die Rune aller zyklischen Geschehnisse, also auch der Inkarnationszyklen. In der Edda gibt es mehrere Stellen, an denen darauf Bezug genommen wird, dass eine Seele immer wieder in einen anderen Körper eintritt. Oft wird dann, wie oben, darauf hingewiesen, dass die Seele in der gleichen Sippe wiedergeboren wird.

Jera bewirkt eine Harmonisierung der zyklischen Geschehnisse in Körper und Geist (zum Beispiel Verdauung, hormonelle Steuerung). Sie stärkt die Leber. Zudem erdet sie.

Magische Anwendung

Mit Jera kannst du die Zeit verlangsamen oder beschleunigen. Visualisiere die Rune, wie sie in der Zeit dir vorausgeht. Stelle dir die Zeitlinie, auf der du dich bewegst, wie einen Strom aus Energie vor, in dem du dich bewegst. Dann lasse die Rune vor deinem

beschleunigt die Zeit verlangsamt die Zeit

Stadha

Eine Hand wird in der Taille eingestützt, der Ellenbogen weist nach hinten. Ein Bein wird an das Knie des anderen eingestützt. Das eingestütze Knie weist nach vorne.

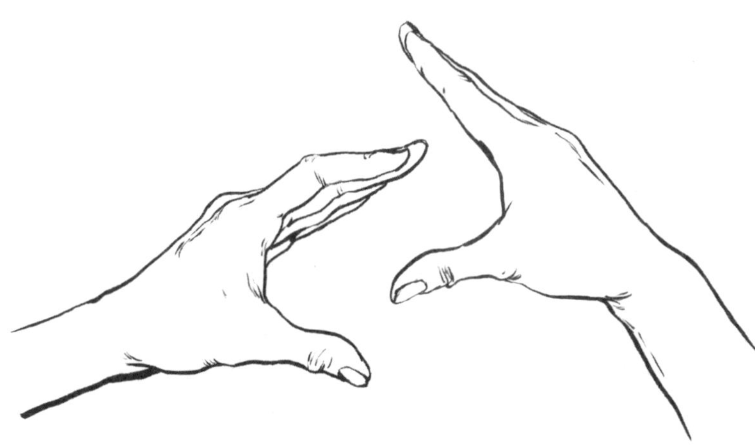

Höndstadha

Jede Hand bildet einen Winkel, die ineinander gehalten werden, ohne sich zu berühren.

inneren Auge entstehen, in strahlendem Licht, groß wie du selbst, und schicke sie ein wenig dir voraus durch diesen Zeitstrom. Je nachdem, ob du mehr oder weniger Zeit brauchst, verwendest du eine der Formen auf Seite 182.

Allgemeine Bemerkungen

Jera bezieht sich auf alle zyklischen Geschehnisse: Auf den Tages- und Nachtzyklus, den Sonnenrhythmus, die Mondphasen, aber auch die kosmischen Zyklen, in denen sich Galaxien bewegen. Auch die Lebenszyklen aller Geschöpfe in Midgard – Steine, Pflanzen, Tiere und Menschen – sind durch Jera dargestellt.

Sie erdet und zentriert. Jera schafft für einen Wunsch die Energie, sich zu manifestieren.

Galaxien haben aus einem bestimmten Blickwinkel die Form von Jera. Die spiralige Energiequalität von Jera zeigt sich auch im Wachstum von Pflanzen. Besonders deutlich ist das zum Beispiel bei der Anordnung der Kerne einer Sonnenblume zu erkennen.

Aus dem Sigdrifumal

auf dem Glück der Menschen,

Das Glück der Menschen ist die Ernte, Jera. Jedoch sollten wir bedenken, dass wir nur Glück ernten können, wenn wir auch Glück gesät haben. Jeder Gärtner weiß, dass aus Ringelblumensamen Ringelblumen werden und aus Möhrensamen Möhren; nichts anderes kann man dann ernten. So ist es auch mit unseren Gedanken und Gefühlen.

Der mit Jera verbundene Pfad führt von Lysalfheim nach Midgard, denn die Lichtalben tragen mit ihrer lichtvollen, wärmenden Energie zu jeder Ernte bei.

Jera gibt es nicht gestürzt!

Als Einzelwurf

Freude, Fülle und natürlich Ernte. Deine Mühen haben sich gelohnt, du bekommst, was du verdienst. Wiedergeburt.

Bedeutung im Nornenwurf

Urd: Eine wohlbestellte Ausgangslage. Alles ist gut angelegt in deiner Welt.

Werdandi: Jetzt ist es Zeit, die Früchte zu ernten, sprich: zu handeln. Trachte nach folgerichtigem Handeln im Einklang mit den Kräften des Kosmos.

Skuld: Glück und Freude, Fülle und Wohlstand. Vollendung. Glückliche Rückkehr.

Bedeutung im Weltenwurf

Midgard – Was jetzt ist: Deine Welt ist rund und schön. Alles ist da.

Lysalfheim – Gefühle: Ein reiches und schönes Gefühlsleben. Vielleicht siehst du aber manchmal die Dinge zu rosarot.

Wanaheim – Verstand: Dein Verstand braucht konkrete Informationen, um korrekte Ergebnisse zu erzielen. Füttere deinen Verstand gut!

Asgard – Was hilft mir weiter? Schau hin, was schon alles für dich zum Greifen nah ist – und dann greif gezielt zu!

Niflheim – Was hindert mich? Du willst alles haben und sein, ohne auch nur einen Finger dafür zu rühren. Natürlich hindert dich diese Anspruchshaltung ganz stark.

Helheim – Was ruhen soll: Es ist nicht an der Zeit, zu ernten oder zu nehmen. Bleibe bei dem, was du hast und lasse dich durch nichts verführen.

Jötunheim – Woran soll ich mich erinnern? Erinnere dich daran, dass du nur ernten kannst, was du auch gesät hast. Und jammere nicht, wenn du Möhren bekommst, weil du Möhrensamen ausgestreut hast, aber Rosen wolltest.

Swartalfheim – Was jetzt zu tun ist: Schaffe dir Möglichkeiten und säe aus, sinnbildlich gesprochen.

Muspelheim – Was wird aus der Situation? Freude und Fülle, Wohlstand, Vergnügen und Harmonie. Wiedergeburt.

ISA

Die Reise

Wie immer beginnt meine Reise am Fuße des Weltenbaumes. Aber diesmal kommt nicht Sleipnir, sondern Skadi und holt mich ab.

Die grünen Wiesen verwandeln sich in eine Schneelandschaft, und es wird bitterkalt. Skadi fährt Ski, und zu meiner Freude entdecke ich, dass ich auch Ski fahre. Begeistert gleite ich über den Schnee.

Dann fahren wir höher und höher in den Winterhimmel hinein: in die Weltraumkälte, die größte Verdichtung von Isa.

Isa ist Starre. Zu lange Starre führt zum Tod. Isa ist der Weltraum mit seiner Kälte. Daher wurde aus Feuer (glühender Erdkern) und Eis (Weltraumkälte) die Erde.

Wir sinken wieder skifahrend nach unten. Als wir am Fuße des Weltenbaumes angekommen sind, sind die Ski plötzlich weg, und Skadi wendet sich schnell von rechts nach links.

Eine Körper- und Gesichtsseite ist lieblich und schön, die andere hässlich und furchterregend.

Skadi zeigt mir so, dass beide Seiten zu Isa und auch zum Ich gehören.

Kraftgedanken

Ich erkenne mich selbst vorurteilsfrei.
Isa-Runenkraft mir Selbsterkenntnis schafft.

Weihehandlung

Negative Überzeugungen verschwinden lassen

Isa steht für das Ich. Das *Ich* aber, welches wir zu kennen meinen, besteht aus vielen Schichten, die zum Teil gar nicht wir selbst sind, sondern erstarrte Überzeugungen, die wir meist schon als Kinder angenommen haben. Diese Weihehandlung soll dir helfen, diese negativen, einengenden Überzeugungen kennenzulernen und sie schmelzen zu lassen wie Eis in der Sonne.

Nimm dir einen Bogen Papier und male die Rune genau in die Mitte. Rufe dabei ihren Namen: IS, ISA, ICH. Dann schreibe auf die rechte Seite der Rune negative Meinungen und Gedanken, die du von anderen übernommen und verinnerlicht hast. Vielleicht hat deine Musiklehrerin, wie bei mir auch, dir gesagt, dass du nicht singen kannst. Ich habe es geglaubt, und erst zu meinem vierzigsten Geburtstag meine Singstimme zurückbekommen.

Also würde ich auf die rechte Seite der Rune schreiben: Meine Stimme ist hässlich.

Sicherlich fallen dir sehr viele negative Botschaften ein. Schreibe sie alle auf die rechte Seite der Is-Rune.

Die erstarrende Kraft von Is hält diese alten Überzeugungen in dir fest. Es ist Zeit, sie zum Schmelzen zu bringen und Is in ihrer Kraft als Brückenrune zu erleben.

Der erste Schritt, um das alte Seeleneis zum Schmelzen zu bringen, ist Vergebung. Vergib den Menschen, die dir diese Botschaften vermittelt haben, und vergib dir selbst, dass du sie verinnerlicht hast.

Auf die linke Seite der Is-Rune schreibst du die umgeformte Botschaft. Aus der negativen Botschaft der Vergangenheit wird eine positive Botschaft der Gegenwart und der Zukunft. In meinem Beispiel: Ich kann singen, meine Stimme ist schön.

So benutzen wir die Rune als Brücke zu einer neuen Gegenwart.

Sicherlich wirst du auf viele Widerstände stoßen, zum Beispiel: »Das ist völlig wirkungslos«, »Die haben aber Schuld, ich kann nicht vergeben«, »Ich bin zu blöd«, »Nur weil das da steht, kann ich doch nicht singen (oder was auch immer)« und so weiter. Lass dich von diesem Gerede in deinem Kopf nicht einfangen. Beginne mit der Vergebung und der Entwicklung deines wahren Selbst. Das Stadha zu dieser Rune wird dir helfen.

Schritt auf dem Einweihungsweg

Lerne, nein zu sagen.

Nein zu sagen, fällt vielen Menschen schwer. Ist das bei dir auch so? Womöglich hilfst du anderen, obwohl du gar keine Zeit hast, verleihst Dinge, obwohl du Angst hast, sie kaputt zurückzubekommen, oder hast Sex, wenn du es nicht wirklich willst. Vielleicht kaufst du etwas, was du gar nicht brauchst, weil der Verkäufer dich so drängt, oder verleihst Geld, obwohl du weißt, dass du es nie zurückbekommen wirst. Alles, weil du nicht nein sagen kannst. Nun ist es Zeit, das zu lernen. Auch in den fortgeschrittenen magischen Arbeiten ist es wichtig, nein sagen und sich klar abgrenzen zu können. Zu groß ist sonst die Gefahr von Besetzung oder Besessenheit.

Beginne damit, zu überlegen, warum es so schwer ist »Nein!« zu sagen. Oft ist es die Angst, nicht mehr geliebt zu werden, vielleicht auch die Angst, etwas zu verpassen oder als herzlos zu gelten. In jedem Fall ist Angst der springende Punkt. Angst ist allerdings immer ein schlechter Ratgeber. Daher beginne in kleinen Dingen, das Neinsagen zu üben.

Gib dir innerlich die Erlaubnis, nein zu sagen, vielleicht mit folgenden Worten: »Ich darf meine wahren Gefühle äußern. Es steht mir zu, etwas nicht zu wollen. Ich darf nein sagen.« Oder in ähnlicher Weise.

Mache dir auch klar, was es bedeutet, wenn du jetzt ja sagst: Musst du Zeit, Geld oder Nerven opfern? Ist es das wirklich wert? Willst du das?

Möglicherweise gelingt es dir nicht immer, in einer freundlichen Form nein zu sagen. Das ist auch gar nicht immer nötig. Wenn jemand dich grob behandelt oder nötigt, dann darfst du grob und laut nein sagen!

Und wenn du dich mit deinem Ton nicht wohlfühlst, kannst du dich für die Art und Weise entschuldigen – aber nicht für dein Nein.

Runenrat

Werde dir deiner selbst bewusst, deiner ureigenen Fähigkeiten und Möglichkeiten jenseits aller Minderwertigkeitsgefühle.

Weitere Namen: Is, Isaz, Isan, Eisaz
Buchstabe: i
Pflanzen: Zinnkraut, Schierling
Gottheiten: Skadi, Ullr
Steine: Bergkristall, Kyanit (blau)
Tiere: Pinguin, Eisbär, Polarfuchs
Körperteil: Der Mund
Galdr: Der Runenname in all seinen Varianten oder auch nur der Anlaut I
Im Jahreslauf: Ende Juni/Anfang Juli, Neumond
Stichworte: Eis • Verzögerung • Willenskraft • Festigung

Mythologischer Bezug

Zum einen ist Eis in der Edda eine der beiden Urmaterien. Dies wurde bereits im 1. Kapitel besprochen. Hier sollen nun Skadi und Ullr vorgestellt werden. Beide werden im Gylfaginning und Skaldsparmal erwähnt.

Skadis Vater Tjiazi wird durch Lokis Schuld von den Asen erschlagen. So fordert sie Entschädigung. Die Asen bieten ihr an, allein anhand der zur Schau gestellten Füße ihren Ehemann auszuwählen. Skadi wählt die für sie schönsten Füße, während der Rest der Götter hinter einem Vorhang nicht zu sehen ist. Sie hofft auf Baldur, doch dummerweise hatte Njörd die schönsten Füße. Leider haben die beiden völlig verschiedene Interessen, die trotz ernsthafter Versuche nicht zu vereinbaren sind. So trennen sie sich wieder.

Skadi ist eine Göttin der Berge, die gerne Ski fährt.

Ullr (»der Ehrenhafte«) ist der Gott der Jagd und des Winters. Er lebt in Ydalir, dem Eibental. Man vermutet in ihm eine sehr alte Gottheit. Durch die Eiben wird er in Verbindung mit Magie gebracht.

Rinda, eine Riesin, wird oft als die Göttin der gefrorenen Erde bezeichnet. Sie und Odin haben einen Sohn, Vali, der beim Ragnarökk den Tod seines Vaters rächen wird. Alle drei Gottheiten haben einen starken Bezug zum Winter, zu Schnee und Eis, und sind daher mit der Rune Isa verbunden.

Stadha

Du stehst aufrecht und hebst die Hände gestreckt über den Kopf, wobei du die Handflächen zusammenlegst.
Diese Haltung stärkt die Willenskraft und das Durchhaltevermögen. Außerdem fördert sie körperliche und geistige Widerstandskraft.

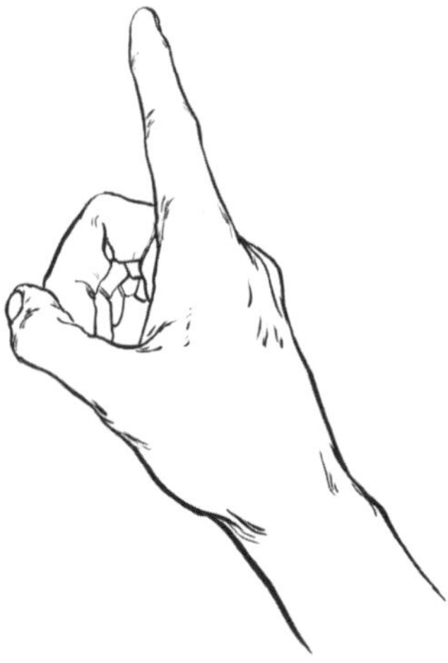

Höndstadha

Der aufgerichtete Zeigefinger. Alle anderen Finger und der Daumen werden eingeklappt.

Heilung

Bei Fieber, Entzündungen und allen anderen Zuständen, bei denen eine Energieform überhand nimmt, dämmt sie die ausufernden Kräfte ein und bringt Kühlung.

Magische Anwendung

Grundsätzlich kann man mit Isa Energie stoppen und stauen. Allerdings erfährt die gestaute Energie keine Veränderung. Und natürlich muss die Stauung irgendwann gelöst werden, weil du sonst immer mehr von deiner eigenen Kraft brauchst, um sie zu halten. Ansonsten arbeitet ja die Rune und hält die Energie von dir fern.

Eine andere Anwendung arbeitet mit der Staukraft von Isa: Du formst eine Kraft, beispielsweise, um dich verteidigen zu können. Diese Kraft dämmst du mit Isa ein. Dann brauchst du im Anwendungsfall nur den Damm anstechen, sprich Isa lösen, und die Verteidigungsenergie wird freigesetzt.

Auch wenn du einen Vorgang verzögern oder Zeit gewinnen willst, ist Isa hilfreich.

Bei magischen Angriffen oder sonstigen negativen Energien hilft sie auch sehr gut und schnell, weil die Energie einfach eingefroren wird. Dann hast du die Wahl, sie zurückzuschicken oder abzuleiten.

Isa festigt eine Situation. Sie stellt die Stille einer vereisten, verschneiten Ebene her, in der du jedes Geräusch und jeden Anblick meilenweit sehen und hören kannst. So schärft sie die Sinne, indem sie den Sturm zur Ruhe bringt.

Eine schöne, leichte und wirklich erfrischende Anwendung ist es, sie in einem überheizten Raum oder an einem heißen Tag zu visualisieren, um dadurch Abkühlung zu schaffen.

Allgemeine Bemerkungen

Isa ist Is, Isaz, Isan, Eisaz und bedeutet Eis. Sie ist die einzige Rune, die durch die Zeiten niemals eine Veränderung erfahren hat.

Eis ist in der Edda eine Urmaterie: Aus der Vereinigung von Feuer und Eis entsteht alles, was ist.

Es lohnt sich, in der Betrachtung dieser Rune nach draußen zu gehen, wenn die Frostriesen über das Land gekommen sind und es vereist haben. Schau dir einen Eiszapfen an, die Eiskristalle in den Bäumen, die Eisblumen an den Fenstern (gibt es die noch?). Eis zeigt durch Erstarrung des Fließens, wie schön Wasser ist und welche Formen es bilden kann. Eis schafft Übergänge, wenn ein Bach oder Fluss zufriert.

Isa ist Ichkraft, die sich in Form von Willensstärke und Konzentration auf das Wesentliche manifestiert. Eine große Klarheit des Geistes kann durch Isa entstehen, so, als könntest du alles vollkommen wertfrei wie in einem Spiegel beobachten. Diese Rune stärkt die Willenskraft. Wenn aber Isas Energie zu stark wird oder zu lange festgehalten werden soll, ist die Folge Verdrängung, Verhärtung, Stillstand und Erstarrung.

Aus dem Sigdrifumal

auf des Schlittens Bandern.

Mit Bandern sind die Metallkufen und -beschläge eines Schlittens gemeint.

Dieser Pfad führt von Niflheim nach Jötunheim. In diesen Regionen von Eis und Schnee kann man am besten mit dem Schlitten reisen. Auf diesem Pfad liegt die Eisrune, Isa.

Isa gibt es nicht gestürzt!

Als Einzelwurf

Isa wirft dich auf dich selbst zurück. Erspüre dich, deine möglichen inneren Hemmnisse und Vereisungen. Gehe in die Stille und in die Einsamkeit und nutze diese als eine Brücke zu dir selbst. Beende Schuldzuweisungen, die der Befreiung deines wahren Selbst nur hinderlich sind.

Entscheide dich für dich selbst, indem du die volle Verantwortung für dein Sein übernimmst.

Es ist in jedem Falle keine Zeit für Entscheidungen, um Neues zu beginnen oder auf Reisen zu gehen. Es ist eine Zeit, still zu werden und dich selbst zu spüren.

Bedeutung im Nornenwurf

Urd: Rückzug, Selbstbesinnung, Selbstfindung. Zu starke Kontrolle. Kein Interesse mehr.

Als deine Ausgangsenergie sagt Isa dir, dass Rückzug und Selbstbesinnung angesagt sind. Nimm dir in dieser Angelegenheit jetzt die Zeit und Ruhe, alles genau anzuschauen und zu prüfen. Geht es bei deiner Frage um Beziehungen, zeigt Isa an erster Stelle, dass du bei dir selbst schauen solltest, um eine Lösung zu finden. Möglicherweise hast du dich selbst auch zu weit aufgegeben in dieser Beziehung. Beruflich prüfe jetzt alle Möglichkeiten zur Veränderung der Situation, leite aber noch keine konkreten Schritte ein.

Werdandi: Die Energien stauen sich, es geht nicht voran. Es ist keine Zeit, um Entscheidungen zu fällen oder etwas Neues zu beginnen. Strenge dich im Moment nicht an, Veränderungen herbeizuführen, erst muss das Eis schmelzen. In einer Beziehungsfrage kann Isa an dieser Stelle auf eine gewisse Gefühlskälte deuten, die zwischen euch eingetreten ist. Deine berufliche Laufbahn stagniert, wenn Isa an zweiter Stelle steht. Es braucht noch etwas Zeit, bis die Dinge wieder ins Fließen kommen.

Skuld: Als Ergebnisrune zeigt Isa dir, dass du noch Geduld brauchst. Endgültige Ergebnisse oder Lösungen sind noch nicht in Aussicht, sondern müssen sorgfältig entwickelt werden. Geht es um Beziehungen, ist die Beziehung erst mal auf Eis gelegt. Abwarten ist die beste momentane Politik. Prüfe, warum es dieser Partner/diese Partnerin sein muss, was euch wirklich verbindet, was du geben möchtest und was du zu bekommen hoffst. Im Beruf gilt das ebenso. Prüfe auch hier sorgsam, was du von dem Projekt, der neuen Stelle oder was es auch ist, erwartest und was du geben möchtest.

Bedeutung im Weltenwurf

Midgard – Was jetzt ist: Klarheit, aber auch Einsamkeit. Stille, möglicherweise Erstarrung.

Lysalfheim – Gefühle: Sind deine Gefühle eingefroren und du bist innerlich kalt? Wenn das nicht so ist, steht Isa an dieser Stelle für eine große Klarheit und Bewusstheit.

Wanaheim – Verstand: Dein Verstand ist glasklar und scharf wie ein Skalpell. Verletze dich damit nicht selbst!

Asgard – Was hilft mir weiter? Zentriere dich, komme bei dir an und schaffe so innere Klarheit. Betrachte die Situation vorbehaltlos. Tue alles Unwesentliche von dir ab und konzentriere dich auf die entscheidenden Punkte.

Niflheim – Was hindert mich? Wie Schneewittchen liegst du erstarrt in einem Glassarg. Spucke den giftigen Apfel von Hochmut, Selbstverkennung und Unaufmerksamkeit gleich aus!

Helheim – Was ruhen soll: Schaue einmal weg von dir als deinem Lebensmittelpunkt und sieh die anderen Menschen in deinem Leben mit ihren Wünschen und Bedürfnissen.

Jötunheim – Woran soll ich mich erinnern? Erinnere dich, wie wohltuend Klarheit und Stille sein können. Suche dir einen stillen Platz und genieße ihn.

Swartalfheim – Was jetzt zu tun ist: Schweige und beobachte. Es ist keine Zeit zum Handeln.

Muspelheim – Was wird aus der Situation? Es ist nicht klar, ob der Ausgang für dich günstig oder ungünstig ist. Sicher ist aber, dass du mit großer Klarheit erkennen kannst, was wirklich passiert ist.

NAUTIZ

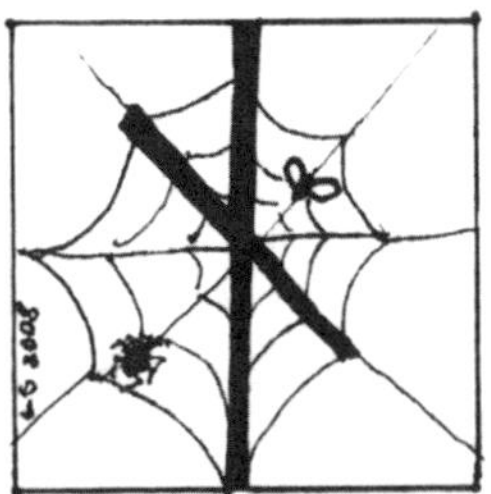

Die Reise

Sleipnir kommt und holt mich. Wir reisen zu Yggdrasil, ich gehe neben ihm und habe meine Hand auf seinem Hals. Wir steigen tief, tief, tief hinab nach Niflheim.

Dort lerne ich Nidhögg kennen. Er ist ein großer, grauer Drache, durchflossen von blauen Wellen. Seine vorderen Gliedmaßen kann er wie Hände benutzen. Als wir ihn aus der Ferne sehen, kaut er gerade an einem Bein; der Körper baumelt daran herum. Mir wird schlecht. Nidhögg hat uns erspäht und spuckt das Bein aus. Sobald der Körper den Boden berührt, verschwindet er – wie überaus seltsam, denke ich.

Dann stellt Sleipnir mich vor, als »Reisende von weit entlegenen Ufern«. Zaghaft begrüße ich den großen, grauen Drachen. Er hat eine angenehme, samtigweiche Stimme, und ich höre ihn gerne sprechen. Nur damit ich diese Stimme hören kann, stelle ich viele Fragen und lausche den Antworten. Plötzlich rutscht es mir heraus: »Kaust du wirklich *Leichen*?« Und die samtschöne Stimme antwortet: »Ja, bis auf die Knochen.« Entsetzt frage ich ihn, warum er das tut. Dies ist seine Antwort: Natürlich sind hier nicht die materiellen Leichen zu finden. Es sind die Überzeugungen der Verstorbenen, die Muster, die zu dem Körper geführt haben, den die Menschen vor ihrem Tode hatten.

Nidhögg will den Tod des Egos, um das Selbst zu befreien. Durch das »Kauen« befreit er die Seele von allen alten Anhaftungen aus ihrem zu Ende gegangenen Leben; jedenfalls, soweit sie es zulässt. Nichts geschieht ohne die Zustimmung der verstorbenen Seele. Ganz verstehe ich es trotzdem nicht, es bleibt seltsam.

Die Seelen, die auf die Wiedergeburt warten, sind bei ihm. Er hebt seinen mächtigen Schlangenleib zu einem Tor, und ich sehe meine Mutter. Wir umarmen uns und freuen uns, und ich frage sie, ob sie bald wieder inkarnieren will. Sie sagt nein, nicht so bald. Wir freuen uns, dass wir uns sehen, aber dann muss ich wieder gehen. Es bricht mir fast das Herz, sie noch einmal zurückzulassen. Aber ich fühle, dass ihr Platz jetzt hier ist und nicht mehr in meiner Welt. Nidhögg lässt seinen Leib wieder herab.

»Kann ich sie einmal wiedersehen?« frage ich. Er sagt: »Vielleicht.«

Bei Nidhögg zu sein bedeutet, sich selbst zu vergeben und loszulassen oder zu leiden.

Wir verabschieden uns. Da sagt der Drache mit seiner Schmusestimme: »Eins noch: Ich bin der Zweifel, wenn es keinen Zweifel geben darf; ich bin die Angst, wenn du furchtlos sein solltest.« Ich frage: »Warum tust du das?« Er sagt: »Damit du wächst.«

Dann ist es Zeit, aufzubrechen, ich gehe mit Sleipnir wieder den langen Weg nach oben.

Kraftgedanken

Nautiz-Runenkraft mir Wahrheit schafft.
Alles, was in meinem Leben geschieht, dient meinem höheren Wohl.
Ich lasse jetzt das Alte los und öffne mich für das Neue, Bessere.

Weihehandlung

Gerümpel loswerden

Trenne dich von allem Unwesentlichen. Tue dies zunächst auf der materiellen Ebene. Schaue dich in deiner Wohnung um, nimm dir Schrank für Schrank, Schublade für Schublade vor, und lege alles, was du eigentlich nicht magst oder nicht brauchst, in eine oder mehrere Schachteln.

Es gibt keinen Grund für Stress, gehe in einer für dich guten Geschwindigkeit daran. Nimm nur die Dinge, bei denen du ein klares Gefühl hast.

Wenn es sich gut anfühlt, suche für jedes Ding einen neuen Besitzer. Nur die wirklich alten oder funktionsuntüchtigen Sachen tue in den Mülleimer. Wiederhole diese Tätigkeit immer mal wieder, vielleicht alle acht Wochen.

Du wirst sehen, dass sich auch deine innere Welt »mit ausmistet«. Diesen Vorgang kannst du aktiv unterstützen, indem du deine verschiedenen Meinungen, Werturteile, Vorurteile genau unter die Lupe nimmst. Du findest Tauben eklig? Warum denn eigentlich? Gibt es auch etwas, was du an ihnen mögen könntest?

Diese innere Arbeit verrichtest du wahrscheinlich fortlaufend, denn es fällt dir immer noch einmal etwas auf, bei dem sich das Überprüfen lohnt.

Schritte auf dem Einweihungsweg

Welche Pflichten fordert das Leben von dir? Das gilt es jetzt herauszufinden.

Es gibt die ganz alltäglichen »Lebensschulden«: Wenn du essen möchtest, musst du kochen. Wenn du saubere Wäsche möchtest, musst du waschen und so weiter. Manchmal nimmt man einen Umweg über Geld, das heißt, du bezahlst jemand dafür, dass er/sie diese Dinge für dich tut. Aber auch dann bist du in der Pflicht, bestimmte Dinge zu tun, um das Geld dafür zu erwirtschaften.

Oft sind es gerade diese »pflicht«gemäßen Dinge, diejenigen, die einen starken Widerstand in uns auslösen.

Aus deinen Pflichten kann dir Freude erwachsen – wenn du dich dafür öffnest. Den Widerstand aufgeben, heißt die Freude in dein Leben einladen. Freude bringt Dankbarkeit mit sich und Dankbarkeit zieht Besseres an.

Der Weg dorthin besteht aus vier Schritten. Ich möchte das an einem Beispiel zeigen:

Du hast eine Stelle als Reinigungskraft, denn du brauchst das Geld, um deine Miete bezahlen zu können. Allerdings hasst du Putzen – den Dreck anderer wegzumachen, kommt dir wie eine Strafarbeit vor. Jeden Tag gehst du schon wütend und voller Abwehr zur Arbeit.

Das kostet dich enorme Energie und Lebensfreude, geht wahrscheinlich auch zu Lasten der Qualität deiner Arbeit, und oft ist sogar deine Freizeit erfüllt vom Grausen vor dem nächsten Arbeitstag.

Nun wollen wir sehen, wie du einen neuen Zugang finden kannst:

- Der erste Schritt: Erkenne an, dass du *freiwillig* diese Arbeit tust.

  »Nein!« wirst du jetzt sagen. »Ich muss das tun, um meine Miete zu bezahlen!« Aber deine Miete möchtest du bezahlen können, denn du brauchst ein nettes Heim, in welches du dich zurückziehen kannst.

  Nun kannst du deine Stelle ja aber auch jederzeit aufgeben, wenn du bereit bist, mit den Konsequenzen zu leben. Da du das nicht willst – du willst dein gemütliches Heim behalten – ist deine Arbeit als Reinigungskraft das, was du jetzt dem Leben schuldest. Und also bist du freiwillig da, denn es ist nun einmal das, was vor deinen Füßen lag, als du eine Einkommensquelle gesucht hast. Du bist die Schöpferin/der Schöpfer in deinem Leben, und du hast diese Stelle als Reinigungskraft für dich erschaffen. Also löse den Widerstand auf, indem du »ja« zu dieser Arbeit sagst.
- Der zweite Schritt: Mache dir den *Wert* deiner Arbeit bewusst.

  Wenn du deine Arbeit nicht sorgsam erledigst, können diejenigen, die diese Räumlichkeiten benutzen, weder effektiv arbeiten noch sich wirklich wohlfühlen. Deine Arbeit ist elementar für das Gelingen aller Projekte, die in diesen Räumen stattfinden. Sie trägt dazu bei, das Lebensgefühl aller zu verbessern, die sich in den von dir gereinigten Räumen aufhalten.

  Und natürlich hat sie ihren besonderen Wert für dich, indem du deine Miete zahlen kannst.

  Mach dich ganz und gar unabhängig von Werturteilen unserer Gesellschaft, deines Freundeskreises, deiner Kollegen usw. Stelle dich in deinen eigenen Werterahmen und erkenne den wahren Wert deiner Putzarbeit!
- Der dritte Schritt: Sei *dankbar* für diese Möglichkeit, deine »Lebensschuld« zu begleichen.

  Da du dein Bewusstsein dahin erweitert hast, dass du an deinem Arbeitsplatz freiwillig den Besen schwingst, kannst du jetzt beginnen, Dankbarkeit zu entwickeln. Mache dir deutlich, dass du ohne diesen Arbeitsplatz keine Wohnung hättest!
- Der vierte Schritt: Die Arbeit als Meditation nutzen

  Dieser Schritt kann zeitgleich mit den drei vorherigen Schritten gemacht werden. Das soll heißen, dass du jederzeit diese ungeliebte Tätigkeit als Meditation ausführen kannst, um es leichter zu haben. Dazu gibt es verschiedene Möglichkeiten:
- Du wählst einen Kraftsatz oder ein Galdr und wiederholst diesen andauernd. Wenn deine Gedanken abschweifen, lasse sie ohne Ärger oder Enttäuschung zum Kraftsatz/Galdr zurückkehren. So kannst du Altes lösen oder Neues etablieren, fast ganz nebenbei.
- Du konzentrierst dich ganz und gar auf die Arbeit. Es gibt nichts Wichtigeres, als jetzt diesen Spiegel zu putzen, diesen Boden zu saugen, dieses Fenster zu reinigen.

Auch hier gilt: Wenn Gedanken kommen, lasse sie ziehen wie die Wolken am Himmel.

- Du stellst dir vor, wie aus deinem Herzhvel positive Energien strömen, die diesen Ort reinigen und bereichern – und damit auch dich. Indem du dich auf die lichte Herzenskraft konzentrierst, arbeitest du an deiner spirituellen Entwicklung.

Runenrat

First things first! Tue das, was du tun musst, und zwar jetzt und hier. Erfülle die Anforderungen des Lebens an dich jetzt und hier. Da Nautiz auch mit Wyrd und Orlög in Verbindung gebracht wird, ist es an der Zeit, dieses durch Vergebung zu lösen. Beiß nie mehr ab, als du kauen kannst!

Weitere Namen: Naudir, Not, Nit, Naut, Nauthiz, Need, Naudr

Buchstabe: N

Pflanzen: Flechten, Moose, Zirbelkiefer

Gottheiten: Die drei Nornen: Urd, Werdandi, Skuld

Steine: Kiesel, Granit, Schiefer

Tiere: Spinne, Seidenraupe

Körperteil: Knie und Ellenbogen, linkes Knie

Galdr: Der Runenname in all seinen Varianten oder auch nur der Anlaut N

Im Jahreslauf: Vollmond, Mitte Juli, Sonnenwende

Stichworte: die Not wenden • Wyrd, Orlög ablösen • Pflicht wird Freude

Mythologischer Bezug

Nacht im Gemach ward`s. Es nahten die Nornen,
Erloosten dem Erdling die Lebenslänge
Unerreichten Ruhm als Führer im Felde
Und höchstes Lob als Länderbeherrscher.

Erstes Lied von Helgi, dem Hundingstöter, Strophe 2, Übersetzung von Wilhelm Jordan

Die Nornen sind drei Schwestern: Urd, Werdandi und Skuld. Urd spinnt den Lebensfaden, Werdandi bestimmt die Länge des Fadens und Skuld schneidet ihn ab. Sie stehen bei jeder Geburt und weisen dem Neugeborenen sein Leben zu.

Nautiz kann als Bild einer Fallspindel, Urds Werkzeug, gedacht werden. Sie zeigt die Verbindlichkeit unserer Taten und Entscheidungen.

Wenn du beispielsweise ein Kleid nähen willst, brauchst du Stoff. Um Stoff zu bekommen, musst du weben. Um weben zu können, muss ein Faden gesponnen werden,

Stadha

Linker Arm schräg über dem Kopf erhoben, rechter Arm schräg zur Erde zeigend. Die linke Handfläche weist zum Himmel, die rechte Handfläche weist zur Erde.

Dieses Stadha ruft Disen und Walküren zur Hilfe. Zudem lässt diese Haltung dich dein Wyrd erkennen und unterstützt bei der Transformation.

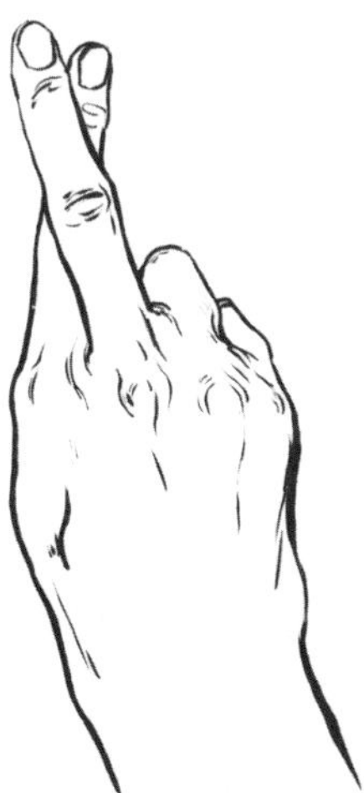

Höndstadha

Der Mittelfinger legt sich über den Zeigefinger. Beide Finger sind gestreckt. Alle anderen Finger und der Daumen werden eingeklappt.

der aus einer Pflanzen- oder Tierfaser besteht, die gezüchtet und vorverarbeitet werden muss. Diese eine Entscheidung – ein Kleid zu nähen – bedingt und enthält viele andere. Oft sind Entscheidungen in ihren Voraussetzungen und Folgen nicht einfach zu überblicken.

Das ist die Not-wende, also das, was den Mangel, die Not, an Kleidung wendet. Wenn diese Notwendigkeit nicht eingehalten wird, haben wir keine Kleidung und frieren. So einfach ist das »Wenn-Dann«. Niemand hat Schuld, niemand ist ungerecht oder gemein.

In vielen Märchen finden wir dieses »Wenn-dann«-Prinzip als Aufgaben, die der Held lösen muss, wenn er den Schatz oder die Prinzessin erringen will.

Dieses einfache »Wenn-Dann« wird heutzutage oft übersehen oder in Abrede gestellt. Daher wird diese Rune häufig mit Karma, Notwendigkeit und so weiter in Verbindung gebracht, was als negativ gewertet wird. Ist aber Pflichterfüllung wirklich negativ? Ich sage nein!

Denn all unsere Pflichten sind Bestandteil unseres Erdenlebens, unseres ganz persönlichen »Wenn-dann«-Gewebes. Schmerz entsteht erst durch den Widerstand, den wir unseren Lebensumständen entgegenbringen.

Die Spinne ist das Tier der Nautiz-Rune. Sie richtet sich beim Netzeweben nach dem Wetter: Bei schönem Wetter sind ihre Maschen weiter, bei Wind oder Sturm werden sie enger. So erkennt sie die Notwendigkeiten und wendet durch ihr Tun die Not. Spinnen sind durch und durch matriarchale Tiere. Das Männchen wird nur zur Begattung gebraucht; es hat Glück, wenn es danach nicht gefressen wird. Die Spinne ist die Weberin des Weltennetzes, das uns alle verbindet. Durch die Fäden dieses Netzes kann man Informationen bekommen, zu besonderen Orten geleitet werden und überraschende neue Erlebnisse machen.

Noch heute gilt es als böses Omen, eine Spinne zu töten. Ihr Einzug in ein Haus bringt Glück.

Heilung

Im Sigdrifumal können wir den Rat lesen, Nautiz gegen Vergiftungen einzusetzen, also bei einem Alkoholkater, wenn man zu viel raucht oder desgleichen.

Bei allen Magenproblemen ist sie ebenfalls hilfreich.

Magische Anwendung

Sie bewirkt Behinderung und schafft Einschränkungen.

Sie hilft dabei, das Schicksal zu wenden, aber nur, wenn man bereit ist, auch selbst etwas dafür zu tun. Nautiz passt auch gut zu Knotenzaubern, von denen es zwei Arten gibt:

Die Energie oder der Wunsch wird in den Knoten eingebunden. Erst wenn der Knoten gelöst wird, wird die Energie oder der Wunsch freigesetzt und zeigt Wirkung.

Bei der anderen Variante wird die Energie oder der Wunsch durch den Knoten manifestiert und wirkt solange, wie der Knoten geknüpft ist.

Allgemeine Bemerkungen

Not, aber auch altnordisch: Nut, naut = Nutzen

Nautiz ist die Rune der Not-wende, sie hilft uns, die Not zu wenden. Damit kann materielle, seelische oder geistige Not gemeint sein. Sie hilft, bei schwierigen Entscheidungen, die Folgen besser zu überblicken. Nautiz macht die Lösung von Wyrd und/oder Orlög leichter und führt diese Lösung auch oft herbei. Sie ist diejenige Rune, die es uns leichter macht, unsere alltäglichen Pflichten zu erfüllen und dabei Freude zu erleben. Nautiz unterstützt die Transformation auf der persönlichen Ebene in der Weise, dass aus den Pflichten Freuden werden.

Sie kann mit einem Schrägstrich von links oben nach rechts unten oder umgekehrt gezeichnet sein. Erst in allerneuester Zeit wird die »Rechts-oben-nach-links-unten-Variante« Eh oder Ehe genannt. Dafür gibt es aber keine geschichtlichen Belege. So gibt es diese Rune auch nicht gestürzt. Die Bedeutungen der Runennamen und der ihnen verwandten Synonyme reicht von Notwendigkeit bis Verlangen. Altnordisch Naut bedeutet Nutzen.

Aus dem Sigdrifumal

und Glas

Der Pfad führt von Niflheim nach Swartalfheim. Niflheim ist der Ort, an dem die Seele gereinigt wird, während Swartalfheim die größte materielle Verdichtung darstellt, auch das Anhängen an die Materie. Um von Swartalfheim nach Nilfheim zu gelangen, muss die Not der materiellen Verstrickung gewendet werden in das Verlangen des Seelenwachstums.

Darum ist die Rune hier Nautiz, die Rune der Notwende, der Dinge, die wir dem Leben schulden.

Nauthiz gibt es nicht gestürzt!

Als Einzelwurf

Es ist Zeit, dich den Realitäten des Lebens zu stellen. Schaue genau hin, was sich dir zeigt. Sei wirklich ehrlich zu dir selbst und rede dir und auch anderen nichts schön.

Beruflich kommt eine harte Zeit auf dich zu, viele Anforderungen in kurzer Zeit sind zu erfüllen. Harte Arbeit und Durchhaltevermögen sind gefordert.

Für eine Beziehungsfrage zeigt diese Rune, dass ihr durch das Netz des Wyrd miteinander verstrickt seid. Es ist Zeit, dieses Netz zu entknoten und frei aufeinander zuzugehen. Dazu ist Vergebung und Respekt notwendig.

Deine Gesundheit ist angekratzt, und du solltest mehr auf dich achten. Nimm dir Zeit zur Entspannung. Es besteht die Gefahr, krank zu werden, wenn du so weitermachst wie bisher.

Bedeutung im Nornenwurf

Urd: Pflichten und Notwendigkeiten sind zu erfüllen und herrschen vor. Du bist in dieser Angelegenheit an dein Orlög gebunden.

Werdandi: Lerne, mit dem Schmerz umzugehen. Du stemmst dich gegen den Fluss des Lebens und schaffst damit eine Flutwelle. Schmerz entsteht durch deinen eigenen Widerstand gegen deine Pflichten. Beruflich wirst du mit einer Situation konfrontiert, die gegen deine Berufsehre oder überhaupt deine Überzeugungen geht. Du musst dich entscheiden, ob du dem Druck nachgeben willst oder dir selbst treu sein möchtest. Auch in Beziehungsfragen geht es um die Treue zu dir selbst. Die wichtigste Frage zu deinem Verhalten und dem Verhalten deines Partners ist im Moment: »Ist es liebevoll?« Gesundheitlich sei achtsam und sorge gut für dich. Eventuell deutet die Rune auf eine Krankheit, die mit deinem Wyrd oder Orlög in Zusammenhang steht.

Skuld: Zugewinn, Erlösen von Wyrd und Orlög. Tiefes Aufatmen. Du hast eine schwere Zeit hinter dir, aber alles zu einem guten Abschluss gebracht. So konntest du Wyrd und Orlög erlösen. In allen Bereichen deines Lebens schnupperst du Morgenluft. Deine Mühen haben ein Ende. Genesung und/oder Rekonvaleszenz.

Bedeutung im Weltenwurf

Midgard – Was jetzt ist: Klare Notwendigkeiten bestimmen jetzt dein Leben. Allerdings lassen sich diese Notwendigkeiten relativ leicht abarbeiten.

Lysalfheim – Gefühle: Du fühlst dich erdrückt von all deinen Pflichten.

Wanaheim – Verstand: Dein Verstand arbeitet lösungsorientiert. Du denkst strukturiert und kannst das auch umsetzen.

Asgard – Was hilft mir weiter? Abarbeiten, was klar vor deinen Füßen liegt. Schritt für Schritt die Dinge angehen und die Schwierigkeiten beseitigen.

Niflheim – Was hindert mich? Du bist verbohrt in deinen Meinungen und verstrickt in Alltagsdingen. Dein Blick ist verstellt. Du machst dich abhängig von vorgefertigten Formen.

Helheim – Was ruhen soll: Lasse das eifrige Abwickeln von Verpflichtungen und das fleißige Erfüllen aller Aufgaben ruhen. Höre auf zu funktionieren.

Jötunheim – Woran soll ich mich erinnern? Du erlaubst dir nicht, dich selbst zu fühlen. Verkrampft bewegst du dich in den Bahnen, von denen du zwanghaft meinst, dass sie die richtigen sind.

Swartalfheim – Was jetzt zu tun ist: Genau das, was dir vor den Füßen liegt. Such dir einen festen Stand im Hier und Jetzt, und dann schaue dich um. Was siehst du? Den Abwasch? Dann ist er zu tun.

Muspelheim – Was wird aus der Situation? Die Probleme lösen sich, die Dinge kommen wieder in ein ruhigeres Fahrwasser. Einfach wird es dadurch nicht immer, aber klarer auf jeden Fall.

HAGALAZ

Die Reise

Ich bin am Fuß von Yggdrasil und tanze wild und erdig um den Stamm. Mein Körper scheint sich selbständig gemacht zu haben, ich beobachte meinen Tanz, als würde ich einer Fremden zusehen. Die rechte und die linke Körperhälfte fühlen sich vollkommen unterschiedlich an.

Hagalaz bringt mich in meinen Körper zurück. Schnaufend beende ich meinen Tanz und schaue mich um.

»Wo ist Sleipnir?« frage ich. Ich sehe ihn eine weiße Stute decken – beschäftigt mit dem Austausch von Hagalaz-Energie.

Alles wirbelt kaleidoskopartig durcheinander. Dann knabbert Sleipnir an meinem Ohr, ich freue mich.

»Geh allein«, sagt er zu mir. »Du siehst, ich bin beschäftigt.« Ich wünsche ihm noch gutes Gelingen und mache mich auf den Weg, wobei ich gar nicht recht weiß, wohin ich nun soll.

Plötzlich rutsche ich am Stamm des Weltenbaumes herab und komme nach Niflheim. Ich gehe hindurch, ohne jemanden zu treffen, und weiter auf den Helweg.

Das Gelände ist steinig; nichts wächst hier. Ein Rinnsal, das einmal ein Bächlein werden will, plätschert, aber auch das hört sich müde und karg an.

Am Wegesrand finde ich zu meinem Erstaunen einen Brunnen, und ich springe hinein, um zu Hel – Frau Holle – zu gelangen. Ich komme direkt in ihrer Küche an und soll gleich fegen. Das tue ich, fege Dreck und Knochen auf ein Kehrblech.

Ich frage: »Wohin damit?« Sie sagt: »Ins Feuer!« Das Feuer lodert hell zwischen uns auf, und durch die Flammen höre ich ihre Stimme, ohne sie zu sehen: »Ich bin die Kraft, die dich weiter und weiter treibt, die dich allem auf den Grund gehen lässt. Ich bin die Herrscherin über den Orgasmus, den Schlaf und den Tod. Und wenn du dich mir nicht hingeben willst, werde ich die Angst und die Depression.«

Eine große Kraft saugt mich durch den Schornstein hinauf in den Brunnen, wieder in die karge Landschaft. Hier taucht Sleipnir aus der Ferne auf, und wir reiten gemeinsam zurück.

Kraftgedanken

Mit Leichtigkeit überschreite ich jene Grenzen, die mein höchstes Wohl behindern.
Ich bin mir meiner Leidenschaft bewusst, so kann ich damit umgehen.
Hagalaz-Runenkraft mir Dynamik schafft.

Weihehandlung

Deine Kraft zurückfordern

Durch alle unsere Schritte, durch all unsere Sehnsüchte, Ängste, Taten, Unterlassungen, durch jede Handlung und jeden Besitz schaffen wir einen Faden des Netzes des Wurd.

Diese Fäden des Wurd verbinden uns mit allem, was wir je in der Hand oder im Kopf hatten. Das ist es, was den Altersstarrsinn hervorruft, die Verhärtungen, die immer weiter fortschreiten, je mehr wir an Jahren zunehmen. Denn jeder Faden des Wurd bindet Lebenskraft, die dem Körper und der Seele verlorengehen und nicht mehr für die Erneuerung der Seele und des Körpers zur Verfügung stehen.

Zudem halten diese Fäden unsere Materialisierungskräfte in engen Grenzen, eben weil sie Energie binden und abziehen. Gleichzeitig geben uns diese Fäden Halt und Sicherheit in einer scheinbar chaotischen Welt.

Wenn man dauernde Jugend und emotionale Freiheit sowie große Formkräfte haben möchte, muss man dieses Netz des Wurd lösen. Wohlgemerkt: *lösen*, nicht zerreißen! Das erfordert Zeit und geduldiges Arbeiten.

Übrigens: Wenn du im Internet surfst, werden alle deine Aktivitäten von deinem Provider mitgeloggt. Deine Spuren durch das Netz sind nachvollziehbar. Das ist ein Äquivalent zu den Fäden des Wurd.

Schaffe dir einen rituellen Rahmen, wie bereits beschrieben. Den Text musst du nicht auswendig können. Du kannst dir einen Stichwortzettel auf deinen Altar legen oder frei formulieren. Falls du etwas vergisst, wiederholst du das Ritual.

Grundsätzlich ist es sowieso gut, dieses Ritual etwa einmal im Jahr zu veranstalten. Dies ist mein Textvorschlag:

»Ich fordere meine Kraft zurück von allen Wegen, die ich je gegangen bin. Ich fordere meine Kraft zurück von allen Orten, an denen ich je gewesen bin.

Ich fordere meine Kraft zurück von allen Dingen, die ich je besessen habe oder besitzen wollte, von allen Dingen, die je meine Aufmerksamkeit erregt haben, ganz gleich, in welchem Sinn.

Ich fordere meine Kraft zurück von allen Menschen, denen ich in meinem Leben begegnet bin, ganz gleich, ob bewusst oder unbewusst.

Ich fordere meine Kraft zurück von allen Tieren, mit denen ich in Kontakt stand, die meinetwegen gestorben sind, ganz gleich, ob bewusst oder unbewusst.

Ich fordere meine Kraft zurück von allen Wesen in dieser und jeder anderen Welt, denen ich je begegnet bin, an die ich je gedacht habe oder von denen ich je geträumt habe.

Ich fordere meine Kraft zurück von allem Besitz, den ich in meinem Leben hatte, habe oder haben wollte, ganz gleich, zu welchem Zeitpunkt. Ich fordere jede Kraft zurück, die ich jemals, bewusst oder unbewusst, nach außen gegeben habe.

Ich nehme jetzt und hier alle zurückgeforderten Kräfte wieder auf.«

Meditiere noch einige Zeit, spüre dem Ritual nach. Dann öffne den Kreis, indem du dich bei allen Helfern bedankst und die Kerzen löschst.

Übrigens sind auch alle Grenzsituationen Weihehandlungen für Hagalaz, vom Überschreiten einer Ländergrenze bis hin zum Orgasmus. Ebenso alles, was in den Körper dringt: Sinnlichkeit, Essen und Trinken, Schmerz, Bewegung und so weiter.

Schritt auf dem Einweihungsweg

Meditationen über die sieben Geistigen Gesetze in der Rune Hagalaz, die du auch die »Sieben Säulen des Universums« nennen kannst.

Um es dir zu verdeutlichen, kannst du die Rune in ihrer Sternform auf einen Bogen Papier malen. Dann schreibe an jede der Linien einen der Begriffe, wie in der Abbildung. In die Mitte, in der sich alle Linien treffen, schreibe den Begriff *Einheit.*

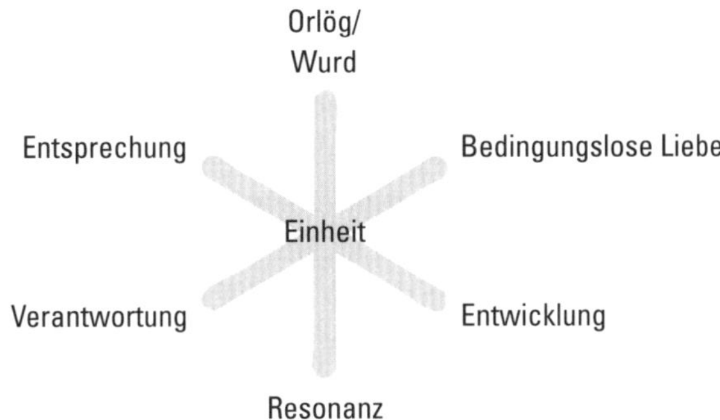

Meditiere über jeden dieser Begriffe im Abstand von mindestens zwei Tagen, besser ist aber, mehr Zeit dazwischen verstreichen zu lassen.

Die Meditation kann ein Tanz sein, ein Bild, eine Collage, ein Lied – oder eine Meditation in Stille. Wähle verschiedene Formen der Erfahrung, meditiere möglicherweise über denselben Begriff mehrfach auf verschiedenen Wegen.

Einheit: Wir alle sind Teil des Ganzen – Teilkräfte der Urkraft, aus der alles entspringt. Lass dich spüren, dass dies wahr ist. Es gibt nichts und niemanden, das oder der nicht durch die Urkraft belebt wird. Auch die alten Göttinnen und Götter sind Teilkräfte dieser Urkraft. Allerdings sind sie in größerem Bewusstsein ihrer Göttlichkeit als du und ich.

Orlög /Wurd: Jeder Handlung geht ein Gedanke voraus. Gedanken sind Energie. Jede Energie bleibt bestehen und ergibt einen Faden im endlosen Gewebe des Lebens. Jede Schwingung erfordert eine antwortende Schwingung. Das hat nichts mit Strafe oder Belohnung zu tun, sondern ist ein elementarer Bestandteil der kosmischen Ordnung. Es ist eben nicht so einfach, wie uns die meisten etablierten Religionen weismachen wollen: Tue, was wir als rechtschaffen ansehen, und du kommst in den Himmel und wirst belohnt. So leid es mir tut – es gibt ihn nicht, den »Lohn der rechten Tat«. Was es aber gibt, ist etwas, das ich das »Kosmische Konto« nennen möchte. Du kannst gute Energien darauf einzahlen, indem du positive, hochschwingende

Gedanken denkst und insgesamt die Energie verbesserst. Und sicher wird auch vieles von der »eingezahlten« positiven Energie zu dir zurückkehren – aber nicht als Belohnung, sondern als Echo deiner ursprünglichen Energie.

Resonanz: Auch hier sind wir wieder bei den Gedanken und Gefühlen, die reine Energie sind. Eine Schwingung zieht gleichartige Schwingungen an sich. Wir kennen das alle: Denke und fühle ich: »Es ist ein trüber Tag!« ziehe ich gleiches an: Menschen, Dinge, Erfahrungen, die mir ebenfalls vermitteln: Es ist ein trüber Tag. Auf diese Weise entsteht beispielsweise eine Massenbewegung: Der ursprüngliche Gedanke »trüber Tag« zieht andere Gedanken mit der gleichen Energie an. So breitet sich »trüber Tag« immer weiter aus, immer mehr Menschen kommen auf die Idee, dass es ein trüber Tag ist. Und je mehr Menschen in einer bestimmten Schwingung schwingen, desto mächtiger wird diese Schwingung und zieht immer mehr Menschen an. Schließlich reicht eine teilweise Übereinstimmung der Schwingungen. Oft muss man sich bewusst außerhalb dieser Schwingungsfelder stellen, um wirkliche Klarheit zu erhalten.

Bist du ohne Urteil, ziehst du auf jeden Fall keine gleichartigen Schwingungen an und kannst dich dann auch nicht in den Fäden des Wurd verheddern.

Entsprechung: Wie oben, so unten: Das Große lässt sich im Kleinen erkennen und umgekehrt. Sicherlich sind dir einmal solche Verbindungen aufgefallen, wie sie sich im Bohrschen Atommodell und unserem Sonnensystem zeigen. Dieses »senkrechte Weltbild« von Entsprechungen ist hier gemeint.

Entwicklung: Alles fließt – alles entfaltet sich stetig, das einzig Beständige ist der Wandel. Das Universum, sagen die Physiker, ist in stetiger Ausdehnung begriffen und somit in steter Bewegung. Schau dich um, und du wirst erkennen, dass es kein wirkliches Stillstehen gibt, sondern nur Entfaltung von immer verschiedenen Lebewesen. Wächst eine Tomate, ist das toll, wir essen die Tomate und sind satt. Entfaltet sich aber auf der Tomate ein Schimmelpilz, gefällt uns das überhaupt nicht! Und dabei hat der Schimmelpilz das gleiche Recht zur Entfaltung wie die Tomate. Aber auch, wenn etwas zerfallen, verfault oder verwest ist, geht die Bewegung, die Entfaltung weiter, durch immer neue, winzige Organismen. Und darüber hinaus sind die Atome eines jeden Gegenstandes ebenfalls in stetiger Bewegung begriffen.

Bedingungslose Liebe: Dies bedeutet vor allem: nicht werten. Die Menschen und Dinge annehmen, wie sie nun einmal sind. Vor allen anderen Menschen geht es natürlich um dich selbst. Wenn du dich selbst wirklich so annehmen kannst, wie du bist, brauchst du nie mehr über andere zu urteilen. Das beinhaltet in keinem Falle, dass du Dinge tust, die du nicht willst, oder dich selbst schlecht behandeln lässt. Wenn du dich bedingungslos liebst, sorgst du auch für dein Wohlbefinden. Bedingungslose Liebe beinhaltet auch Gnade. Gnade bedeutet, keine Perfektion von dir oder anderen zu erwarten, indem du Fehler nicht loslassen kannst.

Auch hier wieder aufgepasst: Ein Mann schlägt eine Frau, um seinen Willen durchzusetzen. Als Folge verlässt diese Frau den Mann. Aber oft kann die Frau nicht vergeben, was der Man ihr angetan hat, und wütet gnadenlos gegen sich selbst und diesen

Mann. Das ist lieblos von der Frau sich selbst gegenüber, denn durch ihren ungelösten Groll fügt sie sich selbst ständig Schmerzen zu.

Gnade beutet, die Situation zu verlassen, wenn sie nicht mehr tragbar ist, dann aber, nach angemessener »Verdauungszeit«, loszulassen; und natürlich dafür zu sorgen, nicht noch einmal in diese Lage zu geraten.

Verantwortung: Wenn du die volle Verantwortung für dein Leben übernimmst, bedeutet das die totale Herrschaft über das eigene Leben. Dann hast du aufgehört, deine Macht abzugeben, indem du dich zum Opfer machst. Du bist verantwortlich dafür, dass es dir gutgeht, dass du gesund bist, dass du glücklich bist und was in deinem Leben geschieht. Eben, weil es genau das ist: *dein* Leben! Wer sollte dich sonst gesund, glücklich und so weiter machen, wenn nicht du selbst?

Runenrat

Achte und beachte deine und die Grenzen anderer.

Weitere Namen: Haglaz, Haglan, Haal, Halga, Hagalaz, Haegl

Buchstabe: H

Pflanzen: Weißdorn, Hasel

Gottheiten: Hel, Hella, Frau Holle

Steine: Diamant, Feueropal, Herkimer-Diamant

Tiere: Mücke, Egel, Phönix

Körperteil: der ganze Körper, Drittes Auge

Galdr: Der Runenname in all seinen Varianten oder auch nur der Anlaut H

Im Jahreslauf: Neumond, Juli/August

Stichworte: Schutz vor Naturgewalten • Weltenei • mystisches Wissen wird erlangt • Magie • Offenbarung

Mythologischer Bezug

> Drei Wurzeln strecken sich nach dreien Seiten
> Unter der Esche Yggdrasils:
> Hel wohnt unter einer, unter der andern Hrimthursen,
> Aber unter der dritten Menschen.

Grimnismal 31, Übersetzung von Karl Simrock

Hel wird in der Edda als die Herrscherin des Totenreiches angesprochen. Die Christen haben sie in die Nähe des Teufels gerückt; das Wort »Hölle« entstand aus ihrem Namen. Da aber die wichtigsten Götter der Alten Religion im neuen Glauben an den christlichen Gott stets zu Dämonen wurden, war Hel wohl eine sehr wichtige Göttin:

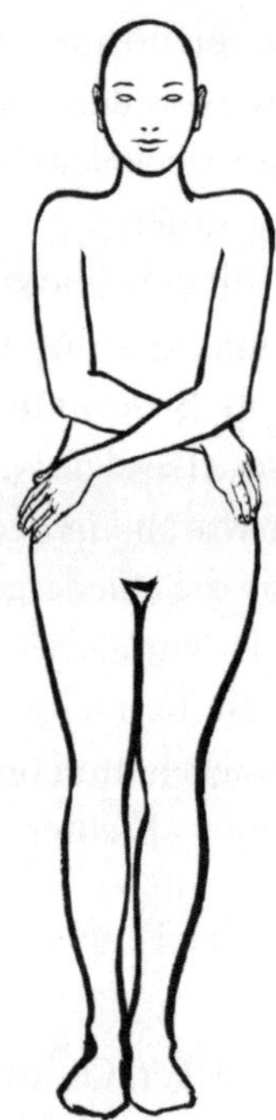

Stadha

Die linke Hand an den rechten Hüftknochen, die rechte Hand an den linken Hüftknochen legen. Füße zusammen, Körper aufrecht und gerade.

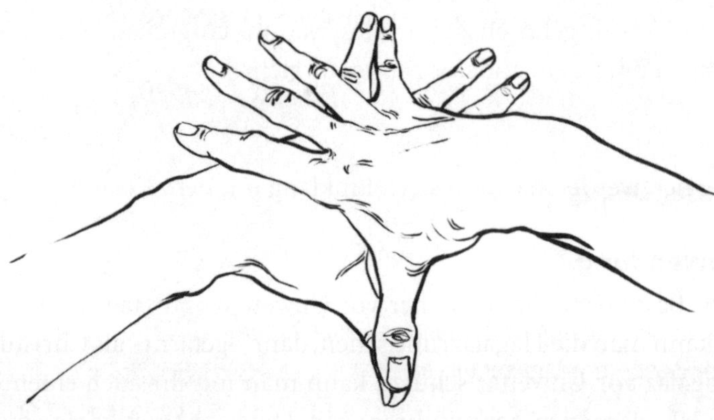

Höndstadha

Die Hände werden übereinander gelegt. Beide Daumen drücken gegeneinander, ebenso die beiden kleinen Finger.

Zu ihr kehrten die Menschen zurück, die durch die Pforte des Todes gingen. Hels Wohnsitz heißt in der Edda Eljudnir (Elend), der Tisch Hungr (Hunger), ihr Messer Sultr (Verschmachtung) und so geht es weiter: Magd und Knecht, alles, was zu Hel gehört, ist negativ benannt. Für mich riecht das sehr nach christlicher Propaganda gegen eine der heidnischen Hauptgöttinnen.

Hel ist eine der mächtigsten Gottheiten überhaupt. Sie sorgt dafür, dass nichts überhand nimmt, aber auch keine Energie verlorengeht. Sie ist das begrenzende, zerstörerische Prinzip. Darin liegt nichts Böses, nur die folgerichtige Notwendigkeit. Ohne sie würden wir an einer überquellenden Natur ersticken. Sie arbeitet überall da, wo Grenzen zu ziehen sind oder wir an Grenzen stoßen. Gleichzeitig ist sie aber auch jene, die die Seelen nährt, bis sie die Wiedergeburt antreten wollen.

Helheim ist die Zwischenwelt, in der wir als Seele nach dem Tode ankommen und unser Leben von einer weiseren Warte betrachten, als wir es diesseits konnten. So sehen wir, wo wir gefehlt haben, was wir hätten besser oder anders machen können, und sind auf diese Weise unser eigener »Richter«. Wenn die Bilanz gezogen wurde und der Weg für das nächste Leben gewählt ist, wechselt die Seele nach Niflheim. Dort wartet sie auf eine Gelegenheit zur Wiedergeburt.

In vorgeschichtlicher Zeit wurden die Toten in der Haltung eines Embryos bestattet, bestreut oder eingerieben mit rotem Ocker. Oft musste diese rote Farbe von weither mitgebracht oder herbeigeschafft werden, was zeigt, dass roter Ocker ein unabdingbarer Bestandteil der Bestattung war.

Wir Menschen kommen rot vom Blut unserer Mutter auf diese Welt. Sie nährt uns und beschützt uns und lässt uns ins Leben wachsen. So wurde das Sterben in dieser Welt als Geburt in eine andere Welt betrachtet. Daher die Haltung und die wichtige rote Farbe. Und das, was eine Mutter in dieser Welt tat, würde natürlich auch die Mutter – Hel – in jener anderen Welt tun. Hel ist nicht nur die Göttin des Todes, auch der Schlaf und der Orgasmus gehören zu ihr, alles, was uns entgrenzt. Frau Holle, um die es einige Märchen gibt, ist ein anderer Name für Hel.

Heilung

Die Körperenergien werden harmonisiert. Einklang mit dem Kosmos.

Magische Anwendung

Schutz für alles, besonders von alters her vor Unwetter und Hagelschlag. An vielen alten Häusern kann man die Hagalazrune sehen, dann »getarnt« als Christusinitialen. Ebenso wie Hagalaz vor Unwetter schützt, kann man mit ihr auch einen Unwetterausbruch oder Hagelschaden herbeiführen. Mit Thurisaz bewirkt sie einen starken Schadenszauber.

Ein besonders starker Schutz ist dieser: Aus mehreren Hagalaz-Runen wird ein geschlossener Zaun visualisiert. Das funktioniert mit beiden Formen der Rune sehr gut. Diese Rune kann Leidenschaft und Ekstase wecken, in jedem Lebensbereich, natürlich auch in der Sexualität.

Allgemeine Bemerkungen

Hagalaz bedeutet »hag-all«, also »alles umhegt«. »Hag« ist die Wurzel des Wortes »Hecke« und kommt auch in »Hagazussa« vor, was »Zaunreiterin« bedeutet. Diese war eine Magierin, die einen Blick in die Anderswelt werfen konnte und zwischen den Welten reiste. Hagazussa wurde auch als Bezeichnung für Hexen verwandt, was zunächst aber kein Schimpfwort war, sondern eher im Sinne von »weise Frau« benutzt wurde.

Ein »Hag«, eine Hecke also, trennte in den alten Zeiten den bewohnten, vertrauten und sicheren Bereich von der Wildnis Noch heute meint das Wort »behaglich« einen sicheren, heimeligen Ort. Die Wildnis war nicht nur von wilden und gefährlichen Tieren bevölkert, sondern auch von bösen Geistern und Dämonen. Haegl heißt so viel wie Hagel. In ihrer H-Form bezieht sich die Rune auf eine Schneewehe zwischen zwei Bäumen, während sie in ihrer Sternform den Schneekristall zeigt.

Aus dem Sigdrifumal

auf der Brücke Kopf,

Mit der Brücke ist Bifröst gemeint, die Regenbogenbrücke, die von Asgard nach Midgard führt. Heimdall ist hier der Wächter. Die Ekstase, die Hagalaz unter anderem auch symbolisiert, ist einer der Wege zwischen Midgard und Asgard. Auch gibt es nach vielen Gewittern und Regengüssen einen Regenbogen, die Verbindung zwischen Menschen und Göttern. Daher ist Hagalaz die Rune dieses Pfades.

Hagalaz gibt es nicht gestürzt!

Als Einzelwurf

Hagalaz bringt dich in Kontakt mit deinen Leidenschaften. Große Kräfte sind freigesetzt, und du musst sie in eine Richtung lenken, die du brauchst. Das kann eine Kraftanstrengung für dich sein, denn Hagalazenergie kommt heftig und leidenschaftlich. Genau wie Feuer wärmen kann, wenn es in seinen Grenzen bleibt, aber alles verbrennt, wenn es nicht mehr zu begrenzen ist, verhält es sich mit der Hagalazkraft. Wenn du diese Rune gezogen hast, sei wachsam und beobachte genau, welche Kräfte arbeiten. Mache dich auf Überraschungen gefasst, denn Hagalaz kann auch für starke unbewusste Energien stehen, die jetzt zum Ausbruch kommen, sei es bei dir selbst, sei es bei Menschen in deiner Umgebung.

Sie kann auch als Warnung vor einer Naturkatastrophe stehen.

Bedeutung im Nornenwurf

Urd: Sex ist Thema. Begehren. Hagalaz als Ausgangsenergie zeigt, dass unterbewusste Inhalte an den Tag kommen, mit denen du dich auseinandersetzen musst. Ein plötzliches, heftiges Ereignis, welches droht, dich zu überrollen. Sie taucht auf, wenn du dich Hals über Kopf verliebt hast oder die Leidenschaft heftig brodelt. Im Beruf sei wachsam, beobachte genau die wirkenden Kräfte und Menschen. Sei auf plötzliche Ereignisse gefasst.

Werdandi: Achte auf die Naturgewalten! Ungute Verstrickung in deine Leidenschaften. Möglicherweise Gewalt. Wut, Ärger, Streit. Die Dinge geraten außer Kontrolle. Im Strudel der Ereignisse weißt du nicht mehr, welches deine Richtung ist, was du eigentlich willst. Ziehe dich zurück und finde Ruhe. Für eine Beziehung bedeutet die Rune an zweiter Stelle Leidenschaft und Ekstase. Sie kann aber auch eine Warnung vor Gewalt und unguter Verstrickung in deine Leidenschaften sein. Wut, Ärger, Streit und alle Formen von Gewalttätigkeiten können dir jetzt im Beruf begegnen. Es ist im Moment wichtig, dass du dich zentrierst und deine Mitte findest. Unbewusste Energien können verheerend wirken, darum kläre dein Bewusstsein.

Skuld: Meisterin des sexuellen Feuers und/oder der Elementargewalten. Du bist in deiner Mitte und kannst von hier aus in alle Welten schauen. Deine Leidenschaften beherrschen dich nicht, sondern du kannst sie genießen, ohne dass du etwas unterdrückst. Für deine Beziehung bedeutet diese Rune eine wunderschöne Zeit, voller Gemeinsamkeit, Nähe und ekstatischer Sexualität. Im Beruf hast du eine Grenze überschritten, eine Stufe erklommen und kannst dich nun ein wenig auf deinen Lorbeeren ausruhen. Freude und Kreativität halten ihren Einzug, denn Hindernisse sind hinweggefegt.

Bedeutung im Weltenwurf

Midgard – Was jetzt ist: Unruhe. Leidenschaft, Durcheinander, Unwetter in jeder Form: Hagelschlag, Sturm, Streit, manchmal auch Unfall.

Lysalfheim – Gefühle: Deine Gefühle sind ein einziges Durcheinander. Vieles ist dir nicht bewusst, möglicherweise bist du in heftige Leidenschaften verstrickt. Lass dich jetzt nicht durch deine Gefühle leiten!

Wanaheim – Verstand: Die Grenze zwischen Genie und Wahnsinn. Dein Verstand arbeitet zur Zeit brillant, aber recht einseitig. Traue deinem Verstand im Moment nicht, komme erst wieder ein wenig zur Ruhe.

Asgard – Was hilft mir weiter? Ein wilder Ausbruch, in dem du Grenzen überschreitest und dich von einer völlig anderen Seite zeigst und erlebst.

Niflheim – Was hindert mich? Chaos und Durcheinander, wilde Gefühle, schräge Gedanken, ganz einfach Unordnung in jedem Bereich.

Helheim – Was ruhen soll: Gehe gerade jetzt nicht über Grenzen. Sei gerade jetzt nicht wild und leidenschaftlich.

Jötunheim – Woran soll ich mich erinnern? Erinnere dich an deine Kraft als wilde Frau/ wilder Mann. Erinnere dich an deine Verbindung zur Natur. Gehe nach draußen und spüre die Erde, den Regen, den Wind.

Swartalfheim – Was jetzt zu tun ist: Einmal dein Leben herumrühren: Alles verändern, was nach Veränderung schreit. Unbequeme Wahrheiten aussprechen. Deine Kraft zurückfordern.

Muspelheim – Was wird aus der Situation? »Bleibt alles anders!« (H. Grönemeyer) Überbordende Leidenschaft, haltloses Lachen oder auch Weinen. Der Ausgang ist ungewiss, aber bunt und chaotisch.

WUNJO

Die Reise

Sleipnir holt mich ab. Dann gehen wir ein Stück unter der Welteneibe, bis wir einen gemütlichen Platz finden. Ich lege mich unter den riesigen Baum und lehne mich an seinen Stamm. Das Gras ist weich und duftet herrlich. Der Stamm in meinem Rücken fühlt sich sehr behaglich an. Die Sonne scheint, aber nicht zu heiß. Es ist einfach so schön und entspannt, dass ich einnicke.

Als ich wieder aufwache, ist Sleipnir fort. Ein Zaunkönig hüpft vorbei. Im Gras glitzern Pyrit und Goldtopas ganz wunderschön. Kleine gelbe und weiße Blumen sind um mich herum erblüht. Ich fühle mich einfach nur wohlig und zufrieden und genieße diesen Zustand noch eine ganze Weile.

Kraftgedanken

Wunjo-Runenkraft mir universelle Freude schafft.
Ich öffne mich für das Glück und die Freude in meinem Leben.

Weihehandlung

Lächeln!

Dies ist eine Weihehandlung, die du jeden Tag mehrmals ausführen kannst. Sie bringt reiche Früchte innerer Weisheit und Gelassenheit.

Wut, Angst, Ärger und ähnliche Gefühle führen zu einer mehr oder minder starken Verspannung der Gesichtsmuskeln. Dadurch wird der Atem flacher, und die Verspannung breitet sich im Körper aus. Mit einer leichten Übung kannst du dem entgegenwirken und deine Laune und damit dein ganzes Leben entscheidend verbessern. Sie kommt aus dem Qi Gong und heißt »das innere Lächeln«.

Forschungen haben gezeigt, dass ein Lächeln, das aus dem Willen kommt, nach etwa zehn Sekunden auch das Herz erreicht und genau die gleichen positiven Gefühle hervorruft wie ein Lächeln, das durch äußeren Anlass ausgelöst wird. Also lächle! Und die Welt lächelt mit.

Ziehe zuerst dein Gesicht zusammen, als hättest du gerade eine Zitrone gegessen. Dann lass sich ein Lächeln ausbreiten, langsam, von innen heraus, und halte es mindestens zehn Sekunden, besser aber noch eine volle Minute auf deinem Gesicht. Wenn du das Wachrufen der inneren Freude beherrschst, wirst du nie wieder ein Sklave schlechter Stimmungen sein.

Weitere Weihehandlungen für Wunjo sind Lachyoga, Witze erzählen oder eine Komödie anschauen, eben alles, was dich mit der Freude in Kontakt bringt.

Schritt auf dem Einweihungsweg

Wunjo ist die Wonne, mit allem, was ist, eins zu sein. Ihre Kraft steckt in dem kleinen Wörtchen »ja«, mit dem alles leichter geht. Ein Beispiel: Dein Urlaub, auf den du schon lange gewartet und auf den du dich so sehr gefreut hast, ist total verregnet. Jetzt kannst du natürlich ganz und gar ärgerlich sein und vor dich hinschimpfen – du musst es aber nicht.

Sage ja zu dem verregneten Urlaub, und du wirst Freude am Regen finden. Einfach dadurch, dass du in dieser Situation aufhörst, gegen die Umstände zu kämpfen, was ohnehin vollkommen sinnlos ist. Dadurch, dass du die Umstände akzeptierst, wie sie sind, indem du ja sagst, schaffst du einen Raum für den Wandel. Gleichzeitig erleichterst du dir durch diese Akzeptanz dein eigenes Leben und Sein.

Diesen Schritt auf dem Einweihungsweg kannst du täglich immer wieder tun. Höre auf, dich gegen alles in deinem Leben aufzulehnen und dadurch Kraft zu verlieren. Ja zu diesen Zuständen zu sagen, heißt nicht, dass du diese gutheißt. Es heißt nur, dass du die Zustände so annimmst, wie sie sind. Nur wenn du etwas so siehst, wie es ist, kannst du es auch verändern. Also: Sage ja und werde leicht!

Runenrat

Freue dich an allem in deinem Leben! Sag *ja.* Was immer deine Frage war: Betrachte sie jetzt einmal mit dem inneren Lächeln.

Weitere Namen: Wyn, Winja, Wynne

Buchstabe: W

Pflanzen: Linde, Johanniskraut

Gottheiten: Iduna, Grid, Baldur

Steine: Goldfluss, Sonnenstein, Pyrit, Bernstein, Sonnenstein

Tiere: Schwalben, Marienkäfer, Zaunkönig

Körperteil: Nase, Herz

Galdr: Der Runenname in all seinen Varianten oder auch nur der Anlaut W

Im Jahreslauf: Vollmond, Mitte August

Stichworte: Freude • Wonne • freudvolle Unterstützung geben oder bekommen • Lachen • Harmonie

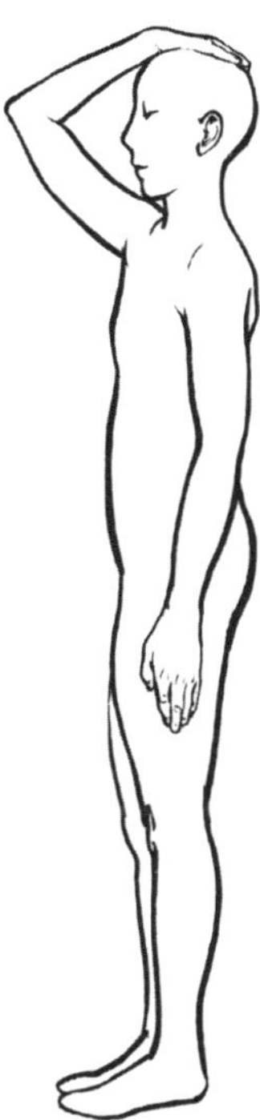

Stadha

Gerade stehen, Füße geschlossen. Einen Arm anwinkeln und die Hand auf den Kopf legen. Dies öffnet dich für Freude und Licht und heilt. Es holt Licht und Energie in dein Leben.

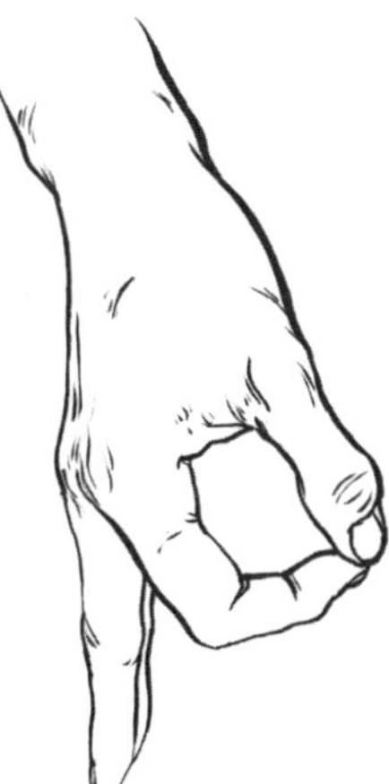

Höndstadha

Alle Finger weisen gerade zum Boden, Daumen und Zeigefinger bilden einen Ring.

Mythologischer Bezug

> 26. Ein anderer Ase heißt Bragi. Er ist berühmt durch Beredsamkeit und Wortfertigkeit und sehr geschickt in der Skáldenkunst, die nach ihm Bragur genannt wird, so wie auch diejenigen nach seinem Namen Bragurleute heißen, die redefertiger sind als andere Männer und Frauen. Seine Frau heißt Idunn: Sie verwahrt in einem Gefäße die Äpfel, welche die Götter genießen sollen, wenn sie altern; denn sie werden alle jung davon, und das mag währen bis zur Ragnarökkur.
>
> Gylfaginning 26, Übersetzung von Karl Simrock

Idun ist Bragis Frau, durch sie genießen die Götter die Äpfel der ewigen Jugend. Baldur wird als der lichteste der Götter geschildert. Als er durch Verrat ums Leben gebracht wird, schwindet alle Freude und Schönheit aus der Welt, und Ragnarökk beginnt bald darauf. Er ist ein Kind von Frigga und Odin, verheiratet mit Nanna, deren Name »Mutter« oder »die Wagemutige« heißt. In jenen Zeiten waren Mütter wagemutig wie Krieger, denn die Geburtshilfe war noch nicht so weit entwickelt. Dennoch hatte Nanna mit Baldur einen Sohn, Forseti. Alle drei sind lichte und freundliche Gestalten, so dass sie etwas von der Energie der Rune Wunjo verkörpern.

Heilung

Fördert eine positive Haltung zum Körper. Hellt die Stimmung auf, wirkt unterstützend bei Depressionen.

Magische Anwendung

Den wahren Willen erkennen und mit ihm in Übereinstimmung kommen. Fördert Lachen und Humor. Als Talisman: Glück und Wohlbefinden, als Amulett gegen Melancholie und Depression.

Allgemeine Bemerkungen

Alles, was lebt, singt von der Freude des Seins, doch wir Menschen haben uns nach und nach immer mehr von dieser Schwingung abgetrennt. Wunjos Runenkraft unterstützt die Öffnung für diese Freude. Wyn und Winja sind weitere Namen dieser Rune. Ihre Bedeutung ist Wonne, und im Runennamen klingt dies Wort auch an, ebenso wie in Gewinn. Auch »Wunsch« scheint von Wunjo abgeleitet zu sein.

Aus dem Sigdrifumal

> *Auf Arwakrs Ohr*

Arwaker ist eines der beiden Pferde, die die Sonne über den Himmel ziehen. Der Pfad führt von Muspelheim nach Lysalfheim. Vom Heim der Lichtelfen, in dem Lachen und Vergnügen herrschen, zu den Gestanden der Feuerriesen, die in Leidenschaft glühen, leitet die Rune Wunjo.

Als Einzelwurf

Über deinem Tun liegt der Segen der Götter. Du bist eins mit dir und deiner Welt und kannst dein So-Sein genießen, ohne damit zu hadern. Alle Unternehmungen, die du jetzt ausführst, stehen unter einem guten Stern. Dein Herz ist offen, und du hast teil an der Fülle und Schönheit des Universums.

Gestürzt: Du fühlst dich abgetrennt und hast den Kontakt zu deinem Herzen verloren. Alles scheint dir wert- und freudlos. Solange du nicht wieder in Kontakt mit deinem Herzenswillen bist, hat es keinen Sinn, Entscheidungen zu treffen. Alles fühlt sich zäh an, und du haderst mit dem Leben.

Bedeutung im Nornenwurf

Urd: Lieben und Leben im Licht. Erkenntnis des wahren Willens. Freude, Leichtigkeit.

Gestürzt: Rückbesinnung auf das wahre Sein und den wahren Willen sind erforderlich. Nichts ist dir recht. Dein Partner oder deine Kollegen werden angenörgelt. Du neigst jetzt zum Hypochondrismus (übertriebener Angst vor Krankheit).

Werdandi: Bringe mehr Freude in dein Leben. Wenn du dich freuen kannst, verschiebe es nicht auf morgen. Beruf: Du kämpfst wie Don Quichotte gegen Windmühlen. Halte inne, betrachte die Situation wertfrei und höre mit dem Kampf auf. Deine Beziehung braucht mehr Lachen. Vermutlich nehmt ihr beide euch zu ernst, jeder für sich, aber auch gemeinsam. Lege nicht jedes Wort auf die Goldwaage.

Gestürzt: Störende Einflüsse machen sich bemerkbar. Lasse Wichtiges ruhen und öffne dich wieder für die Freude. Beruf: Du machst deine Kollegen schlecht und findest immer ein Haar in der Suppe. Zufrieden mit der eigenen Arbeit bist du schon erst recht nicht. Kein Wunder, dass alle einen Bogen um dich machen und du alleine stehst. In deiner Partnerschaft geht es zu sehr ums Rechthaben und zu wenig ums Liebhaben. Schau einmal genau, ob ihr euch überhaupt noch liebt. Was hält euch zusammen?

Skuld: Glücklicher Ausgang. Wie im Märchen wird alles gut, wenn diese Rune an dritter Stelle liegt. Auch wenn du dir noch gar nicht vorstellen kannst, wie das gehen soll, werden sich alle deine Wünsche erfüllen, und Leichtigkeit und Lächeln halten Einzug in dein Leben. Die Rune zeigt hier auch unerwartete Hilfe. Im Beruf bist du erfolgreich und beliebt und hast so viel Freude, dass es dir fast peinlich ist, dafür auch noch Geld zu bekommen. Weiter so! Partnerschaft: Ihr seid im siebten Himmel angekommen. Herzlich willkommen! Bleibt, wo ihr seid, und macht es euch gemütlich.

Gestürzt: Störende Einflüsse machen sich bemerkbar. Lasse Wichtiges ruhen und öffne dich wieder für die Freude. Es läuft nicht wirklich rund, alles braucht viel Aufmerksamkeit und Zeit. Die Ereignisse entwickeln sich nur zum Teil nach deinen Wünschen, und auch das nur langsam. Im Beruf bekommst du diese Verzögerung sehr deutlich zu spüren, alles zieht sich und kostet viel Mühe. Erfolge sind dennoch unsicher, aber nicht unmöglich. Für deine Beziehung bedeutet diese Rune an letzter

Stelle einen zweifelhaften Ausgang, eine schwere Phase, möglicherweise sogar die Trennung. Prüfe, was du tun kannst, klammere dich aber trotzdem nicht fest.

Bedeutung im Weltenwurf

Midgard – Was jetzt ist: Freude, Glück und Erfolg. Wonne durchstrahlt dein Leben.
Gestürzt: Grau in Grau siehst du dein Leben, kannst einfach nichts Schönes oder Glückliches entdecken.

Lysalfheim – Gefühle: Du bist in Hochstimmung, fühlst dich glücklich und froh.
Gestürzt: Keine Freude lässt du zu; alles fühlt sich taub und hohl an.

Wanaheim – Verstand: Dein Verstand arbeitet gut und flink. Werde nicht oberflächlich!
Gestürzt: Im Moment neigst du zu hohlen Gedankengebäuden, eventuell zu Machtphantasien, oder du machst Pläne, die sowieso nicht ausführbar sind.

Asgard – Was hilft mir weiter? Beginne, alle positiven Aspekte deines Lebens in den Mittelpunkt zu rücken.
Gestürzt: Du nimmst alles zu sehr auf die leichte Schulter. Etwas mehr Ernsthaftigkeit, auch deinen eigenen Projekten gegenüber, ist sehr angeraten.

Niflheim – Was hindert mich? Zu viel Lachen, zu viel nur Spaß haben wollen, bloß nicht an etwas Ernstes oder Wichtiges denken oder es gar tun. Oberflächlichkeit.
Gestürzt: Zuviel Ernsthaftigkeit und Wichtigtuerei.

Helheim – Was ruhen soll: Lasse das Oberflächliche und das Witzeln über alles und jeden einmal ruhen. Gehe in dich.
Gestürzt: Höre mit dem Nörgeln auf, auch dir selbst gegenüber.

Jötunheim – Woran soll ich mich erinnern? Erinnere dich an alles, was Freude und Lachen ist, an alle guten und schönen Dinge deines Lebens.
Gestürzt: Erinnere dich daran, dass es nicht nur Spaß und Leichtigkeit gibt, und finde das rechte Maß.

Swartalfheim – Was jetzt zu tun ist: Entspanne dich und nimm es leichter, was immer es ist. Gute Ideen werden selten aus Angst geboren.
Gestürzt: Begreife, dass du jetzt die Dinge wirklich und ernsthaft angehen musst, sonst ist der Zug für dich abgefahren.

Muspelheim – Was wird aus der Situation? Glück und Freude, Lachen und Lust. Ein guter Ausgang. Schwierigkeiten lösen sich in Leichtigkeit auf.
Gestürzt: Kummer und Sorgen, zum Teil auch hausgemacht. Jedenfalls wirst du dein Ziel nicht erreichen – oder wenn, dann nur unter großen Opfern.

GEBO

Die Reise

Ich sitze allein unter dem Weltenbaum, von Sleipnir ist nichts zu sehen, das wundert mich sehr. Mit einem Mal beginnen Geschenke herunterzufallen: große, bunte Schachteln mit zum Teil überdimensionierten Schleifen oder Bommeln. Wenn die Schachteln auf den Boden auftreffen, platzen sie wie ein Luftballon, und die Dinge im Inneren werden gerade so lange sichtbar, dass ich sie erkennen kann. Ich sehe meine Mutter und meinen Vater, ein Bett, meine alte Katze, Lebensmittel, Kleidung und ähnliches. Aber auch Momente von besonderem Glück, ein Lächeln oder eine außergewöhnliche Hilfe. Mit jeder Schachtel – ich glaube fast, es müssen Hunderte oder sogar Tausende sein – merke ich mehr, wie reich und schön mein Leben ist, und mein Herz quillt über vor Dankbarkeit. Tagtäglich werde ich reich beschenkt! Aus einem der größten Pakete kommt Sleipnir zum Vorschein, und wir begrüßen uns sehr herzlich. Dann bringt er mich heim, und noch immer bin ich voller Freude und Dankbarkeit.

Kraftgedanken

Gebo-Runenkraft mir universelle Freude schafft.
Ich öffne mein Herz für die Freude des Seins.

Weihehandlung

Zehn Dinge

Dies ist wieder eine Weihehandlung, die täglich geübt werden sollte, am besten über den Zeitraum eines Jahres hinweg. Nimm dir jeden Abend Zeit und schreibe

- zehn Dinge, die du heute dir oder anderen vergeben willst
- zehn Dinge, für die du heute dankbar bist oder sein kannst
- zehn Menschen, Dinge oder Zustände, die du segnest

auf. Mache es schriftlich, denn dann tritt es besser in dein Bewusstsein.

Regelmäßig Vergebung zu üben, lässt dich leicht sein und verringert die Anhaftungen des täglichen Lebens. Mit allem, was du vergibst, befreist du dich selbst.

Dankbarkeit ist ein Garant für die Vermehrung dessen, wofür du dankbar bist. Je dankbarer du bist, desto mehr Gutes wird nachkommen, ganz gleich, in welchem Bereich.

Deinen Segen solltest du viel und gerne verschenken. Er ist das Größte, was du hier auf diesem Planeten geben kannst. Jeder Mensch kann segnen, es ist nichts, wofür du studiert haben musst oder eine besondere Weihe erhalten haben solltest. Dein aufrichtiger Wunsch, etwas Gutes für den anderen Menschen zu bewirken, reicht voll und ganz aus. Du kannst auch um den Segen der Götter für diesen Menschen bitten, falls du deiner eigenen »Segenskraft« noch nicht so traust. Segne auch Zustände oder Situationen, die dir missfallen: Durch deinen Segen kann sich etwas in eine positivere Richtung entwickeln, wohingegen du durch negative Gedanken die Dinge nur zum Schlechteren wendest.

Schritt auf dem Einweihungsweg

Das größte Geschenk, das du dir machen kannst, ist es, dich selbst zu lieben. Wenn du dich selbst bedingungslos liebst, werden alle anderen Schwierigkeiten dahinschmelzen wie Butter an der Sonne. Du wirst besseres Essen zu dir nehmen, weil du dich liebevoll versorgen möchtest. Du bewegst dich mehr und so, dass es dir Freude macht, kannst das Rauchen aufgeben und so weiter, einfach, weil du dich liebst und es dir mehr und mehr auch zeigst. Selbstliebe hat nichts mit Egoismus zu tun; vielmehr geht es darum, dich selbst zu respektieren, zu achten und gut mit dir umzugehen.

Dies ist die Übung: Du stellst dich vor einen Spiegel, in dem du dein Gesicht gut erkennen kannst. Dann sagst du dir laut und deutlich, während du dir dabei in die Augen schaust: »(dein Name), ich liebe dich so, wie du bist.«

Klingt einfach, nicht wahr? Es ist aber ein Garant für eine Flut von Gefühlen, wie zum Beispiel: »Das ist doof, das mach ich nicht«, »Ich fühle mich albern« und jede weitere Variante, die dir einfällt. Alle diese Gefühle sind ausschließlich Ausdruck deines inneren Widerstandes gegen die Selbstliebe. Bleibe bei dieser Übung, am besten einmal am Tag, wenn das nicht geht, dann mache sie, so oft es eben möglich ist. Es kann Heulen und Zähneklappern geben, Tränen und zerbrochene Spiegel, aber all das sollte dich nicht davon abhalten, weiter zu üben; so lange, bis du dir in die Augen sehen kannst und voller Überzeugung sagst: »(Dein Name), ich liebe dich, so wie du bist.« Diese Übung habe ich bei Louise L. Hay gelesen und empfinde sie als sehr effektiv.

Weitere Namen: Gebo, Gifu, Gifa, Gyfu

Buchstabe: G

Pflanzen: Löwenzahn, Kleeblatt

Gottheiten: Gullveig, Gefion, Osski

Steine: Smaragd, Markasit

Tiere: Schwein

Körperteil: rechte Hand, beim Linkshänder die linke, Hände, Herz

Galdr: Der Runenname in all seinen Varianten oder auch nur der Anlaut G

Im Jahreslauf: Ende August, Erntedank, Neumond

Stichworte: Gabe • Geschenk • harmonischer Austausch • Vereinigung • Großzügigkeit • Ekstase

Stadha

Beine weit auseinander stellen. Arme geöffnet weit in den Himmel recken.

Höndstadha

Finger gestreckt ineinanderschieben, bis sie an den mittleren Gelenken zusammentreffen, Daumen anlegen.

Runenrat

Gebo Runenkraft mir vollkommene Harmonie schafft.

Wenn du gibst, gebe gerne. Sonst gebe nichts, sei es materiell, geistig oder emotional.

Mythologischer Bezug

> Wer freigebig ist mit frohem Gemüte,
> Hat lauterste Lust an seinem Leben
> Und trägt sich selten mit trüber Sorge.

Sprüche des Hohen 48, Übersetzung von Wilhelm Jordan

Ein Geschenk, das du weggibst, ist auch ein Geschenk für dich: Ein gelungenes Geschenk bringt im Beschenkten Freude hervor, an der sich die Geberin/der Geber herzlich mitfreuen kann.

Heilung

Bei Herzleiden, gleich ob psychosomatisch oder organisch, schafft sie Linderung.

Magische Anwendung

Sie bringt gegensätzliche Kräfte in Harmonie; auch ist Gebo gut für Binderunen zu verwenden, wo sich durch ihre Energie die Kräfte potenzieren. Gebo öffnet für eine neue Partnerschaft und hilft, in allen Beziehungen Ausgewogenheit zu schaffen.

Allgemeine Bemerkungen

»Die ältesten Knochenritzungen stammen aus Wyhlen in Baden. Es sind Strichreihungen und Einkerbungen auf dem Bruchstück eines Mammutstoßzahnes, der vom Beginn der Riß-Eiszeit stammt. Auffallend ist besonders ein *eingeschlagenes Schrägkreuz.*« (Marie König, *Am Anfang der Kultur*) Ebenso wie Isa ist Gebo eine Rune, die nie ihre Gestalt verändert hat. Und wie obiges Zitat zeigt, eine Zeichnung, die schon lange in Gebrauch ist. Ihre Bedeutung ist Gabe, Geschenk. Gebo bringt gegensätzliche Kräfte in Harmonie und schafft Segen. Sie öffnet für eine neue Partnerschaft. Energetisch gleicht sie die weiblichen und männlichen Energien aus und schafft einen harmonischen Austausch zwischen ihnen.

Gebo hilft dir, deinen wahren Willen zu finden, und führt dich zu deinem Herzenswunsch. Sie erfreut die Sinne und öffnet das Herz, indem sich dich in Übereinstimmung mit deiner Lebensaufgabe, deiner Grundenergie bringt. Gebo ist Herzenskraft.

Aus dem Sigdrifumal

> *und Granis Brust,*

Dies ist Sigurds Pferd, welches direkt von Sleipnir abstammt. Es trägt mühelos die Last von drei Pferden. Mit Grani durchbricht Sigurd die Waberlohe, die Brünhild umschließt. Von Brünhild lernt er Runenweisheit als ein Geschenk der Walküre an ihren Retter. Daher gehört Gebo hierher. Der Pfad führt von Asgard, wo Brünhild herkommt, nach Swartalfheim, wo ihr Gefängnis war.

Gebo gibt es nicht gestürzt!

Als Einzelwurf

Eine Rune von großer Harmonie und Ausgewogenheit. Sie steht für eine liebevolle Beziehung, einen guten Arbeitsplatz, eine robuste Gesundheit. Gegensätzliches wird vereint, auch Mann und Frau.

Bedeutung im Nornenwurf

Urd: Du hast viel gegeben und viel an alle anderen gedacht. Das hat dich glücklich gemacht. Die Ausgangssituation ist schon sehr positiv. – Wenn du es nicht so wahrnimmst, überdenke die Sache noch einmal und entdecke das Gute daran.

Werdandi: Es ist wichtig, einen Ausgleich zu schaffen. Sei partnerschaftlich. Bringe Harmonie in die Angelegenheit und sorge dafür, dass alles mit Liebe geschieht.

Skuld: Harmonischer Energieaustausch, Freude, Ausgewogenheit und Liebe.

Bedeutung im Weltenwurf

Midgard – Was jetzt ist: Du lebst in Harmonie. Alles ist wunderbar ausgewogen.

Lysalfheim – Gefühle: Glück und Harmonie bestimmen dein Gefühlsleben.

Wanaheim – Verstand: Dein Denken ist ausgewogen, es bezieht alle und alles mit ein. Du willst Win-win-Situationen schaffen.

Asgard – Was hilft mir weiter? Schaue jetzt, was *du* geben kannst, und dann gib es, egal auf welcher Ebene.

Niflheim – Was hindert mich? Du willst es allen recht machen, und das ist oft unmöglich. Schaffe die größtmögliche Ausgewogenheit, aber beachte auch deine Wünsche und Bedürfnisse sorgsam.

Helheim – Was ruhen soll: Bleibe bei dir, tausche dich nicht mit anderen aus. Schweige und warte ab.

Jötunheim – Woran soll ich mich erinnern? Erinnere dich an die Freude des Gebens, ganz gleich, ob geistig, materiell oder durch einen Segen.

Swartalfheim – Was jetzt zu tun ist: Gib großzügig, gleich ob geistig, materiell oder durch einen Segen.

Muspelheim – Was wird aus der Situation? Alles entwickelt sich zur vollkommenen Harmonie. Glück und Freude.

KENAZ

Die Reise

Sleipnir holt mich ab, und wir gehen nebeneinander her, ohne zu sprechen. Etwas Bedrückendes liegt in der Luft; alles ist irgendwie zweidimensional und wie schwarz-weiß. Am Fuße des Weltenbaumes finden wir einen Höhleneingang, der fast überwuchert ist von Efeu, Moos und Jelängerjelieber. Sleipnir bedeutet mir, dass die Reise heute dorthin geht, aber er kommt nicht mit. Aber er schenkt mir etwas, das mir helfen soll. Eine seltsam geformte Fackel erscheint brennend in meiner Hand. Sie sieht aus wie ein Winkel, und die obere Seite brennt. Ich fasse die untere Seite und erkenne die Rune Kenaz. Dann betrete ich den langen, dunklen Gang. Hier gibt es wenig Luft und noch weniger Licht.

Aber meine Kenaz-Fackel leuchtet in die Winkel. Der Weg führt stetig nach unten in die Tiefe. Kein Wesen begegnet mir, ich bin allein im Fackelschein. Dann wird der Untergrund flacher und topfeben. Ich gehe geradeaus, denn dort höre ich in der Ferne Wasser fließen. Dort muss ein mächtiger Strom sein, dem Geräusch nach. Vor mir liegt eine schwarze Wasserfläche. Ich entdecke einen Steg, am dem ein kleines Schiffchen liegt. Es sind keine Leinen oder eine andere Art der Vertäuung zu entdecken. Fast von allein gehen meine Füße auf den Steg, und ich steige in den Kahn. Dieser löst sich vom Steg und gleitet geräuschlos auf die Flussmitte zu. Ich höre das Wasser rauschen. Ebenfalls geräuschlos schiebt sich der Kahn am anderen Ufer auf den Sand.

Weit und breit ist niemand und nichts zu sehen. Mit meiner Fackel steige ich aus dem Kahn und gehe ein Stück das Ufer entlang. Schließlich will ich den Fluss verlassen und weitergehen. Ein ganz schlechtes Gefühl beschleicht mich, je weiter ich den Fluss hinter mir lasse. Da taucht etwas Schimmerndes aus dem Boden direkt vor mir auf. Meine Schritte stocken und ich warte ab. In grünlich-gräulichem Leuchten, das um ihren Körper strahlt, erscheint eine Frau aus der Erde. Ihre Kleider sind nur Fetzen, ihre Haare stehen struppig vom Kopf ab, und zu meinem Entsetzen kann ich sehen, dass sich Teile von Haut und Fleisch ablösen. An einigen Stellen kann ich ihre Knochen sehen.

»Geh zurück! Geh zurück!« kreischt sie mit schriller, überschnappender Stimme.

Das Entsetzen wird übermächtig, ich klammere mich an meine Fackel und renne stolpernd zum Fluss zurück. Hoffentlich ist das Boot noch da! Ja, da liegt es. Ich springe hinein, es löst sich fließend vom Ufer und gleitet über den Fluss.

Mit der Fackel finde ich leicht den Rückweg und komme nach langer Wanderung wieder unter dem Weltenbaum an. Sleipnir hat gewartet, und er ist froh, mich zu sehen. Ich erzähle von meiner Reise. Als ich geendet habe, sagt er ruhig und wie aus weiter Ferne: »Nicht jede darf das Land der Toten betreten. Und nicht alle, die es betreten, finden den Weg zurück.« Mich schaudert. Ich bin froh, dass ich umgekehrt bin.

Kraftgedanken

Kenaz-Runenkraft mir Schöpferkraft schafft.
Ich öffne mich für meine schöpferische Kraft.

Weihehandlung

Eine Liebesnacht mit dir selbst

Richte deine Wohnung oder auch nur dein Schlafzimmer so her, als würdest du lieben Besuch erwarten. Nimm ein Bad, kleide dich bequem, aber schön. Entzünde Kerzen, vielleicht ein Räucherstäbchen oder eine Duftlampe. Du kannst Patschuli oder Ylang-Ylang wählen, die beide dein Vorhaben unterstützen. Auch Rosenduft passt gut dazu.

Dann betrachte dich in einem Spiegel, in dem du dich ganz oder fast ganz sehen kannst. Betrachte dich so, als würdest du einen Liebhaber/eine Liebhaberin vor dir haben. Dann entkleide dich, schaue dich an und entspanne dich. Lass deine Hände über deinen Körper wandern – fühle dich, fühle dich wirklich. Öffne dich für ein erotisches Erlebnis mit dir selbst. Tu, was du magst und was dir guttut. Erlege dir keine Grenzen auf. Sei kreativ und frei in der Erkundung deiner Lust. Genieße dich!

Wenn du die Übung oft machst, kannst du beginnen, die Energie der Ekstase zu nutzen, indem du sie auf ein bestimmtes Ziel lenkst, z. B. Wissen zu erlangen oder mit den Elfen zu kommunizieren.

Dazu baust du deinen Altar mit den entsprechenden Symbolen auf. Du schlägst den Kreis und bist dir bewusst, dass du eine magische Handlung vollziehst. Von Beginn an hast du dein Ziel im Bewusstsein, was schwierig ist, wenn du gleichzeitig in Ekstase gelangen möchtest. Gib dir Zeit und Übung. Kanalisiere die Energie von Anfang an auf dein Ziel. Wenn du den Höhepunkt erreichst, lässt du diese wie den Pfeil von einer Bogensehne losfliegen: Du siehst dich in dem Zustand, den du erreichen willst. Es ist nicht die Zukunft, es ist jetzt und hier. Dann öffne den Kreis und schau, was kommt.

Schritt auf dem Einweihungsweg

Das Anlegen des Megingiard

Der Megingiard ist der magische Gürtel Thors, der ihm seine besondere Kraft verleiht. Ich sehe dies als Sinnbild der Kraft, die in jeder und jedem von uns schlummert, aber erweckt werden muss, wenn wir sie nutzen möchten. Auch um schneller das Seidr zu erlernen und auszuüben, sollte diese Energie aktiviert sein. Mit der Energie von Megingiard aktivierst du dein volles Potential.

Die folgende Übung aktiviert den Megingiard. Sie ist einfach, nimmt wenig Zeit in Anspruch und kann überall, wo du einen Stuhl zur Verfügung hast, durchgeführt werden.

Hier ist sie:

- Sitze gerade auf einem Stuhl. Die Füße stehen parallel zueinander auf dem Boden. Die linke Hand liegt vor dem Unterbauch, da wo die Erddrachenkraft schlummert.
- Die rechte dreht sich um die linke Hand, vor dem Körper aufwärts, als wolltest du Wolle wickeln.
- Die Bewegung endet über dem Kopf, dort wird noch ein paar Mal gedreht.
- Dann ballst du deine Hände zu Fäusten. Die Finger zeigen nach vorn. Die Arme beschreiben einen weiten Bogen bis zum Becken, wo die Fäuste leicht antippen.
- Du führst danach die Arme wieder über dem Kopf zusammen, wo sie leicht zusammenprallen.
- Die Hände lösen sich und fallen wieder zum Becken hinab.
- Führe diesen Ablauf mehrmals aus, achte genau darauf, dass du dich nicht überlädst.
- Beim letzten Durchlauf legst du deine Handflächen auf deinen Bauch, führst sie um die Taille herum zu den Nieren und wieder nach vorn und spürst ein wenig nach.
- Diese Übung klingt ganz leicht und einfach, hat es aber in sich. Beobachte dich genau. Falls Schwindel, aufsteigende Hitze, unwillkürliches Zittern oder ähnliches auftreten, hast du es übertrieben und solltest dich erst einmal erden.
  Natürlich ist es gut, diese Übung immer wieder auszuführen, nicht nur einmal.

Runenrat

Sei offen für Neues und lasse deine kreativen Energien frei fließen. Scheue dich nicht, deine Sexualität auszuleben.

Weitere Namen: Kaunan (Krankheit), Kenaz (Kienfackel), Kano (Kahn), Ka, Kunna, Cen, Kaun

Buchstabe: K / C

Pflanzen: Kiefer, Fichte

Gottheiten: Sif, Jörd, Cernunnos, Cerridwen,

Steine: Flint (Feuerstein), Sandopal, Feueropal

Tiere: Salamander, Drachen

Körperteil: Nase, Körpermitte

Galdr: Der Runenname in all seinen Varianten oder auch nur der Anlaut K

Im Jahreslauf: Vollmond, Mitte September

Stichworte: Fackel • Kreativität • inneres Licht • innere Führung

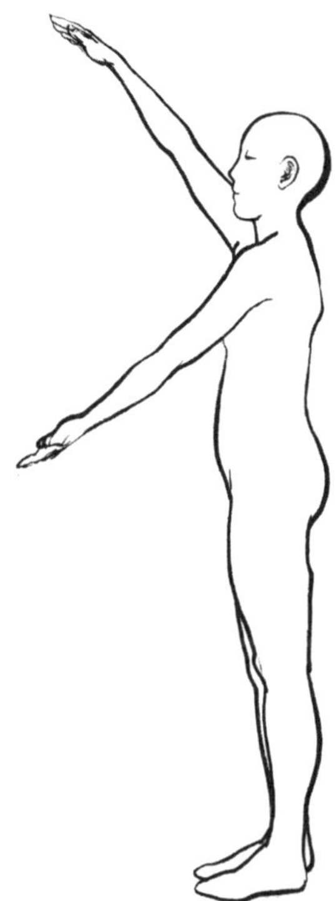

Stadha

Ein Arm hebt sich gestreckt schräg nach oben, die Handfläche zeigt nach unten. Der andere Arm zeigt gestreckt schräg nach unten, die Handfläche zeigt nach oben.

Die linke Hand sollte oben sein, wenn du Inspiration und Impuls für emotionale und erotische Angelegenheiten brauchst.
Für alles, was sich als Gegenstand (Bild, Plastik, Pullover usw.) materialisieren soll, hebst die rechte Hand nach oben.

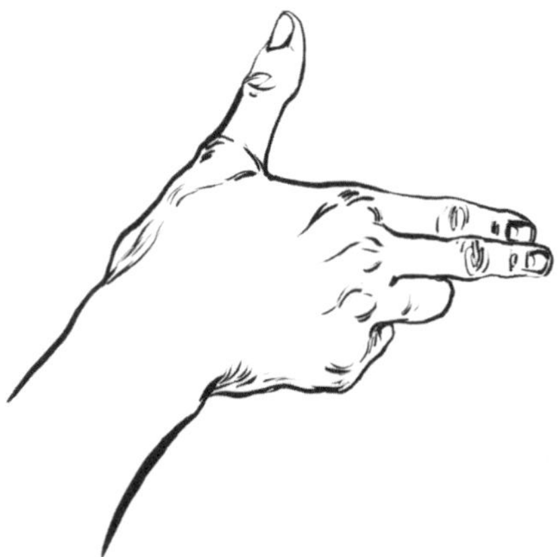

Höndstadha

Daumen und Zeigefinger bilden abgespreizt die Runenform, die anderen Finger werden eingeklappt.

Mythologischer Bezug

> Er besitzt drei Kleinode, den Hammer Mjölnir, den Hrimthursen und Bergriesen kennen, wenn er geworfen wird; was nicht überrascht, ist, dass er vielen Vätern oder Freunden damit den Kopf zerschlagen hat. Sein zweites Kleinod ist Megingiard; wenn er sich den umschnallt, wächst ihm doppelte Asen-Kraft. Das dritte Kleinod von großem Wert ist Járnglófar; denn den kann er nicht missen, um den Stiel des Hammers zu fassen. Keiner ist so klug, dass er alle seine großen Taten zu erzählen weiß. Ich könnte so manche Nachricht von ihm berichten, dass der Tag vergeht, bis ich alles gesagt habe, was ich weiß.
>
> Gylfaginning 21, Übersetzung von Karl Simrock

Hier wird vom Megingiard erzählt, dem Gürtel, der Thor seine übermenschliche Kraft verleiht. Dieser Gürtel ist das bewusste Leiten der ekstatischen Energien.

Heilung

Verbrennungen, Geschwüre, Fieber, Erkrankungen im Genitalbereich, Vereiterungen

Magische Anwendung

Leuchtfeuer, das bei Reisen in die Astrale oder Anderswelt für sichere Rückkehr sorgt. Erfolg beim anderen Geschlecht. Regt kreatives Schaffen an.

Allgemeine Bemerkungen

Kenaz hat durch die Bedeutung »Kahn« eine Verbindung zum Sonnen- bzw. Seelenschiff.

Dadurch ist sie wie ein Leuchtfeuer, das bei Reisen in die Anderswelt für sichere Reise und gute Rückkehr sorgt. Sie regt kreatives Schaffen an und fördert den Erfolg beim anderen Geschlecht. Zugleich bringt sie dich in Kontakt mit deinem inneren Licht und deiner inneren Führung.

Aus dem Sigdrifumal

> *und Alswidrs Huf*

Alswidr ist Arwarkers Partner, also eines der beiden Pferde, die den Sonnenwagen ziehen. Der Pfad führt von Muspelheim, der Feuerwelt, nach Wanaheim, wo die Sonne Fruchtbarkeit bringt.

Als Einzelwurf

Kreativität und kreatives Schaffen sind jetzt leicht. Die Ideen fliegen dir nur so zu. Beruflich stelle dein Licht nicht länger unter den Scheffel, zeige dich. Die Rune verheißt eine Affäre mit prickelnder Erotik. Allerdings sagt sie nichts über eine längerfristige Partnerschaft. Aber auch: Du hast eine starke erotische Ausstrahlung. Genieße sie!

Gestürzt: Die Fackel leuchtet nach innen. Zeit für innere Einkehr und Reflexion über dich selbst. Reise nicht in die Anderswelt, das könnte gefährlich werden. Behalte im Beruf deine Ideen erst einmal für dich.

Bedeutung im Nornenwurf

Urd: Kreative Phase. Du bist inspiriert und kannst es ausdrücken, ganz gleich, in welcher Form.

Gestürzt: Abgetrennt von deinen inneren Impulsen dümpelst du vor dich hin. Dein inneres Feuer ist schwach und klein.

Werdandi: Suche dein inneres Leuchten, Inspirationen und neue Ideen.

Gestürzt: Du schleppst eine alte Last mit dir herum. Es ist Zeit, sie loszulassen.

Skuld: Ein Feuerwerk an Ideen und Kreativität. Neue Ziele erscheinen greifbar, der Weg dorthin ist jetzt klar.

Gestürzt: Keine guten Ergebnisse, kein Erfolg. Deine Pläne erweisen sich als Seifenblasen.

Bedeutung im Weltenwurf

Midgard – Was jetzt ist: Neue Projekte und Ideen, noch ist nichts greifbar. Auch eine starke erotische Anziehung, die von dir ausgeht oder die du für einen anderen Menschen hast.

Gestürzt: Stagnation, Langeweile und Nabelschau. Keine neuen Ideen, nur das Wiederkäuen der alten.

Lysalfheim – Gefühle: Emotional befindest du dich auf einem Höhenflug sondergleichen. Deine Kreativität, aber auch deine Sexualität werden stark angeregt.

Gestürzt: Zeit, nach innen zu schauen, um zu sehen, was du wirklich fühlst. Sei ehrlich mit dir.

Wanaheim – Verstand: Neue Ideen fallen dir mehr und schneller zu, als du sie verwirklichen kannst. Heb nicht ab!

Gestürzt: Es gibt nichts Neues unter der Sonne, ist dein resignativer Spruch im Moment. Du hast alles schon gesehen und gehört – wenn auch nur im TV. Wach auf und ändere diese zerstörerische Meinung!

Asgard – Was hilft mir weiter? Kreativität ist das, was du jetzt brauchst. Mach ein Brainstorming und lasse dich inspirieren. Es kann auch bedeuten, dass du eine Andersweltreise unternehmen solltest.

Gestürzt: Der Blick nach innen, vorurteilsfrei und unverstellt.

Niflheim – Was hindert mich?: Zu vieles Neues, zu schnell und überdreht. Zu viele Ideen und Pläne, die unverwirklicht bleiben.

Gestürzt: Du betreibst Nabelschau und bist dabei nicht mal ehrlich mit dir selbst.

Helheim – Was ruhen soll: Keine Zeit, etwas Neues zu beginnen, weder einen Plan noch eine Liebschaft oder sonst etwas.

Gestürzt: Schaue nicht mehr in deinem Inneren, was die Schwierigkeiten verursacht; im Außen gibt es auch Gründe. Mache sie dir bewusst.

Jötunheim – Woran soll ich mich erinnern? An deine Kreativität und Findigkeit.

Gestürzt: Erinnere dich daran, dass alle Weisheit in dir liegt.

Swartalfheim – Was jetzt zu tun ist: Neues zulassen und anfangen, etwas anders zu machen oder zu sehen als bisher.

Gestürzt: Schweige und gehe in dich, lasse dich von keiner Verlockung davon abbringen.

Muspelheim – Was wird aus der Situation? Freude, Kreativität, neue Impulse.

Gestürzt: Stagnation und Langeweile.

RAIDO

Die Reise

Sleipnir kommt zu mir, und wir reiten über eine weite Steppe. Ich lasse los und freue mich einfach an dem Ritt über die scheinbar endlose Ebene.

Dann, nach langer Zeit, kommt das Dorf des Schamanen in Sicht. Wie immer ist es völlig menschenleer. Auf dem Platz in der Mitte brennt ein Feuer, der Alte sitzt daran. Als er mich sieht, schöpft er eine Art Kräuterbrühe in eine Holzschale und gibt sie mir. Ich setze mich ihm gegenüber ans Feuer und trinke langsam meine Suppe. Ich frage nichts, ich sage nichts, denn ich weiß, er würde doch nicht antworten.

Auch als meine Schale leer ist, schweigt er. Wir sitzen einander gegenüber am Feuer, still wie zwei Berge.

Er schaut mich an, und da ist plötzlich so ein besonderer Blick in seinen Augen, wie ein Glitzern. Und als wenn dieser Blick ein Tor ist, finde ich uns am Eingang einer Höhle wieder. Wir betreten sie, und gleich nach dem Eingang teilt sie sich in zwei Gänge. Wir gehen zuerst nach links, da sind tanzende Männer. Sie machen wilde Sprünge und Verrenkungen, fast akrobatisch. Einer trägt eine Maske mit riesigen Urrindhörnern. Sie sind gekleidet, wie ich es mir von Steinzeitmenschen vorstelle, viele sind auch nackt.

Nachdem wir eine Weile zugeschaut haben, gehen wir zurück und in den rechten Gang. Da sind nur Frauen. Sie tanzen auch, aber ihr Tanz ist anders. Viel Wiegen, einige Schritte vor und zurück, eher sanft.

Dennoch spüre ich, dass die beiden Energien gut zusammenpassen.

Dann sind wir wieder am Feuer. Der Schamane malt mir mit Ruß ein Naturkreuz auf die Stirn, und dann macht er meine Nasenspitze auch schwarz. Ich komme mir ein bisschen vor wie ein kleines Tier.

Sleipnir ist wieder da, und wir reiten zurück über die Milchstraße und den Regenbogen zum Weltenbaum.

Kraftgedanken

Raido-Runenkraft mir kosmischen Einklang schafft.
Ich schwinge im Einklang mit den kosmischen Rhythmen.

Weihehandlung

Reise mit dem Schiff Skidbladnir

Du brauchst einen ruhigen Raum, und manchmal ist ein wenig fließende Musik hilfreich, um die Außenwelt auszusperren. Deine Kleidung darf dich nicht einengen oder irgendwo zwicken. Lege allen Schmuck bis auf den magischen ab, den du bei Ritualen oder magischen Handlungen trägst. Wenn du eine Kerze entzünden möchtest, achte darauf, dass sie feuersicher steht, denn du wirst während dieser Weihehandlung weit reisen und deinen Körper hier zurücklassen.

Ordne deine Runensteine wie auf der Abbildung zu einem Schiffsrumpf an, groß genug, dass du bequem darin liegen kannst, eventuell noch mit einer Decke und einem kleinen Kissen. Es wird wahrscheinlich nur auf dem Boden gehen. Sprich dabei dabei die folgenden magischen Worte:

»Zu Skidbladnir füge dich (Name der jeweiligen Rune) ein,
sollst Teil des schnellen, sicheren Schiffes sein.«

Dann lege dich in das Schiff aus Runensteinen. Entspanne deinen Körper und deinen Geist. Reinige die Hvels und mache eine Dagaz-Meditation. Atme dann Raido.

Bevor du in die Tiefenentspannung gehst, sage dir: »In vollkommener Sicherheit und vollkommener Klarheit reise ich mit Skidbladnir, dem Schiff der Götter, nach (Name der Person oder des Ortes, den du besuchen willst). Seid bedankt für diese Leihgabe!«

Lass dich jetzt langsam in den Zustand kurz vor dem Einschlafen gleiten (Profis nennen das den hypnagogischen Zustand). Öffne dich, lass die Bilder, Farben oder Klänge zu, aber erzwinge auch nichts. Schaue zu und lasse geschehen.

Gehe tiefer und tiefer in diesen Zustand. Schaue durch deine geschlossenen Augenlider ins Dunkle. Nach einiger Zeit entstehen Lichtmuster. Jetzt vertiefst du die Entspannung noch einmal, bis dein körperliches, sensorisches Empfinden weg ist.

Jetzt können alle möglichen Empfindungen zu einer Irritation führen: Schwindel, Taubheit in den Gliedern, brummende, summende oder tosende Geräusche in den Ohren, ungewöhnliches Prickeln, ein Gefühl der Kraft, Schwere oder ein Sinken, Strudeln und was es da noch so gibt.

Lass dich davon nicht verunsichern. Bleibe ruhig, denn du weißt, dass du jederzeit wieder ins Tagbewusstsein wechseln kannst und in vollkommener Sicherheit reist. Bewege dich möglichst nicht, denn jede körperliche Bewegung verhindert eine Bewegung des Vard (Astralkörpers).

Erwarte nichts, aber sei für alles offen.

Willst du in deinen Körper zurück, brauchst du nur zu sagen »Heimwärts!« oder »Heim!«.

Dann sprich deinen Dank aus und sammle die Runensteine ein.

Anderswelt-Reise mit Skidbladnir

Ordne die Runensteine folgendermaßen an, bevor du dich hineinlegst.

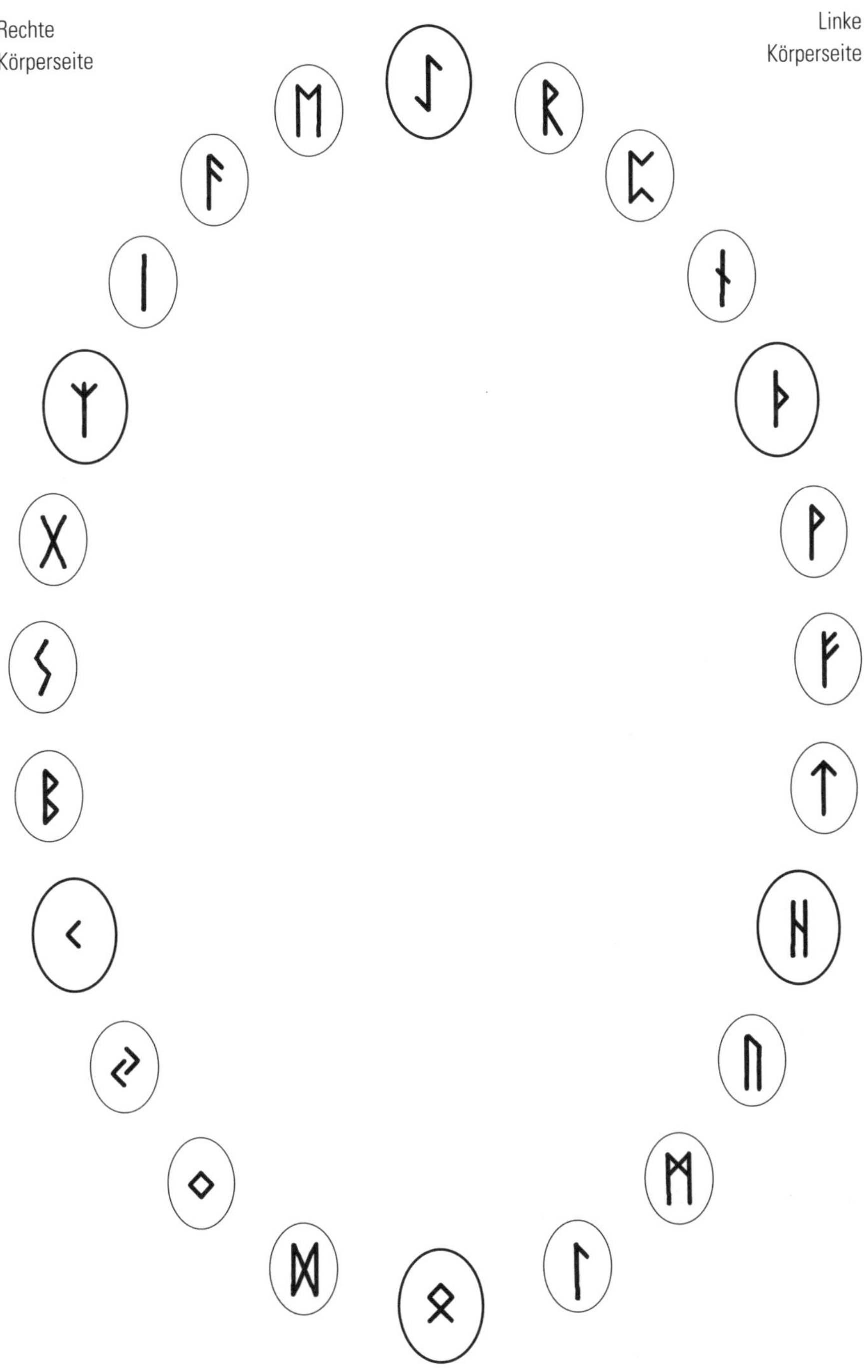

Schritt auf dem Einweihungsweg

Hierzu brauchst du Fotos aus deinem Leben und Bilder oder Symbole von wichtigen Erlebnissen und Ereignissen. Auch Bilder von deinen Träumen und Wünschen kommen dazu. Vielleicht findest du einiges in Zeitschriften oder Katalogen, sonst kannst du es auch einfach malen oder aufschreiben. Dann wähle einen Begriff pro Bild. Auch eine große Kerze und ausreichend Platz sind wichtig. Stelle die Kerze in die Mitte des Raumes. Suche aus den Bildern ein Babyfoto oder sogar eine Ultraschallaufnahme, wenn du so etwas hast. Lege das Bild neben die Kerze. Dann ordnest du die Bilder nach dem Alter und legst sie spiralförmig um die Kerze, so dass ein Spiralweg entsteht, der bei der Kerze endet. Wenn du alle Bilder aus der Vergangenheit ausgelegt hast, bilde die Spirale weiter mit den Bildern deiner Lebensvision.

Hast du die Spirale fertig gebaut, gehst du zu der Kerze in der Mitte und zündest sie an. Du kannst die Kerze der Lebenskraft weihen oder der Gottheit, der du dich vielleicht geweiht hast. Dann betrachte das erste Bild. Würdige die Kraft, die daraus spricht, danke für die Erfahrung, die dieses Bild symbolisiert, und wende dich dem nächsten zu. So wandere durch deine Vergangenheit in deine Zukunft. Wenn du am Ende der Spirale angekommen bist, würdige den Weg, den du bisher gegangen bist, und freue dich daran. Nimm die Bilder, die deine Zukunft darstellen, und mache eine schöne Collage daraus. Verwahre sie so, dass du sie häufig anschauen kannst. Freue dich auf die Jahre, die kommen.

Runenrat

Komme in Bewegung. Die Zeichen stehen gut!

Weitere Namen: Rit, Rita, Rad, Reid
Buchstabe: R
Pflanzen: Beifuß
Gottheiten: Thor, Nerthus, Forseti
Steine: Granat, Brekzienjaspis
Tiere: alle Zug- und Reittiere
Körperteil: Füße und Beine, Reizleitungssysteme
Galdr: Der Runenname in all seinen Varianten oder auch nur der Anlaut R
Im Jahreslauf: Neumond, September/Oktober
Stichworte: Ritt • Reise • Lebensreise • rechtes Gleichgewicht • Recht und Gesetz

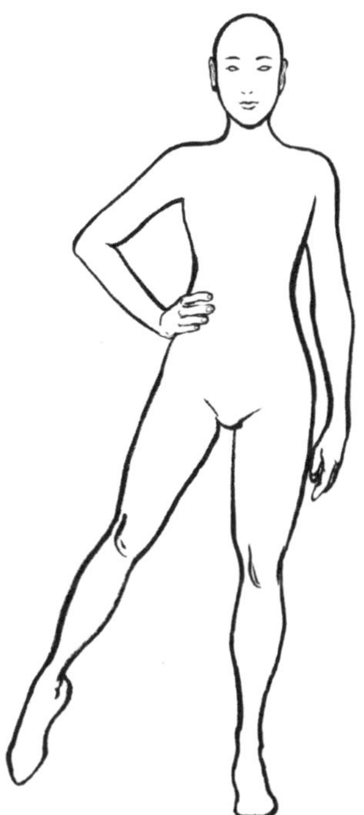

Stadha
Arm in die Hüfte stemmen, Fuß seitlich oder nach hinten ausstrecken.

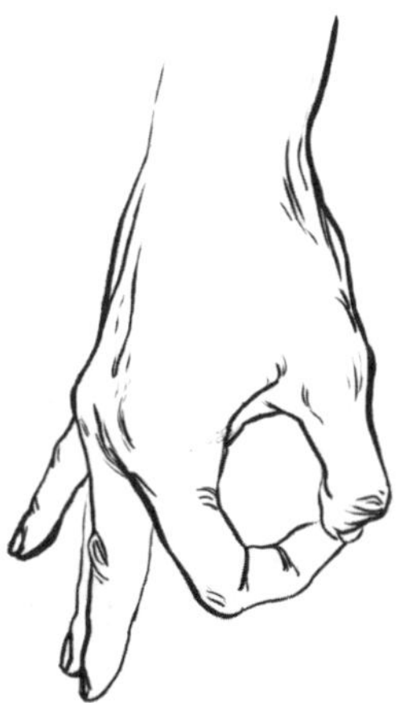

Höndstadha
Daumen und Zeigefinger bilden einen Ring, Mittel- und Ringfinger sowie der kleine Finger werden gerade ausgestreckt.

Mythologischer Bezug

> Inwaldis Söhne Unternahmen es weiland
> Skidbladnir zu bilden, Der Schiffe bestes,
> Für Njörds beglückendes Glanzkind Freyr.

Grimnismal 42, Übersetzung von Wilhelm Jordan

Skidbladnir gehört dem Gott Frey. Er leiht es seinem Diener und Brautwerber, damit dieser schnell zu der schönen Gerda gelangen kann, denn Frey ist unsterblich in sie verliebt und will sie unbedingt zur Frau nehmen. Zwei wunderbare Eigenschaften hat dieses Schiff: Es lässt sich so klein zusammenfalten, dass es in jede Tasche passt, und dennoch haben alle Götter Asgards darin Platz. Zudem weht der Wind immer günstig zum Reiseziel. Der Zwerg Dvalin hat es in Lokis Auftrag mit seinen Brüdern gebaut.

Heilung

Raido stärkt die Reizleitung im Körper.

Magische Anwendung

Um Dinge zu beschleunigen. Allerdings funktioniert das nur, wenn sie ihrem organischen Verlauf folgen können.

Sie schützt auf allen Reisen: im Auto, im Zug oder Flugzeug, zu Fuß oder Pferd. Im Auto aufgehängt, bewahrt sie vor Unfällen und Pannen. Auch bei Reisen in die Anderswelt auf den Pfaden der Götter oder ähnlichem schützt sie dich und trägt zur sicheren Rückkehr bei.

Allgemeine Bemerkungen

Bewegung und Veränderung ist ihr Charakter im Einklang mit den kosmischen Rhythmen. Du findest deinen eigenen Weg. Kosmische Zyklen, Tanz. Raido bringt dich in Einklang mit den Energien des Kosmos.

Aus dem Sigdrifumal

> *Auf dem Rad, das da rollt unter Rögnirs Wagen,*

Dies ist einer der Beinamen Odins. Rögnir bedeutet so viel wie Zänker, Streiter. Odin kann zwischen den Welten reisen, und auf diesem Pfad benutzt er einen Wagen. Daher gehört zu diesem Pfad die Rune Raido, die Rune des Reisens, auf der Welt und zwischen den Welten. Der Pfad führt vom Wohnsitz der Götter, Asgard, nach Lysalfheim, wo die Lichtalfen wohnen.

Als Einzelwurf

Bewegung kommt in dein Leben. Es geht voran, im Einklang mit den Energien des Kosmos. Kann auch eine Reise anzeigen, nicht nur im Materiellen. Auch eine geistige

Reise kann gemeint sein. In der Partnerschaft bezieht sich Raido auf Veränderungen, die anstehen. Sie zeigt aber nicht deren Richtung. Beruflich kündigt Raido dir eine Geschäftsreise oder Versetzung (möglicherweise auch nur zeitweise) an. Je nach Frage kann sie auch bedeuten, dass es jetzt an der Zeit ist, einen Wechsel zu vollziehen. Für deine Gesundheit deutet Raido auf Harmonie und Ausgewogenheit in allen zyklischen Prozessen deines Körpers. Sie zeigt dir also Gesundheit und Wohlergehen.

Gestürzt: Alles ist blockiert. Es geht nicht weiter, obgleich du dich sehr bemühst. Unternimm jetzt keine Reise oder schütze dich sorgfältig. Für deinen Beruf zeigt Raido eine Durststrecke an. Du strampelst, aber es zeigen sich (noch!) keine Ergebnisse. Auf der Körperebene deutet Raido auf ein Ungleichgewicht im Hormonhaushalt oder auf mangelnde Bewegung. Vielleicht ist jetzt die richtige Zeit, wieder mehr Sport zu treiben?

Bedeutung im Nornenwurf

Urd: Du bist im Fluss. Los geht's! Einklang. Eine Reise steht an. Aufgeschlossenheit und Flexibilität sind jetzt wichtig. Veränderungen kommen auf dich zu. Die folgenden Runen zeigen, welcher Art diese sein werden. Raido kann auch auf eine Reise deuten, die du jetzt unternimmst. Auch beruflich und beziehungsmäßig wird hier ein Wandel angekündigt. Es ist an der Zeit für diesen Wandel, aber du löst ihn nicht selbst aus, sondern kannst dich von der Energie tragen lassen.

Gestürzt: Es ist keine Zeit für Reisen, keine Zeit für Veränderungen. Alles ist blockiert. Der Wagen ist festgefahren. Im Beruf wirst du möglicherweise gebeten, eine Krise zu entschärfen. Partnerschaftlich geht es nicht voran. Treffen oder Aussprachen kommen nicht zustande. Es bleibt in der Schwebe. Bringe dich in Bewegung, am besten in eine wiegende, schwingende Bewegung. Zeit zum Tanzen?

Werdandi: Aus dem Takt gekommen. Du bist mitten drin, um dich herum tobt das Leben. Alles ist im Wandel begriffen. Deine Aufgabe ist es jetzt, zentriert mit der Energie zu gehen. Zeit, sich für Neues zu öffnen. Beruflich kann es notwendig sein zu reisen. Mache dich also auf den Weg zu deinen Kunden oder Geschäftspartnern. Falls es räumlich keinen Sinn ergibt, bewege dich geistig auf diese Menschen zu. In deiner Beziehung gilt das gleiche. Gehe auf deine Partnerin oder deinen Partner zu. Gesundheitlich: Bleibe in Bewegung, ohne dich zu überfordern.

Gestürzt: Etwas wieder in Fluss bringen. Zurückziehen, wahrnehmen üben. Ruhe halten. Tue nach Möglichkeit nichts, um die Dinge (welche auch immer) voranzutreiben oder Veränderungen in die Wege zu leiten. Jetzt ist keine gute Zeit zum Handeln. Warte ab. Du kannst nichts erzwingen oder herbeibefehlen.

Skuld: Eine kleine Reise. In Einklang mit dem Rhythmus des Seins sein. Ganz gleich, wie groß das Chaos noch ist, diese Rune als Endrune zeigt, dass sich alles im kosmischen Sinne des Ausgleichs entwickelt. Das Pendel schwingt zurück, und die Energien harmonisieren sich. Möglicherweise sind die Ergebnisse nicht in deinem Sinne, aber ganz sicher im kosmischen, göttlichen.

Gestürzt: Etwas Unvorhergesehenes passiert. Angestrengt sein. Nicht aus dem Takt kommen, nicht reisen. Chaos. Durcheinander, in das du keine Ordnung oder Harmonie bringen kannst. Zwang und Disharmonie. Beruflich deutet sie auf ein Scheitern nach langer Anstrengung. In der Beziehung geht es nicht vor und zurück, ihr braucht eine Pause voneinander, möglicherweise auch von euren Ansprüchen aneinander. Gesundheitlich ist es höchste Zeit, etwas zu tun. In deinem Körper herrscht Erschöpfung, deine innere Uhr ist verstellt. Jetzt ist es wichtig, wieder zu Ruhe und Einklang zu finden.

Bedeutung im Weltenwurf

Midgard – Was jetzt ist: Harmonie mit den Rhythmen der Erde und des Kosmos. Eine gute Zeit.

Gestürzt: Alles ist verkehrt herum. Du weißt nicht, was du glauben sollst. Widerstände und Dummheiten.

Lysalfheim – Gefühle: Wie ein Seismograph nimmst du Schwingungen wahr. Aber traust du deiner Wahrnehmung auch immer?

Gestürzt: Einem Fisch auf dem Trockenen geht es besser als dir. Du fühlst dich abgetrennt und einsam.

Wanaheim – Verstand: Dein Verstand arbeitet akkurat und gut, du kannst deine Wahrnehmungen klar aussprechen.

Gestürzt: Dein Denken ist unklar und vernebelt. Triff in diesem wirren Zustand keine Entscheidungen.

Asgard – Was hilft mir weiter? Bewusste Bewegung in jeder Form und auf jeder Ebene.

Gestürzt: Bleib still, Ruhe hilft dir jetzt am besten. Sitz es aus.

Niflheim – Was hindert mich? Zu viel, zu oft, zu verschieden. Hektisch flatterst du von einem zum anderen, das schadet dir.

Gestürzt: Trägheit hindert dich am Leben. Der innere Schweinehund liegt dick und schwer auf dem Teppich und zieht dich herunter.

Helheim – Was ruhen soll: Lasse Bewegung und Unruhe beseite. Geh nicht zum Sport oder Tanzen, denke nicht ständig an deine Schwierigkeiten.

Gestürzt: Lasse das Trödeln und Auf-morgen-Verschieben einmal sein und gib dir die Gelegenheit zu spüren, wie es sich anfühlt, aktiv zu sein.

Jötunheim – Woran soll ich mich erinnern? Erinnere dich an die kosmischen Zyklen von Werden und Vergehen. Alles im menschlichen Leben sind nur Phasen, wenn auch manchmal sehr lange.

Gestürzt: Sei dir sicher, dass nichts und niemand aus den Rhythmen des Lebens aussteigen kann – auch wenn es vielleicht so aussehen mag.

Swartalfheim – Was jetzt zu tun ist: Komme in Bewegung, werde aktiv und tue etwas für das, was du willst.

Gestürzt: Bleib ruhig, beobachte.

Muspelheim – Was wird aus der Situation? Harmonie und Glück. Einklang.

Gestürzt: Verlorenheit, Wirrnis und Einsamkeit.

ANSUZ

Die Reise

Sleipnir kommt, und wir begrüßen uns herzlich. Aber heute reiten wir nirgendwohin, sondern die Reise geht in die Alltagswelt. Wir gehen die Straßen einer Großstadt entlang, und Sleipnir macht mich auf Verkehrszeichen, Graffitis und ähnliches aufmerksam, dann auf Zeichen, die nur für mich bestimmt sind, Zeichen der Ahnen oder der Götter.

Auch Begegnungen mit Tieren gehören dazu. Jedes Tier hat seine eigene Botschaft, die es durch sein Erscheinen mitteilt. Eine Botschaft kann auch aus dem Radio oder Fernseher kommen, erklärt Sleipnir mir. Ich wundere mich. Dann mache ich plötzlich Seifenblasen. Eine davon wird so groß, dass sie Sleipnir und mich umschließt und zurück an den Fuß des Weltenbaumes trägt. Hier platzt sie, und wir landen etwas unsanft auf dem Gras. Es ist eine viel buntere, leichtere Reise als die vorigen, die ich unternommen habe.

Kraftgedanken

Anzuz-Runenkraft mir intuitives Wissen schafft.
Ich öffne mich für die Hinweise meines höheren Selbst.

Weihehandlung

Mit dem Atem arbeiten

Das alte deutsche Wort »Odem« für Atem hat Odins Namen im Anlaut. Odin besitzt den Speer Gungnir, das bedeutet »der Schwankende«. Er verfehlt nie sein Ziel und kehrt immer zu seinem Werfer zurück. Worte und der Atem sind gleichzusetzen mit Gungnir. Der Atem schwankt von innen nach außen und zurück. Worte verfehlen nie ihr Ziel – das Ohr – und sie kommen immer zu dir zurück, auf die eine oder andere Weise.

Der Atem verbindet uns mit der Welt. Ständig wird die Luft in unseren Lungen ausgetauscht, Moleküle wandern von innen nach außen und bringen so auch Informationen von hüben nach drüben. In ungefähr 17.000 Atemzügen am Tag strömen Millionen von Molekülen in unsere Lunge ein und aus. Das ist mehr Datenverkehr, als selbst der größte Rechner leisten kann.

Mit allem, was lebt, teilen wir unsere Atemluft. Wir atmen Moleküle, die Milliarden Jahre alt sind, die vorher einen Dinosaurier mitgebildet haben, oder Cleopatra oder einen Gummibaum. Unser Atem zeigt, was wir fühlen: Bei einem großen Schreck halten wir die Luft an, fließt der Atem harmonisch, fühlen wir uns wohl. Umgekehrt können wir über unseren Atem unsere Körpergefühle oder unsere emotionale Befindlichkeit steuern: Atmen wir beispielsweise in einen Schmerz hinein, wird er leichter erträglich. Ein depressiver Mensch atmet flach ein und lang wieder aus. Wenn du das einmal probierst, kannst du zuschauen, wie deine Laune in den Keller geht... Wir alle haben verschiedene Atemmuster, die unnatürlich sein können und uns in unserer Entwicklung behindern.

Ansuz ist der Atem und das Wissen, das durch den Atem zu uns kommt. Daher ist es wichtig, das Atmen zu harmonisieren und das Atmen aus der Mitte heraus zu lernen. Beginne damit, deinen Atem bewusst zu beobachten, ohne etwas an ihm zu verändern. Schaue dir einfach beim Atmen zu. Dann intensiviere deine Atmung, bis du bis in die Lungenspitzen atmest. Mache das mehrmals täglich. Das braucht jeweils nur ein bis zwei Minuten.

Diese zweite Atemübung kannst du gut bei der Runenatmung anwenden: Du atmest ein und zählst langsam bis vier. Dann hältst du den Atem an und zählst wieder bis vier. Du atmest aus und zählst bis vier. Beobachte auch hier, wie es dir damit geht und was in deinem Körper geschieht. Erprobe auch andere Rhythmen.

Schritt auf dem Einweihungsweg

Die Antwort der Götter erhalten

Dies ist wieder ein Schritt auf dem Einweihungsweg, den du täglich nutzen kannst.

Stelle dich aufrecht hin, möglich barfuß oder auf flachen Schuhen. Schließe die Augen. Gib dir einen Moment Zeit, lass deinen Körper sich einpendeln, bis eine innere und äußere Ruhe entsteht.

Nimm einen kurzen Kontakt mit den Göttern und Göttinnen oder deinem bevorzugten Gott auf.

Frage dich laut oder leise: Ist mein Name...?

Lasse deinen Körper frei und spüre, in welche Richtung er sich neigt. Nach vorne ist es ja, positiv, gut. Nach hinten ist es nein, negativ, schlecht.

Schwingt dein Körper bei dieser ersten Frage nach hinten, frage nicht weiter, nimm Abstand.

Schwingt dein Körper bei der ersten Frage nach vorne, kannst du weiterfragen.

Stelle dann deine nächste Frage: Ist das... gut für mich? Oder ähnliches. Auch hier achte wieder darauf, wohin dein Körper schwingen will.

Mache diese Übung häufig, dann kannst du sie auch im Supermarkt oder einem beliebigen anderen Ort ganz unauffällig ausführen, dir so das Leben erleichtern und dich mehr und mehr in Einklang mit dem göttlichen Willen bringen.

Runenrat

Lerne nicht von anderen, was du fühlen sollst, sondern schöpfe aus dir selbst. Du trägst alle Weisheit, derer du bedarfst, in dir.

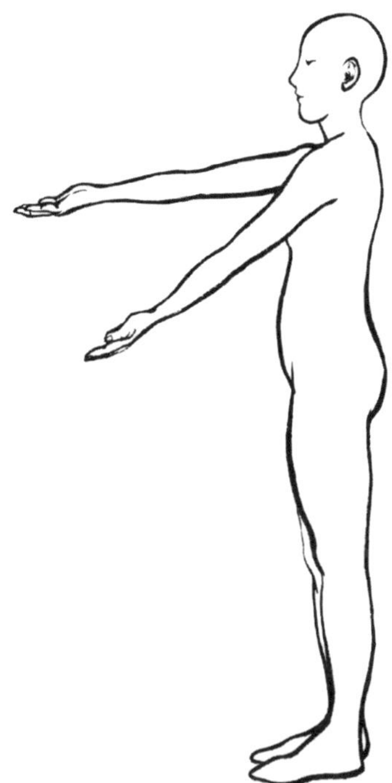

Stadha

Gerade stehen, die Arme nach vorne unten gestreckt. Handflächen weisen nach oben. Stärkt die Fähigkeit, Zeichen wahrzunehmen und zu verstehen.

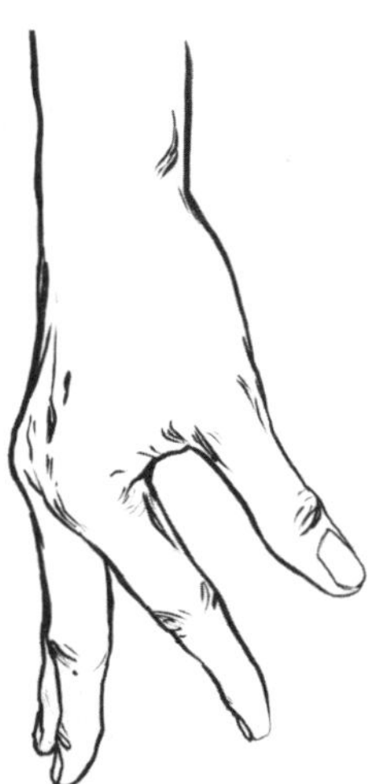

Höndstadha

Du streckst die Hand mit den Fingerspitzen zur Erde, die Handfläche weist zum Körper hin. Dann spreizt du Daumen und Zeigefinger ab.

Weitere Namen: Asa, Os
Buchstabe: A
Pflanzen: Fliegenpilz, Pappel, Esche
Gottheiten: Odin und Bragi
Steine: Chalzedon, Kyanit, Regenbogenobsidian
Tiere: Rabe, Adler
Körperteil: Drittes Auge, alle Sinnesorgane und deren Zentren im Gehirn, Atemorgane
Galdr: Der Runenname in all seinen Varianten oder auch nur der Anlaut A
Im Jahreslauf: Vollmond, Mitte Oktober
Stichworte: Atem • Inspiration • Sprache • Dichtung

Mythologischer Bezug

So rat ich dir erst was berühmt ist als heilsam,
Was Rinda weiland der Ran gesungen:
Was dir schädlich scheint, dem zeige die Schulter
Und Leiter und Lenker sei du dir selbst.

Grougaldr 6, Übersetzung von Wilhelm Jordan

Groa ist eine Zauberin, die für ihren Sohn magische Lieder singt, um ihn zu lehren, sich zu schützen. Sie nutzt also die Magie der Rune Ansuz als Galdr in Wort und Klang. Galdr ist eine heilige Tradition, das Singen heiliger Gesänge oder Runennamen. Einst, bevor Schrift zum Bewahren von Wissen genutzt wurde, war es das *gesprochene* Wort, das die Menschen überzeugte. Und auch heute noch haben die Menschen mehr Erfolg, die die Kraft des Wortes für sich nutzen können. Odin als wortgewaltiger Gott steht in Zusammenhang mit dieser Rune, aber stärker noch Bragi. Er ist der Skalde der Götter, ein Dichter also, der seine Werke durch eine Art Sprechgesang vortrug.

Die Skalden waren die Wahrer der Tradition und der heiligen Mythologien.

Heilung

Erkrankungen der Sprachorgane, Atemwegserkrankungen.

Magische Anwendung

Erlangung von Wissen. Hilft, zu den Ursprüngen zurückzukehren. Stärkt Telepathie und jede Form von Kommunikation.

Allgemeine Bemerkungen

Asa, Os, Ansuz ist der Name dieser Rune. Altisländisch Oss bedeutet zugleich »die Asen«, »die Höhe eines Berges« und »Eins auf einem Würfel«. Im Indogermanischen meint Os »ein Mund«. Ansuz bedeutet: ein Gott. Sie bringt den direkten Kontakt zu der göttlichen Inspiration. Du verstehst es immer besser, die Zeichen der Zeit – oder die Runen – zu deuten. Ansuz stärkt deine telepathischen Fähigkeiten und deine Medialität.

Diese Rune unterstützt dich in jeder Form der Kommunikation und gibt Inspiration. Der Zauber des Wortes erschließt sich dir, du öffnest dich für Gesang und Dichtkunst. Asa ist ein weiterer Name dieser Rune. Er bedeutet »göttergleiches Wesen« oder auch »Wesen, das göttlich werden kann«.

Aus dem Sigdrifumal

auf Bragis Zunge,

Der Skaldengott begrüßt die Gäste und Neuankömmlinge in Walhall. Er ist der berufene Sprecher der Götter. Dies ist der Pfad der Rune Ansuz, welche mit Sprache und Gesang in Verbindung gebracht wird. Der Pfad führt von Wanaheim nach Lysalfheim, verbindet also die Götter der Fruchtbarkeit und die Wesen des Lichtes.

Als Einzelwurf

Du erlangst Wissen ohne dein Zutun. Inspiration fliegt dir zu. Achte auf Nachrichten und Omen jeglicher Herkunft. Spüre deiner Intuition nach und tue, was dir aus den Tiefen deines Seins einkommt.

Gestürzt: Kein gutes Zeichen, keine Aussprache, keine Klarheit. Verwirrung, unfertige Pläne und große Rosinen im Kopf.

Bedeutung im Nornenwurf

Urd: Viele Impulse von außen. Zeichen und Signale. Gute Kommunikation. Offen für Kontakte mit der geistigen Welt. Deine Verbindung zu den Göttern und den Ahnen ist stark.
Gestürzt: Besinne dich auf dich selbst und dein Selbst. Du bist nicht bereit, etwas Neues aufzunehmen, dein System ist überfordert.

Werdandi: Achte auf Omen und Zeichen. Höre auf deine innere Stimme. Löse den Konflikt, das Problem durch die Macht des Wortes: Führe eine Aussprache herbei.
Gestürzt: Es ist Zeit, nach innen zu gehen. Gönne dir Ruhe. Schweige und bleibe damit ganz bei dir. Im Moment kannst du deiner Wahrnehmung nicht ganz trauen. Sei kritisch mit dir selbst.

Skuld: Mit den Göttern und Ahnen verbunden, gehst du deinen Weg. Alles, was du wissen musst, wirst du auch erfahren.
Gestürzt: Wenn du jetzt fragst, wirst du falsche oder irreführende Antworten bekommen. Du hast deine Verbindung mit den Ahnen und den Göttern verloren.

Bedeutung im Weltenwurf

Midgard – Was jetzt ist: Klare Wahrnehmung und klare Kommunikation. Gute Verbindung zum Göttlichen.

Gestürzt: In diesem ganzen Durcheinander von Mitteilungen weißt du nicht mehr, was richtig ist. Große Unklarheiten.

Lysalfheim – Gefühle: Du spürst deutlich, was dir guttut, was richtig für dich ist und was nicht. Traue deinem Gefühl.

Gestürzt: Deine Gefühle sind wirr und chaotisch. Du kannst dich jetzt nicht auf sie verlassen.

Wanaheim – Verstand: Dein Denken ist göttlich inspiriert, klar und lösungsorientiert.

Gestürzt: Du denkst zu viel Negatives und lässt dich davon herunterziehen.

Asgard – Was hilft mir weiter? Such die Verbindung mit den Ahnen und den Göttern. Sprich mit den Bewohnern dieser und der anderen Welten.

Gestürzt: Komme zu dir, ruhe und nimm nichts Neues auf.

Niflheim – Was hindert mich? Du bist offen für alle möglichen Impulse und Signale. Das behindert dich in der klaren Wahrnehmung deiner eigenen Bedürfnisse.

Gestürzt: Du nimmst nichts wahr außer deinen eigenen Gefühlen und Gedanken. Das hindert dich ungemein, die Lage richtig einzuschätzen.

Helheim – Was ruhen soll: Nimm jetzt nichts auf. Sprich weder mit Bewohnern dieser noch der anderen Welten.

Gestürzt: Beende dein Schweigen und teile mit, was dich bedrückt oder dir Schwierigkeiten macht.

Jötunheim – Woran soll ich mich erinnern? Erinnere dich an die Wichtigkeit und Nützlichkeit der Sprache, der Kommunikation überhaupt.

Gestürzt: Erinnere dich an die Qualität des Schweigens.

Swartalfheim – Was jetzt zu tun ist: Sprich über deine Schwierigkeiten oder was immer dich bewegt.

Gestürzt: Schweige und behalte dein Wissen für dich.

Muspelheim – Was wird aus der Situation? Das Ende ist gut. Du bist in Verbindung mit den Göttern und den Ahnen, die dir ihre Geschenke zuteil werden lassen.

Gestürzt: Du wirst auf dich zurückgeworfen. Kein Erfolg. Du verpasst wichtige Nachrichten und Signale.

THURISAZ

Die Reise

Ich treffe Sleipnir, und die Freude ist riesengroß.

Wir reiten über den Sonnenbogen und die Milchstraße und haben einfach Spaß. Dann geht es ganz hinunter nach Helheim. Große, dunkle hochaufragende Gestalten säumen den Weg. Sie sind ehrfurchtgebietend und streng – und keine von ihnen bewegt sich.

So recht weiß ich nicht, was ich hier soll, aber als ich vor die Göttin Hel trete, verbeuge ich mich und begrüße sie respektvoll. Ich harre der Dinge, die da kommen sollen. Ich bin hier, weil ich lernen soll, mich zu schützen, wenn ich in den anderen Welten unterwegs bin, teilt sie mir mit.

Sie zeigt mir die Symbole Gristhor und den Drachenhelm als schnelle Hilfe. Diese beiden kann ich jetzt sofort verwenden. Aber für die Zukunft muss ich mir einen Schild bauen. Der Schild soll in der Materie entstehen, aber er wird ein geistiges Abbild haben, das ich bei meinen Reisen und Kontakten benutzen kann.

Was ich dazu brauche, wird den Weg zu mir finden. Vor meinem inneren Auge sehe ich Gold und Türkis, verschiedene Steine und Federn, auch einen kleinen Thorshammer und noch andere Dinge.

Ich werde entlassen. Ich bedanke mich und gehe zurück durch die Allee der stummen Wächter. Hier erwartet mich Sleipnir. Er bringt mich zurück zum Fuße des Weltenbaumes.

Kraftgedanken

Thurisaz-Runenkraft steigert meine Abwehrkraft.
Ich grenze mich liebevoll in Klarheit ab.

Weihehandlung

Deinen eigenen Hammer schmieden

Thors Hammer ist Verteidigung und Angriff zugleich, er kehrt immer zu seinem Werfer zurück. Am Morgen erweckt Thor mit seinem Hammer seine beiden Böcke wieder zum Leben, die er am Abend vorher verzehrt hat. Mjölnir, Thors Hammer, ist also tödlich und lebensspendend zugleich.

Der Hammer diente auch als Weihegerät, um Orte, Gegenstände oder Menschen zu segnen. Diese Weihehandlung dient der Herstellung eines solchen Hilfsmittels. Suche dir einen Stein oder ein Schmuckstück. Das kann ein Kiesel oder ein schlichtes Schmuckstück sein, auch etwas Aufwendigeres, aber es darf nicht aus Plastik bestehen. Bevor du einen Gegenstand aufladen kannst, musst du ihn reinigen und entladen. So natürlich auch deinen »Rohling«. Reinigen kannst du den Gegenstand, indem du ihn die Hand nimmst und dir vorstellst, wie weißes Licht ihn ganz und gar erfüllt und jede andere Energie verdrängt. Zum Entladen und Reinigen kann man Gegenstände auch auf eine Amethystdruse legen, in Salz eingraben, in die Erde legen oder unter fließendes Wasser halten.

Um das Stück zu weihen und aufzuladen, baue den Altar auf, ziehe den Kreis und rufe alle Geister, Götter, Ahnen und Wesenheiten an, die du dabeihaben möchtest. Zeige ihnen allen den Gegenstand und benenne, was er für dich tun soll. Dann bitte sie, ihre Kraft hier hineinzugeben. Du kannst dir diese Energie als farbiges Licht vorstellen. Schaue mit deinem inneren Auge! Du wirst erspüren, wenn der Gegenstand aufgeladen ist.

Wenn es soweit ist, lasse ihn nicht von einem anderen Menschen berühren. Bewahre ihn sorgfältig auf, so dass er seine Kraft nicht verliert. Vermeide es, diesen magischen Gegenstand in der Nähe von PC, Handy und Fernsehern abzulegen. Solange der Gegenstand in deinem Schwingungsfeld ist, ist alles in Ordnung. Trage diesen Gegenstand bei jedem Ritual; es lädt sich immer weiter auf. Nimm ihn mit in die Natur und bitte auch die Naturgeister um ihre Energie für dieses besondere Ding.

Schritt auf dem Einweihungsweg

Mache einen Selbstverteidigungskurs. Suche dir ein Kampfsportstudio in deiner Nähe und besuche den Unterricht einmal pro Woche, mindestens ein Vierteljahr lang. So erfährst du die Thurisaz-Energie am eigenen Leibe und kannst sie beherrschen lernen. Wenn du dich mit den Handlungsabläufen sicher fühlst, bringe die Rune ein, indem du sie visualisiert oder in deiner Faust ihre Energie fließen lässt. Natürlich solltest du dich mit dem Trainer wohlfühlen, schau dir also mehrere Studios an.

Runenrat

Grenze dich klar ab und halte deine Position, souverän und klar. Sei verteidigungsbereit, lege es aber keinesfalls darauf an.

Weitere Namen: Thurisaz (Riese), Thorn (Dorn), Thurs (Riese), Thornuz

Buchstabe: Th

Pflanzen: Berberitze, Datura, Weißdorn, Brombeere

Gottheiten: Thor und die Riesen (Thursen) bes. Ymir

Steine: Heliotrop, Rubin

Tiere: Keiler, Widder

Körperteil: Haut

Galdr: Der Runenname in all seinen Varianten oder auch nur der Anlaut Th

Im Jahreslauf: Neumond, Oktober/November

Stichworte: Durchsetzungsvermögen • Abgrenzung

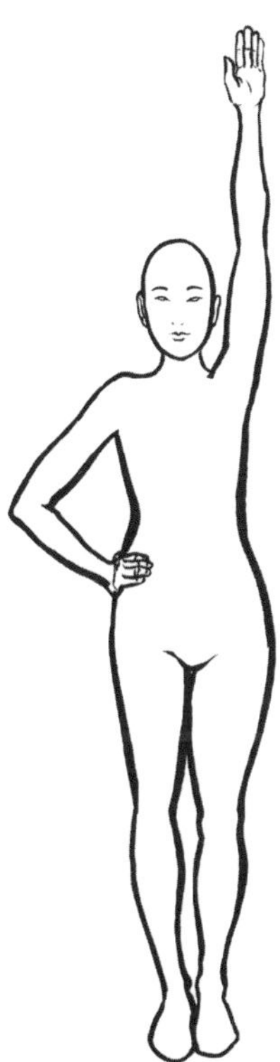

Stadha

Gerade stehen, Füße zusammen. Eine Hand wird in die Hüfte gestemmt, der andere Arm wird gerade über dem Kopf ausgestreckt.

Höndstadha

Alle Finger werden nach oben gestreckt, Zeigefinger und Daumen werden zusammengelegt und bilden so eine Spitze.

Mythologischer Bezug

> Ein Thurs schneid ich dir und drei Stäbe:
> Ohnmacht, Unmut, Ungeduld.
> So schneid ich es ab wie ich es einschnitt,
> Wenn es Not tut so zu tun.

36 Skirnisför – Skirnirs Fahrt, Übersetzung von Karl Simrock

Hier zeigt sich die Verwendung der Rune zum Aussprechen von Flüchen. Sie wird hier verwendet, um die Riesin Gerda zur Ehe mit Frey zu zwingen. Nach dieser Drohung von Freys Diener Skirnir ist sie dann auch zur Hochzeit bereit. Über Thors Hammer gibt es eine ganze Reihe verschiedener Geschichten und Textstellen, die ich hier nicht alle zitieren möchte.

Heilung

Abschirmung schädlicher Einflüsse, gezielte Zerstörung von Erregern

Magische Anwendung

Stärkt die Aura und die Abwehrkräfte auf allen Ebenen.

Im Ritual oder Abwehrzauber kannst du einen Dornenzweig benutzen.

Es gibt verschiedene Möglichkeiten, mit Thurisaz zu arbeiten:

Als ein »Räumkommando«, das dir Platz schafft: Sende die Rune dir voraus durch eine Menschenmenge und erlebe, wie sich vor dir eine Gasse bildet. Du kannst das verstärken, indem du die rechte Schulter etwas vorschiebst und dabei die Rune mit der Spitze auf deinen Körper visualisierst.

Als wirksame Waffe gegen Angriffe: Wenn dich jemand direkt verbal oder körperlich angreift, kannst du das Stadha einnehmen. Der Ellenbogen zeigt dann zum Gegner. Auch das Höndstadha kann angewendet werden, ebenfalls mit der Spitze zum Gegner. Dann energetisierst du das Stadha oder Höndstadha. Oder du visualisierst die Rune mit der Spitze zu deinem Gegner.

Findet der Angriff auf energetischer Ebene statt, setze die Rune als geistige Aussendung ein, die die Energie des Gegners zurückschlägt. Vier Thurisaz im Quadrat angeordnet bilden einen wunderbaren Schutzkreis für dein Haus in schwierigen Zeiten oder bei komplizierten magischen Ritualen. Du wirst sicherlich selbst kreativ noch mehr Möglichkeiten finden, um mit Thurisaz zu arbeiten. Dreimal wiederholt, ändert Thurisaz die Bedeutung der nachfolgenden Runen in die einer »Trollreihe«, das heißt, die Bedeutung der Runen wird ins Negative verkehrt.

Allgemeine Bemerkungen

Mit Thurisaz zu arbeiten, ist, als würdest du einen Wolf als Haustier halten. Sie hat eine starke aggressive Energie und kann leicht auf dich zurückschlagen. Auch kann ihr zerstörerischer Anteil vermehrt Aggressionen bei dir oder auch anderen hervorbringen, wenn du unachtsam mit ihr umgehst. Thurisaz stärkt deine Aura und die Abwehrkräfte auf allen Ebenen und sorgt für Abschirmung schädlicher Einflüsse. Sie steigert dein Durchsetzungsvermögen. Thurisaz ist auch die Kraft des Samens, den dieser benötigt, um aus seiner Hülle zu brechen.

Aus dem Sigdrifumal

Auf Gungnirs Spitze

Gungnir ist der von Zwergen geschmiedete Speer Odins. Er hält nie im Stoß inne, trifft stets sein Ziel und kehrt immer in die Hand seines Besitzers zurück. Thurisaz, die Rune der Verteidigung, aber auch die Rune der Riesen, gehört auf diesen Pfad von Asgard nach Jötunheim, denn die Asen sind erbitterte Feinde der Riesen. Thurisaz verhält sich ganz ähnlich wie Gungnir: Ist sie erst einmal in Bewegung gebracht, lässt sie sich nur schwer wieder aufhalten. Daher überlege gut, ob du sie einsetzen willst. Durch ihre große Energie trifft sie fast immer ihr Ziel. Und bei mangelnder innerer Klarheit kommt sie auch zurück zu dir, allerdings wird es dann ungemütlich. So kannst du auf diesem Pfad viel über Schutz- und Angriffszauber lernen.

Als Einzelwurf

Ein Durchbruch oder ein Angriff. In jedem Falle sei achtsam oder sogar vorsichtig. Schütze dich gut.

Gestürzt: Die Kräfte des Chaos wirken. Schütze dich davor, in ihren Sog zu geraten. Möglicherweise richtest du deine Wut gegen dich selbst.

Bedeutung im Nornenwurf

Urd: Abwehr, Abgrenzung erforderlich

Gestürzt: Die Kräfte des Chaos wirken. Wirf Ballast ab.

Werdandi: Abgrenzung, sage »nein«, wenn du nein meinst. Bleibe bei dir und lasse dich zu nichts überreden.

Gestürzt: Zerstörung. Lasse los. Du willst etwas festhalten, was dir nicht guttut oder nicht zu dir gehört.

Skuld: Der Durchbruch ist da, die Dämme brechen. Ist das gut oder schlecht? Du musst es abwarten. Was dich jetzt verlässt, hat sowieso nie wirklich zu dir gehört.

Gestürzt: Alles, was du kennst, bricht weg. Durcheinander. Grenzen können nicht transzendiert werden, weil du nicht loslässt.

Bedeutung im Weltenwurf

Midgard – Was jetzt ist: Alles verändert sich, denn das Alte in deinem Leben hat sich überlebt. Eine Zeit das Abschieds und des Loslassens.

Gestürzt: Gewaltsames Auseinanderbrechen von Beziehungen, ganz gleich welcher Art. Auch deine Seele droht auseinanderzubrechen. Verzweiflung.

Lysalfheim – Gefühle: Du fühlst dich angegriffen und willst dich wehren. Aber auch ein Gefühl von großer dynamischer Kraft, um Veränderungen zu bewirken.

Gestürzt: Du hast das Gefühl, hinterrücks angegriffen zu werden, und dabei explodierst du förmlich vor Wut. Lasse diese Gefühle sich nicht gegen dich selbst richten!

Wanaheim – Verstand: Dein Verstand ist überflutet von Aggressionen. Komme wieder zu dir und finde einen klaren Standpunkt.

Gestürzt: Du verstehst gar nichts, bist aber total wütend. Diese Wut verstellt deinen klaren Blick und macht dich blind für die wahren Zusammenhänge.

Asgard – Was hilft mir weiter? Eine klare und eindeutige Haltung. Bleibe auf deinem Standpunkt und verteidige ihn nötigenfalls.

Gestürzt: Aggressive Verteidigungsbereitschaft hilft dir jetzt weiter. Bereite dich auf einen Kampf vor.

Niflheim – Was hindert mich? Du willst unbedingt deinen Kopf durchsetzen und nimmst dabei die guten Argumente der anderen nicht an. Dabei schlägst du dir nur den Kopf blutig!

Gestürzt: Blinde Wut und Überheblichkeit führen dich direkt ins Verderben.

Helheim – Was ruhen soll: Lasse das Wüten ruhen, das Rechthaben und Gewinnenmüssen um jeden Preis.

Gestürzt: Höre auf, deine Wut gegen dich selbst oder andere zu richten. Dein Blick ist verstellt durch so viel Aggression.

Jötunheim – Woran soll ich mich erinnern? Erinnere dich an deine Fähigkeit und deine Kraft, nein zu sagen und dich zu wehren. Du kannst Strukturen, die dir nicht guttun, zerstören.

Gestürzt: Gerate nicht vollkommen außer dich, erinnere dich daran, dich zusammenzuhalten und wieder in deine Mitte zu finden.

Swartalfheim – Was jetzt zu tun ist: Zerstöre alle Strukturen oder Beziehungen, die dich zerstören. Das muss nicht mit Gewalt geschehen, aber mit großer Konsequenz.

Gestürzt: Du kannst den gordischen Knoten nur zerschlagen. Was immer dein Thema ist, es lässt sich nicht mit Diplomatie lösen, sondern nur mit einer klaren Aussage und Handlung.

Muspelheim – Was wird aus der Situation? Du setzt dich durch. Du hast einen Durchbruch. Allerdings ist nicht klar, was danach kommt.

Gestürzt: Chaos und Zerstörung. Was du jetzt kennst, wird sich vollkommen verändern. Das schafft zwar Raum für Neues, ist aber trotzdem anstrengend.

URUZ

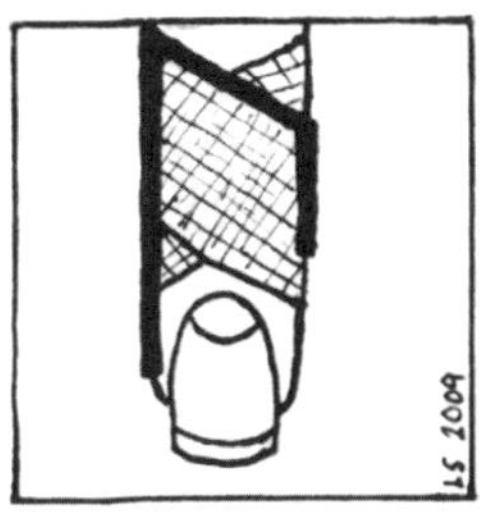

Die Reise

Wieder einmal treffe ich Sleipnir am Fuße des Weltenbaumes. Wir steigen hinab in die Tiefe, weit, weit nach unten. Durch einen langen, dunklen Gang sehe ich in der Ferne ein seltsames Licht leuchten. Es scheint nicht von einer Quelle auszugehen, sondern gleichmäßig in der Luft zu erstrahlen. Das Licht leuchtet in einer riesigen Höhle. An ihrem Anfang verlässt Sleipnir mich. Gewappnet wandere ich durch dieses Licht, es ist weiß und kalt und schmerzt mir in den Augen. Die Ödnis geht in einen Wald über, dessen Bäume vollkommen kahl sind – laublos und nadelleer. Ich erinnere mich. Dies ist der Wald vor Mimirs Brunnen. Und jetzt erkenne ich den Weg wieder, ich habe ihn schon einmal besucht. Ich erinnere mich noch gut.

Nun, wir wollen sehen, wie es heute gehen wird.

Da ist ja auch schon der Brunnen. Mimir sitzt auf seinem Rand und beschattet die Augen mit seiner Linken. Ich schlage einen Bogen, so dass ich mich ihm von vorne nähere. »Sei gegrüßt, edler Mimir«, sage ich und verneige mich leicht.

»Du!« stößt er hervor, immer noch wütend, dass sein kleiner Betrug bei meinem letzten Besuch nicht geklappt hat. »Was willst *du* denn von mir!« Das ist keine Frage, sondern eine Anklage. Wie komme ich dazu, wieder etwas von ihm zu wollen!

Jetzt muss ich sehr höflich sein, sonst werde ich nicht einmal das Gjallarhorn überhaupt zu sehen bekommen, geschweige denn, dass Mimir seine Geheimnisse verrät.

»Hochweiser Mimir! Edelster aller Riesen! Du wirst doch nicht längst Vergangenes zum Anlass nehmen, mir heute noch zu zürnen! Lang ist es her, dass ich dich zum ersten Male besuchte, lass das nun vergessen sein. Ich bringe dir ein Gastgeschenk«, – und damit überreiche ich ihm meine Gabe. Noch etwas unwirsch, aber doch schon versöhnt, nimmt er sie an.

»Sei bedankt. Sei willkommen. Das Vergangene sei vergessen. Nimm Platz in meiner Halle.«

Seine Halle ist der seltsame Wald beim Brunnen. Ich setze mich auf einen großen Stein.

»Darf ich einen Trunk dir entbieten?« fragt er mich. Ich bedanke mich und nehme sein Angebot an.

Er reicht mir ein Horn, gefüllt mit goldgelbem, würzig duftendem Met. Er schmeckt himmlisch.

Ich kann mich nicht zurückhalten und frage ihn, ob das das Gjallarhorn ist, doch er verneint. Ob ich es sehen und in seinem Gebrauch unterwiesen werden möchte? »Das ist Grund meines Hierseins«, antworte ich ihm. Insgeheim rechne ich mit neuerlichen Forderungen oder einer Weigerung, aber – oh Staunen! – er erklärt sich sofort bereit!

»Sieh her, Tochter aller Welten! Dies ist das Gjallarhorn. Jeder trägt eines bei sich.« Er legt seine linke Hand an den Mund und stößt einen gellenden Schrei aus, der durch die hohle Hand noch verstärkt wird. Dann schöpft er Wasser mit der hohlen Hand und trinkt es. »Heiliges Wasser! Aus dem Gjallarhorn getrunken, mit Segen versehen, heilt es jedes Leid!« Eine große Erkenntnis, die ich ehrfürchtig annehme!

Das Methorn ist nun leer, es ist Zeit zu gehen und ich bedanke mich für die Lehre und den Met. Dann verabschiede ich mich ehrerbietig. Auf meiner Wanderung zurück durch den Wald führt mich Sleipnir; gemeinsam gehen wir dann durch den langen dunklen Gang und die Reise endet, wie schon so oft, am Fuße des Weltenbaumes.

Kraftgedanken

Uruz Runenkraft mir vollkommene Gesundheit schafft.
Heilung und Gesundheit auf allen Ebenen gehören jetzt zu mir.

Weihehandlung

Dein Gjallarhorn finden und die Kraft des Segnens entdecken

Die Kraft des Segnens ist jedem Menschen eigen. Du brauchst dafür weder Priester noch Reikimeisterin noch sonst irgendetwas Besonders zu sein. Das einzige, was du brauchst, ist der Wunsch, einem anderen Menschen, einem Tier oder auch für eine Situation etwas Gutes zu tun. Auch deine Familienmitglieder, deine Arbeitskollegen oder insgesamt die Situation an deinem Arbeitsplatz kannst du segnen; du wirst eine Veränderung spüren.

Dann denkst oder sprichst du deinen Segen: »Ich segne (Name).« Das reicht schon aus, um eine gute Energie zum Wirken zu bringen.

Wenn du dir nicht zutraust, allein genug Segenskraft aufzubringen, bitte die Götter um ihre Hilfe, besonders natürlich die Göttin oder den Gott, dem du dich geweiht hast – oder die Gottheit, die zu der Angelegenheit oder der Person gehört, die du segnen möchtest. Aber: Halte es einfach. Bevor du gar keinen Segen verschenkst, segne einfach so, wie es dein Herz dir eingibt.

Ein Segen ist ein kleines Stück heilsame Energie. Und wenn schon der Flügelschlag eines Schmetterlings auf der anderen Seite der Erde einen Tornado auslösen kann, um wie viel mehr kann dann ein Segen etwas zum Guten bewirken. Dein Gjallarhorn ist ein Füllhorn an guter Energie, an Weisheit und heilsamen Schwingungen. Und das Beste daran: Es wird niemals leer werden !

Schritt auf dem Einweihungsweg

So geht es in diesem Schritt auf dem Einweihungsweg darum, die Quelle weiblicher Kraft in dir zu finden und zu lernen, sie zu nutzen, um dich und andere zu heilen. Die männliche Energie ist das Dynamisch-Vorwärtsstrebende, in unserer Kultur überall leicht zu entdecken. Schwerer tun wir uns mit der aufnahmebereiten, nach innen gerichteten weiblichen Energie.

Dieser Schritt auf dem Einweihungsweg ist für Männer und Frauen gleichermaßen gedacht.

Mache diese Weihehandlung öfter, vielleicht an jedem Voll- und Neumond. Du brauchst dazu deine Lieblingsmusik und einen gut geheizten, uneinsichtigen Raum, in dem du Platz hast, dich zu bewegen. Dann schaffst du dir einen heiligen Raum, indem du den Kreis bildest und so weiter. Lege deine Kleider ab. Lege mit den Kleidern auch jede Vorstellung ab, was geschehen könnte oder sollte.

Stelle dich in die Mitte des Raumes. Werde still, werde ganz Ohr und lausche auf die Musik.

Gib dich hin. Lasse entstehen, was entstehen will. Lass dich von der Musik bewegen, bewege nichts selbst. Warte, bis du einen Impuls spürst und folge ihm dann.

Noch einmal: Habe keine Erwartung an die Bewegungen oder an dich. Lasse zu, was kommen will.

Wenn die Musik zu Ende ist, nimm dir noch zehn Minuten in Stille. Lege dich hin oder bleibe stehen, spüre nach innen.

Dann kleide dich wieder an und öffne den Kreis.

Mit dieser Weihehandlung öffnest du dich für deine weibliche Seite, daher gibt es keine konkreten Ergebnisse oder Ziele, die erreicht werden müssen. Es geht hier um die Erfahrung als solche, frei von allen Begrenzungen oder Werturteilen. Was immer dir daraus erwächst, liebe und genieße es!

Runenrat

Stehe mit beiden Beinen fest auf der Erde. Besinne dich auf deine Kraft.

Weitere Namen: Ur

Buchstabe: U

Pflanzen: Kastanie, alle Heilpflanzen

Gottheiten: Eir (Nordische Göttin der Heilung), Urd

Steine: Schlangenjaspis, Mookait

Tiere: Stier, Kuh, Kröte, Wisent, Bison

Körperteil: Hände, aber mehr die linke Hand, denn sie ist mit dem Herzen verbunden.

Galdr: Der Runenname in all seinen Varianten oder auch nur der Anlaut U

Im Jahreslauf: Mitte November – Vollmond

Stichworte: Heilung • Kraft • Erdung • Selbstheilung

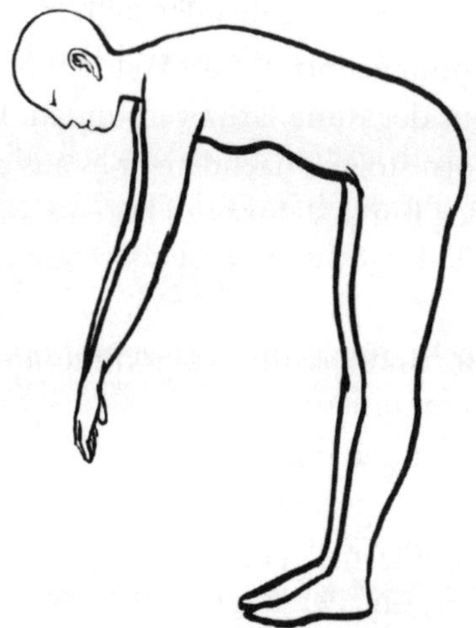

Stadha

Aus dem Stand nach vorne beugen. Dabei bleibt der Rücken gerade. Die Fingerspitzen der gestreckten Arme weisen zum Boden, berühren ihn aber nicht.

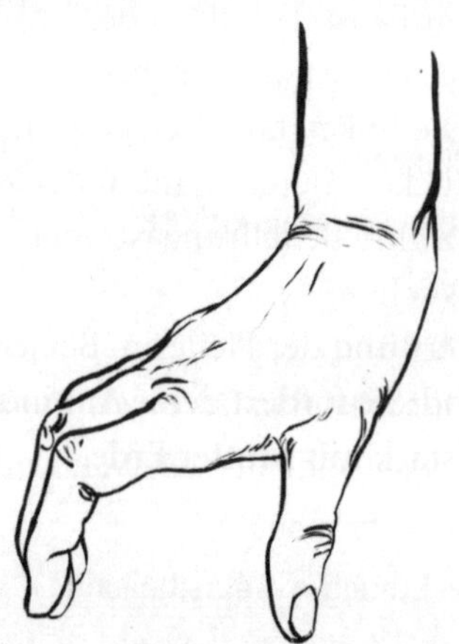

Höndstadha

Mit Daumen und den anderen Fingern ein Dach bilden.

Mythologischer Bezug

> Bei der andern Wurzel [von Yggdrasil] hingegen, welche sich zu den Hrimthursen erstreckt, ist Mimirs Brunnen, worin Weisheit und Verstand verborgen sind. Der Eigner des Brunnens heißt Mimir, und ist voller Weisheit, weil er täglich von dem Brunnen aus dem Giallarhorn trinkt.
>
> Gylfaginning 15, Prosaedda, Übersetzung von Karl Simrock

Das Gjallarhorn, welches Mimir gehört, schafft Weisheit und Verständnis zur Heilung. Durch seine Form ist es mit der Rune Uruz verbunden. Heimdall wird am Tag das Ragnarökk in das Gjallarhorn stoßen, nachdem er es aus seinem Versteck geholt hat, und in allen Welten wird der Ton des Horns zu hören sein.

Heilung

Uruz aktiviert die Heilkräfte und Selbstheilungskräfte und stärkt Körper und Geist. Sie erdet stark.

Magische Anwendung

Heilung, um Vorhaben zu konkretisieren, erdet

Allgemeine Bemerkungen

Uruz symbolisiert Kuh- oder Stierhörner, und die Bedeutung der Rune ist ja auch »Rind«. Aus steinzeitlichen Felsritzungen haben Marie König und andere einen Bezug zu den Mondphasen abgeleitet und damit zur Großen Göttin. Uruz ist also ein Symbol der Göttinnenverehrung und des Matriarchats.

Die sogenannte »Venus von Laussel« hält in der linken Hand ein Horn, das dreizehn Striche aufweist. Die Dreizehn ist die Anzahl der weiblichen Zyklen im Jahr, auch die Anzahl der Vollmonde. Die linke Hand der Frau liegt auf ihrem Unterleib, ihrer Gebärmutter und den Eierstöcken, deren Symbol der Kuhkopf ist. Wieder sind wir beim Rind, bei der Rune Uruz. Ihre Bedeutung ist Auerochse, und in ihrer Form kann man die Hörner dieses Tieres sehen.

Uruz ist die Rune des Heilers und der Heilerin. Bei jeder heilenden Tätigkeit wirkt sie unterstützend und stärkend. Sie fördert deine Anbindung an die Quelle allen Seins und verbindet dich genauso stark mit Mutter Erde.

Über das Heilen mit Runen

Um zu klären, was Heilung ist, müssen wir erst einmal den Begriff »Krankheit« definieren. Die Schulmedizin sieht den Menschen ähnlich einer Maschine, bestehend aus vielen Einzelteilen, »Leber«, »Niere«, »Herz« und so weiter. Die Einzelteile werden krank und können »repariert« werden. Der Patient (von lateinisch: patiens »aushaltend«, »fähig zu ertragen«) versteht diese komplizierte Maschine nicht und kann sich selbst auch nicht heilen. Der Kranke gibt die Verantwortung für seine Heilung ab, versteht oft noch nicht einmal, was mit ihm oder ihr geschieht.

Mein Ansatz ist ein gänzlich anderer. Krankheit ist ein Ausdruck einer seelischen Bedürftigkeit, einer inneren Stimme, die nicht gehört wurde und sich deshalb körperlich manifestieren muss. Im Wartezimmer meiner Hausärztin hängt folgendes Bild: Seele und Körper unterhalten sich. Die Seele sagt: »Er kümmert sich gar nicht mehr um mich!« Da sagt der Körper: »Ich werde krank, dann muss er sich um dich kümmern.«

Krankheit ist also ein unbewusst selbst verursachter Zustand, der einen Lernprozess anregen will. Krankheit bedeutet Wachstum! Ein Medikament wie Cortison, das keinen wirklichen Heileffekt hat und Symptome nur unterdrückt, ist da nur bedingt hilfreich. Heilung ist immer ein innerer Lernprozess. Findet dieser Lernprozess nicht statt, verlagert sich das Symptom, eine neue Krankheit entsteht.

In diesem Sinne möchte ich die Anregungen, die ich hier zum Heilen mit Runen gebe, verstanden wissen: Nicht als ein schnelles »Wegmachen« der Krankheit oder des Symptoms, sondern als eine bewusste Auseinandersetzung mit der Seele und ihren Bedürfnissen. Letztlich wird niemand geheilt, sondern es findet immer ein Selbstheilungsprozess statt. Du allein kannst dich heilen, die Pillen, Nadeln, Kräuter oder auch Runen sind nur dazu da, deine geistige und seelische Kraft auf die Heilung auszurichten, damit du selbst (meist unbewusst) sie geschehen lassen kannst. So kannst auch du niemanden heilen: Selbst wenn du jemandem Runen gegen die Rückenschmerzen empfiehlst und diese verschwinden, hast nicht du diesen Erfolg zu verbuchen.

Es gibt verschiedene Arten, mit Runen zu heilen oder, richtiger, die Selbstheilung zu unterstützen. Mit den Runen zu heilen bedeutet, Heilung als aktiven Prozess wahrzunehmen, anstatt Heilung nur zu konsumieren.

Die Methoden:

- auf den Körper malen (SES nach Yin Shin Jyutsu oder Fußreflex-Zonen bevorzugt).
- Wasser energetisieren und trinken: Die linke Hand liegt unter dem Gefäß mit dem Wasser, die rechte darüber. Dann singst oder sprichst du den Runennamen neun Mal. Dabei visualisierst du die Rune, wie sie durch das Wasser fließt.
- Runenstein tragen.
- Massageöl energetisieren und auftragen: ebenso wie beim Wasser.
- Rune atmen: Hinlegen oder setzen und in die Entspannung gehen. Dann stellst du dir vor, wie du mit jedem Atemzug die Rune einatmest und sie sich in deinem Körper

ausbreitet. Das tust du so lange, bis du dich mit der Rune gesättigt fühlst. Bei Schmerzen kannst du die Rune auch durch die schmerzende Stelle ein- und ausatmen.

- Geweihten Runenkeks essen.
- Runenstadha und Höndstadha ausführen.

Außer dem Heilen mit den Runen selbst, gibt es noch die Heilgebete der weisen Frauen: Besprechen, böten, gesundbeten, bannen und raten sind weitere Bezeichnungen dafür. Die beiden Merseburger Zaubersprüche sowie der Neun-Kräuter-Segen und der Runentext auf dem Heilstab von Ribe sind Sprüche zum Gesundbeten.

Hier eine kleine Auswahl der Beschwerden, die sich besprechen lassen: Allergien, allergische Reaktionen der Haut, Bienenstiche, Depressionen, Angstzustände, Albträume, Psychosen, Trauer, starke akute und chronische Schmerzzustände, Wund- und Nervenschmerzen, Entzündungen aller Art, Wundheilung im Allgemeinen, Heilung von Knochenbrüchen, Blutungen, Herzrasen, Arthritis, Nebenhöhlenentzündungen, Hustenreiz bei Bronchitis und Asthma, Menstruationsbeschwerden, Gürtelrose, Gesichtsrose, Lippenherpes, Windpocken, Frauenleiden, Rheuma, Gicht, Neuralgien,Verbrennungen, Sonnenbrand, Erfrierungen, Untertemperatur, hohes Fieber, Dornwarzen, Feigwarzen, Myome, Zysten, Rückenschmerzen, Hexenschuss, Ödeme, Lymphstau, Geschwüre, Epilepsie, Parkinson, Hühneraugen, Schwellungen zum Beispiel nach Prellung, Verdauungsstörungen und so weiter.

Bei Tieren und Pflanzen funktioniert es auch sehr gut, oft viel besser als bei Menschen. Dienstag, Freitag und Sonntag sollen traditionell die besten Tage zum Besprechen sein. Fällt der Vollmond auf einen dieser Tage oder sogar auf einen Freitag den dreizehnten, wird die Heilenergie der Gebete noch besonders verstärkt. Alles, was abnehmen soll, wird bei abnehmendem Mond besprochen. Stauungskrankheiten werden drei Mal innerhalb von einer Woche bei zunehmendem Mond besprochen. All diese Regeln kann man einhalten, sie können das Besprechen leichter machen – aber sie sind keinesfalls bindend. Am besten findet man seine eigene Vorgehensweise. Die Wendung: »Im Namen des Vaters, des Sohnes, des Heiliges Geistes…«, die in vielen Sprüchen vorkommt, kann man durch andere Götter ersetzen, zum Beispiel Odin, Villi und Ve oder Freya, Frigga, Eir. Hier sind noch ein paar Sprüche, die ich gefunden habe:

Blutvergiftung: Kuril, Wunden-Verursacher, gehe du nun, gefunden bist du. Thor segne (vernichte) dich, Herr der Thurs (= Krankheitsdämon), Kuril Wunden-Verursacher. Gegen vereiterte Adern. (Dieser in Runen geschriebene Spruch befindet sich in einer Sammelhandschrift des 11. Jahrhunderts. Da der Haupttext Annalen aus Canterbury enthält, wird es als der Ursprungsort angesehen. Der Spruch ist daher auch unter dem Namen Canterbury Charm bekannt.)

Ein Spruch, um Warzen zu entfernen: »Was ich sehe, das vergehe, was ich streiche, das erweiche, Warze, fall ab!« Und diesen kann man wohl für allerhand Gebrechen nutzen: »Zeit sie kommt, Zeit sie geht, das Gute bleibt, das Böse geht.«

Aus dem Sigdrifumal

und des Lindernden Spur.

Uruz ist die Rune der Heilerin, des Heilers, also jener Menschen, die Schmerzen und Leiden lindern können. Dies bringt göttliche Energie in die Materie und die Kräfte des Chaos (Jötunheim) in Harmonie mit den strukturierenden Kräften Swartalfheims. Zudem ist Uruz eine stark erdende Rune, so dass der Pfad zwischen Jötunheim und Swartalfheim zu ihr gehört.

Als Einzelwurf

Alles ist gut, Heilung geschieht. Heilung nicht nur für den Körper, auch für die Seele oder Beziehungen und Situationen. Du bist gut geerdet und stark wie ein Ochse. Möglicherweise, je nach Frage, hast du heilerische Fähigkeiten.

Gestürzt: Unheil, Krankheit und Schwäche. Auch eine Sucht kann hier angezeigt werden.Viele Gefühle und Gedanken, die keinen realen Bezug haben.

Bedeutung im Nornenwurf

Urd: Alles ist rund und gesund. Gute Erdung. Eine gute Ausgangslage für alles, was kommen mag.

Gestürzt: Unheil, Unklarheit, Schwäche und Leiden. Verhaftung an den Körper und seine Belange. Eventuell wird eine Sucht angezeigt.

Werdandi: Jetzt ist aktive Heilarbeit erforderlich, ganz gleich mit welcher Methode. Lasse dich inspirieren, um das Richtige zu finden.

Gestürzt: Suche dir Hilfe und Unterstützung. Was du brauchst, kannst du dir nicht selbst geben. Alle deine Energien sind im Moment blockiert.

Skuld: Ein gutes Ende. Gesundheit, Kraft Glück und Freude. Es geht dir gut, und alle Wunden, ganz gleich, ob körperlich oder seelisch, können jetzt verheilen.

Gestürzt: Du erlebst einen Misserfolg. Es gibt Schwierigkeiten, die zu deinem Scheitern führen. Möglicherweise kündigt sich eine Krankheit an. Versorge dich gut mit Vitaminen und Ruhe.

Bedeutung im Weltenwurf

Midgard – Was jetzt ist: Alles ist im Lot, du bist zufrieden mit dir und deinem Leben. Du hast große Kraft und bist gut geerdet. Gute Verbindung zur Quelle des Seins.

Gestürzt: Deine Welt steht Kopf, dir fehlt Rückhalt und Kraft. Schwierigkeiten, Süchte und Blockaden.

Lysalfheim – Gefühle: Deine Gefühle sind tief und ehrlich. Du kannst ihnen trauen und dich hingeben.

Gestürzt: Du spielst mit deinen oder den Gefühlen anderer.

Wanaheim – Verstand: Dein Verstand arbeitet zur Zeit nicht schnell, aber gründlich. Gib dir diese Zeit.

Gestürzt: Alles wird zergrübelt und dadurch klein und wirkungslos gemacht. Du machst dich selbst durch dein Denken unglücklich.

Asgard – Was hilft mir weiter? Erde und zentriere dich. Gib dir selbst Heilung oder lasse dir eine Heilbehandlung geben. Bringe dich in Verbindung mit der Quelle allen Seins.

Gestürzt: Keine Kuren, Behandlungen oder Therapien helfen dir jetzt, sondern der Rückzug und das Stillwerden, eine Zeit mit dir selbst.

Niflheim – Was hindert mich? Vor lauter Kraft kannst du nicht gehen. Du bist schwerfällig und träge und viel zu siegesgewiss.

Gestürzt: Du hast die Bodenhaftung verloren und meinst, das Universum müsste sich doch nach dir richten. Auch eine Art von Geisteskrankheit.

Helheim – Was ruhen soll: Suche jetzt keine Heilung oder Linderung, spüre erst einmal den Schmerz.

Gestürzt: Lass die Höhenflüge ruhen, komm herunter.

Jötunheim – Woran soll ich mich erinnern? Erinnere dich an die Kraft der Erde und an deine Instinkte.

Gestürzt: Erinnere dich an Leichtigkeit und Bewegung.

Swartalfheim – Was jetzt zu tun ist: Lass Heilung geschehen, ganz gleich, auf welche Art. Schütte Gräben zu, vergib, lasse alles los, was dir Schmerzen bereitet.

Gestürzt: Es hat keinen Sinn, sich eine heile Welt vorzugaukeln. Schau dir an, was wirklich ist!

Muspelheim – Was wird aus der Situation? Du wirst gestärkt aus der Angelegenheit hervorgehen.

Gestürzt: Es nimmt kein gutes Ende und kostet dich sehr viel Kraft.

FEHU

Die Reise

Sleipnir kommt und holt mich von der Wiese vor dem Weltenbaum ab. Große Freude erfüllt uns beide über unser Wiedersehen. Wir reiten in den Himmel hinein, über die Milchstraße, mondvorbei und sonnenhin und noch weiter.

Dann kommen wir an einen schönen Palast, hell, luftig und leicht. Er blickt weit über sattgrünes Land, Wasser ist auch da, ein See oder ein großer Fluss.

Gullveig begrüßt mich herzlich, sie nennt mich Schwester. Ich will abwehren, aber sie sagt, es sei schon richtig so, ich sei ihre Schwester.

Ich frage sie, warum die Asen sie verbrannt und mit dem Speer gestoßen haben. Sie erklärt mir, dass sie die Fülle und den Frieden der Matriarchate verkörpert, unter denen es keinen Hunger gab und Friede herrschte. Aber die Zeit der Matriarchate war vorbei, das Patriarchat entwickelte sich. Doch sollte Gullveig – und damit die weibliche Macht und Kraft – nicht für alle Zeiten sterben, sondern in unserer Zeit wiederauferstehen.

Ich nicke, und habe es doch nur halb verstanden.

Dann sagt Gullveig zu mir, dass sie mir ein Abschiedsgeschenk machen wolle. Mein Leben werde von jetzt an mit Gold durchzogen sein, glitzern und funkeln. Was immer ich anfasste, würde mir Erfolg und Wohlstand bringen.

Diesmal bin ich ohne Übergang wieder am Fuße des Weltenbaumes, Sleipnir an meiner Seite.

Kraftgedanken

Fehu-Runenkraft mir Reichtum schafft.
Fülle und Wohlstand auf allen Ebenen gehören zu mir.
Ich öffne mich der Fülle des Kosmos.

Weihehandlung

Besitz weggeben

Jeder bewahrt Dinge auf, die er oder sie nicht mehr wirklich braucht oder mag. Verschenke diese Dinge an Menschen, die du magst oder von denen du weißt, dass sie diese brauchen können. Schön ist es, wenn du die Geschenke vorher mit Fehu weihst, damit sie ihrem nächsten Besitzer Glück und Wohlstand bringen: Schreibe mit Goldstift die Rune Fehu auf die verpackten Geschenke. Dann übst du Stadha und Galdr, bis du deutlich spürst, dass die Energie von Fehu in deinen Händen ist, zum Beispiel durch Kribbeln oder Wärme. Wenn diese Gefühle in deinen Händen auftauchen, halte sie über deine Geschenke und singe neunmal Fehu und vielleicht noch einen Segensspruch wie: »Fehu Runenkraft dir Reichtum schafft.«

Vielleicht möchtest du ein kleines Geschenkfest oder Julklapp daraus machen. Mache dir dieses Weggeben zur Gewohnheit, damit dein Besitz nicht stagniert und dein Haus kein materieller Sumpf wird.

Schritt auf dem Einweihungsweg

Draupnir erlangen – Reichtumsbewusstsein schaffen

> Odhin legte den Ring, der Draupnir hieß, auf den Scheiterhaufen, der seitdem die Eigenschaft gewann, dass jede neunte Nacht acht gleich schöne Goldringe von ihm tropften.
>
> Gylfaginning 49, Prosaedda, Übersetzung von Karl Simrock

Dies ist ein mehrteiliger Schritt auf dem Einweihungsweg. Mit diesem letzten Schritt sind wir in der Materie angekommen.

1. Schritt: Gefühle zum Thema Geld erkennen
Du erarbeitest einen Zugang zu den Gefühlen, die Geld in dir auslöst. Nimm dir Zeit und einen großen Bogen Papier. Schreibe oben in der Mitte Geld auf das Papier. Dann lasse los und male, schreibe, zeichne alles auf, was dieses Wort in dir auslöst. Welche Gefühle verbindest du mit Geld? Wie denkst du über Geld? Haben es immer nur die anderen? Oder ist Reichtum immer unverdient? Sei offen, erlege dir keine Begrenzungen auf.

2. Schritt: Die Ursachen des Armutsbewusstseins aufdecken
Armutsbewusstsein ist die Angst, nicht genug zu bekommen, der Glaube, dass man selbst nicht gut genug ist, um reich zu sein, dass alles im Leben erst hart erarbeitet werden muss, und andere Programmierungen dieser Art. Armutsbewusstsein ist weit verbreitet, auch wenn man äußerlich wohlhabend ist. Schau dir dazu an, wie in deinem Elternhaus über Geld gesprochen wurde. Was sagen deine Freunde, Bekannten, Kollegen, Verwandten zum Thema Geld? Glaubst du an solche Sprüche wie: »Geld ist die Wurzel allen Übels«? Oder hast du ein schlechtes Gewissen, weil in Afrika Menschen arm sind? Wenn du etwas Schönes oder Wertvolles besitzt, knauserst du dann damit?

3. Schritt: Glaubensvorstellungen transformieren
Gefühle und Glaubenssätze lassen sich durch Affirmationen und Gedankenkontrolle verändern. Einige Beispiele für Affirmationen: »Ich bin es wert, wohlhabend zu sein.« »Alle Fülle des Universums steht mir zu.« »Ich bin offen für die Fülle des Lebens.« Denke dir eigene Affirmationen aus. Wichtig ist dabei: Immer in der Jetzt-Zeit und immer positive Formulierungen.

4. Schritt: Der eigenen Stärke vertrauen
Lasse dich von deinen Zweifeln und destruktiven Gedanken nicht verunsichern. Bleib auf Kurs. Spüre, dass du tragfähige Veränderungen herbeiführen kannst.

5. Schritt: Kreativ visualisieren und magnetisieren

Wir erschaffen etwas immer zuerst in gedanklicher Form. Der Manifestation in deinem Leben geht immer ein Gedanke oder eine Idee voraus. Mit deinen Gedanken sendest du ständig einen Energiestrom aus, der anziehend auf das wirkt, woran du denkst. Du ziehst die Dinge an, die du – bewusst oder unbewusst – denkst. So bekommen wir vom Leben genau das, was wir haben wollen, ohne Rücksicht darauf, ob es positive oder negative Gedanken sind.

6. Schritt: Vom Mangel zur Fülle

Es ist wichtig zu verstehen, dass der Wunsch nach etwas den Mangel dessen darstellt und damit auch den Mangel festhält. Also: Wenn du dir ein Eis wünschst, heißt das, dass du es gerade jetzt nicht hast, sonst bräuchtest du es nicht zu wünschen. Wenn du also einen Wunsch hast, lasse ihn frei und konzentriere dich dann auf das Haben. Stelle dir vor, wie es ist, das Gewünschte zu haben, möglichst »live und in Farbe« mit allen Gefühlen, die du dabei empfindest.

Runenrat

Erfreue dich an aller Fülle in deinem Leben. Durch Freude mehrst du, was du hast, sowohl auf der materiellen als auch auf der spirituellen Ebene. Schaffe dir klare Ziele mit dem Willen, sie zu formen.

Weitere Namen: Fa, Feoh, Faihu, Fe

Buchstabe: F

Pflanzen: Eberesche, Löwenzahn

Gottheiten: Gullveig, Odin als Osski, Fulla

Steine: Goldfluss, Bernstein, Gold

Tiere: Milchkuh, Audhumla Milchkuh, Rinder überhaupt, Ziegen, Schafe, Hühner

Körperteil: die Ohren

Galdr: Der Runenname in all seinen Varianten oder auch nur der Anlaut F

Im Jahreslauf: Neumond, Ende November/Anfang Dezember

Stichworte: Fülle auf allen Ebenen • materieller und spiritueller Reichtum

Stadha

Die Arme werden schräg aufwärts gestreckt. Den linken Arm etwas höher als den rechten halten, die Handflächen empfangend nach oben gerichtet.

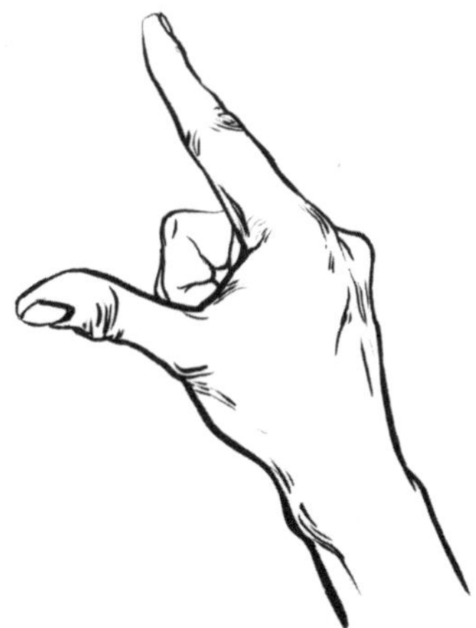

Höndstadha

Alle Finger einklappen, Zeigefinger und Daumen nach vorne strecken.

Mythologischer Bezug

[Über Gullveig]
21.
Die erste Schlacht
In der Welt ward geschlagen,
Als man stärkte im Feuer
Die Fee des Goldes (= Gullveig),
In der Halle des Hohen
Sie heizte zum Schmelzen.
Dreimal verglommen,
Dreimal aus Gluten
Wiedergeboren,
Wird sie lebendig,
Immer noch, oft
Und allerorten
22.
Hellglanz hieß man sie,
Wo sie ins Haus kam,
Wohltat weissagend, Wölfe zähmend.
Seidkunst trieb sie,
Schätze verheißend,
Lockerer Leute
Steter Liebling.

Edda, Völuspa, Übersetzung von Wilhelm Jordan

Gullveig, deren Name soviel wie »Gold-Rausch« oder »Gold-Trank« bedeutet, ist eine Wanengöttin. Sie beherrscht das Seidr (eine besondere Form der nordeuropäischen schamanischen Magie) und ist die Hüterin von goldenen Schätzen. Aus Gier verbrennen die Asen sie dreimal, und dreimal kehrt sie wieder wie der Phönix aus der Asche.

Ein weiterer zu Fehu gehöriger Gott ist Nicke, der später zum Nikolaus wurde, der Geschenke bringt. Dies ist ein weiterer Name Odins, wie man in Grimnismal 47 und 48 nachlesen kann. Auch Oski ist ein Beiname Odins, er bedeutet so viel wie »Wunschbringer« oder »Wunscherfüller« und bringt um die Wintersonnenwende herum ebenfalls Gaben.

Freyr ist ein alter Fruchtbarkeitsgott. Eines seiner Attribute ist ein riesiger erigierter Penis. Da er ein Wane ist, ist er Gemahl der Großen Göttin im Alten Kult. Allgemein gilt er als Gott von Wohlstand, Fülle und gesichertem Frieden. Er reitet auf einem Eber.

Bei der Fulla sind die Quellen mehrdeutig. Das eine Mal wird sie als Kammermädchen Friggas genannt, die Friggas Schmuckkästchen hütet oder ihre Schuhe. Ein anderes Mal ist Fulla nur ein weiterer Beiname Freyas. Aber sie wird eben auch als Göttin der Fülle bezeichnet, wie es ihr Name (Fulla = Fülle) sagt.

Heilung

Sie kräftigt und stärkt den ganzen Körper.

Magische Anwendung

Fehu schafft Fülle. Das heißt nicht unbedingt Geld, sondern sie zieht die schönen Dinge in dein Leben, die für dich ebenfalls Fülle signalisieren. Fehus Reichtum ist auch geistiger und spiritueller Natur, so dass sie für Bereicherung auf allen Ebenen sorgt.

Allgemeine Bemerkungen

Fehu bedeutet Vieh oder bewegliches Eigentum. Je größer die Herde ist, desto gesicherter ist es, dass alle Sippenmitglieder genug zu essen haben. Wohlstand beginnt mit Sattheit, denn erst ein satter Mensch kann Dinge schaffen oder geistig arbeiten.

Fehu versorgt alles, was ist, mit Energie. Daher rührt ihre zweite Bedeutung: Feuer. Feuer schafft auch Wohlstand: Es wärmt und erleuchtet das Haus, brennt den Ton zum Gefäß, lässt die Wolle über den Umweg über das heiße Wasser verfilzen, kocht unsere Mahlzeiten, lässt aus Getreide Brot werden. Durch Feuer kann Metall zu Werkzeug, Schmuck oder Waffen verarbeitet werden. Auch unser Mutterplanet ist mit feurigflüssigem Gestein gefüllt, und ohne diese Wärme von innen gäbe es kein Leben auf der Erde.

Feuer ist zugleich reinigend. Bevor du also deine Ziele ansteuerst, reinige dich von allen Unklarheiten, sonst wird das Fehu-Feuer eher zerstörerische Energien entfalten.

Fehu schafft Er-Füllung auf allen Ebenen. Ihre beiden Arme zeigen nach rechts oben – die Energie wird von oben in die Materie gezogen. Rechts ist die bewusste Seite, so leitet sich die Wirkung als Manifestationsrune ab. Der bewusste Wille, etwas zu schaffen, zeigt sich hier.

Fehu ist die Rune des Reichtums auf allen Ebenen: spirituell, materiell sowie an Wissen. Sie zieht Energie an und projiziert Energie in die Materie, um diese dann zu dir zu bringen.

Erfreue dich an aller Fülle in deinem Leben. Durch Freude mehrst du, was du hast, sowohl auf der materiellen als auch auf der spirituellen Ebene. Schaffe dir klare Ziele, mit dem Willen, sie zu erreichen, und lasse Fehu wirken.

Aus dem Sigdrifumal

Auf Gold

Gold ist das Geschenk der Gullveig an die Götter und Menschen. Gewonnen wird aus es dem Bauch der Erde. Daher verbindet dieser Pfad Swartalfheim und Midgard.

Als Einzelwurf

Freude, Vergnügen und Fülle auf allen Ebenen. Zeit, Freudentänze zu vollführen und in unkontrolliertes Lachen auszubrechen. Alles, was du brauchst, kommt zu dir.

Gestürzt: Du verschwendest die Gaben, die du erhalten hast. Mangel und Einsamkeit. Auch Langeweile, weil du die Aufgaben vor deinen Füßen nicht siehst.

Bedeutung im Nornenwurf

Urd: Fülle und Wohlstand: Alles steht zu deinem Wohle. Du kannst alles haben, aber an nichts kleben.

Gestürzt: Verschwendung, Nachlässigkeit, Armutsbewusstsein. Du hortest, was andere brauchen, in vielerlei Hinsicht.

Werdandi: Du erleidest Verluste, weil du zu stark am Materiellen haftest. Lass los. Denke an den Steppenwolf von Hesse: »...zu besitzen, als besäße man nicht.«

Gestürzt: Horte nicht und verschwende nicht. Gehe achtsam mit den Dingen und Menschen in deiner Nähe um.

Skuld: Deine Wünsche gehen in Erfüllung. Wohlstand und Zuwachs, Lachen und Genießen.

Gestürzt: Scheitern. Du hast den falschen Weg genommen, weil du zu gierig warst. Armut auf allen Ebenen und Verworrenheit, die dich an einer hilfreichen Handlung hindert.

Bedeutung im Weltenwurf

Midgard – Was jetzt ist: Alles steht zum Besten. Von allem ist da, und das reichlich und gut. Eine Zeit des Genießens.

Gestürzt: Enge in jeder Hinsicht: Engstirnigkeit, ein kleiner Geldbeutel, wenig Liebe und Freude. Auch Gier oder Verschwendung.

Lysalfheim – Gefühle: Dein Gefühlsleben ist reich und schön. Lebensfreude und Lachen herrschen vor.

Gestürzt: Dein Gefühl, ein armes Würstchen zu sein, sitzt tief. Du bemitleidest dich selbst, und das bringt dich nun wirklich nicht weiter.

Wanaheim – Verstand: Gute und kreative Ideen purzeln nur so aus deinem Kopf, für jedes Haar auf dem Schädel eine neue. Gratulation!

Gestürzt: Geistige Verarmung will sich ausbreiten in Form von Dogmatismus oder Fanatismus. Wie jeder Ismus sind auch diese beiden von Übel, mehr noch als alle anderen.

Asgard – Was hilft mir weiter? Besinne dich auf das Gute, das du hast. Sei dankbar und erfreue dich daran – das ist der beste Weg, mehr zu erhalten.

Gestürzt: Behalte jetzt deine Gedanken und deine materiellen Güter für dich. Es ist keine Zeit, um Geschenke zu machen, sondern dein Hab und Gut zusammenzuhalten.

Niflheim – Was hindert mich? Du schaust zu sehr nach mehr – du bist gierig. Das verstellt dir den Blick für den guten nächsten Schritt.

Gestürzt: Ständig gibst du alles weg, was du brauchen könntest. Du verschleuderst deine Kraft ebenso wie deine Güter. So bleibt nicht einmal genug zum Überleben.

Helheim – Was ruhen soll: Gib keine Geschenke, keine geistigen oder materiellen Gaben. Achte darauf, einen Gegenwert zu erhalten, und sei es nur einen wirklichen Dank.

Gestürzt: Lass Geiz und Knauserigkeit ruhen. Höre auf damit, anderen alles zuzumessen.

Jötunheim – Woran soll ich mich erinnern? Erinnere dich daran, dass Mutter Erde für uns alle sorgt. Vertraue darauf, dass alles, was du brauchst, den Weg zu dir findet.

Gestürzt: Erinnere dich daran: Sich ausnutzen zu lassen, ist kein Zeichen von Großzügigkeit. Achte darauf!

Swartalfheim – Was jetzt zu tun ist: Gib großzügig und erwarte keine Gegengeschenke.

Gestürzt: Lass dich nicht ausnutzen, das macht dich schwach.

Muspelheim – Was wird aus der Situation? Freude und Fülle, Vergnügen. Wünsche gehen in Erfüllung, viel mehr Schönes, als du es dir träumen lassen könntest.

Gestürzt: Fehlschläge und Rückschläge. Die Erreichung deiner Ziele verzögert sich.

Vorlage für Runenkärtchen

Diese Seite kannst du heraustrennen oder fotokopieren, auf eine Pappe kleben und die Runen als Kärtchen ausschneiden. So hast du dein erstes Runenset.

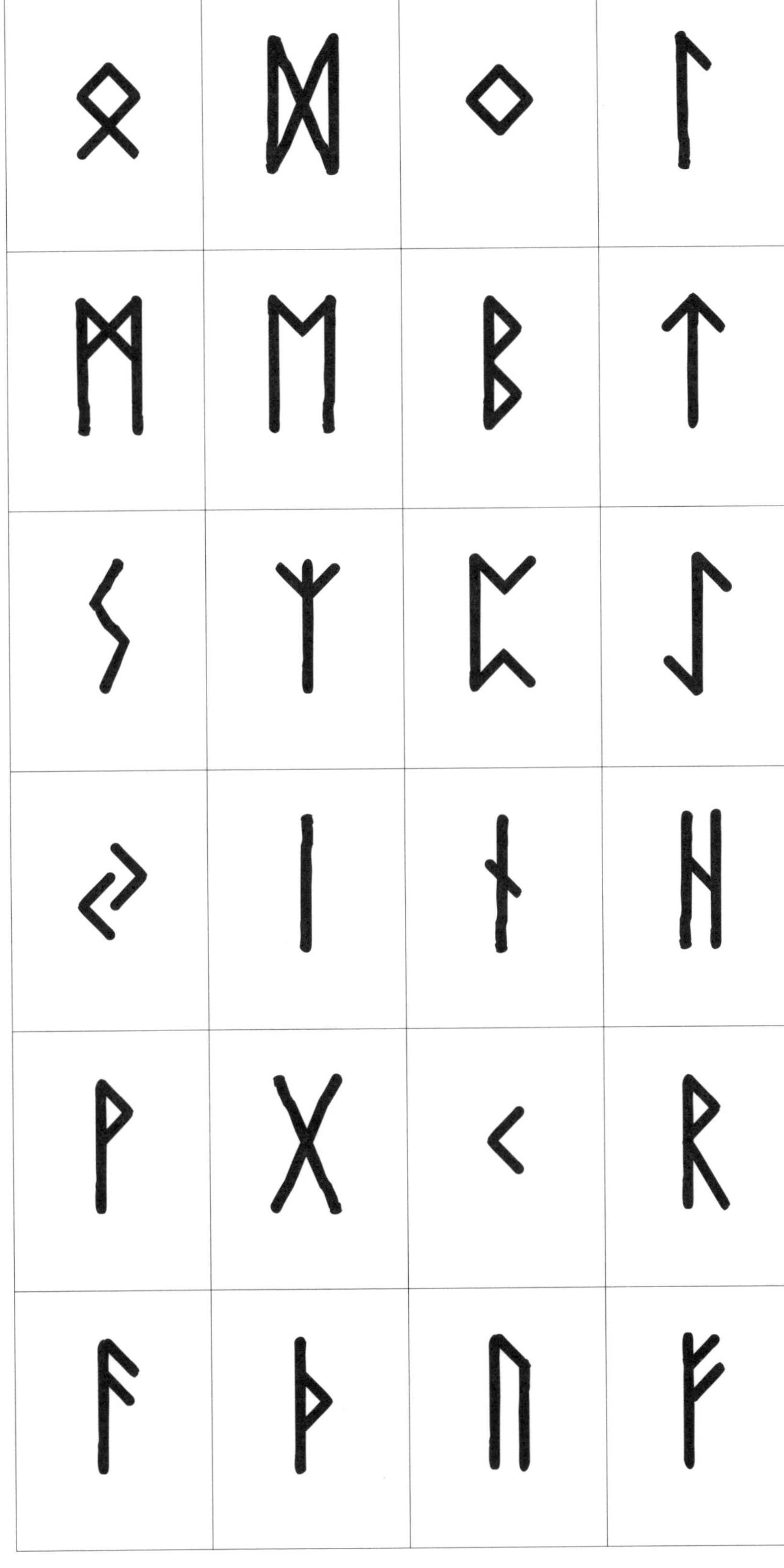

Bibliographie

Agrippa von Nettesheim: Die magischen Werke, marixverlag
Arntz, Helmut: Handbuch der Runenkunde, Edition Lempertz, 2009
Aswynn, Freya: Die Blätter von Yggdrasil, Edition Ananael, 1991
Bemmann, Klaus: Die Religion der Germanen, Phaidon Verlag GmbH Essen, 1990
Bleibtreu-Ehrenberg, Gisela: Vom Schmetterling zur Doppelaxt, Fischer Verlag, 1990
Blum, Ralph: The Runecards, St.Martin's Press, 1997
Blum, Ralph: Runenweisheit, Heyne Verlag, 2001
Börnsen, Hans: Die Prophetie der Edda, Verlag am Gotheanum, 1989
Brück, Axel: Runenleben, Arun Verlag, 2006
Brück, Axel: Die Andersweltreise, Arun Verlag, 2005
Budapest, Zsusanna: Herrin der Dunkelheit Königin des Lichts, Bauer Verlag, 1979
Caland, Magdalena: Runen als Wegbegleiter, Iris Verlag, 1998
Capelle, Torsten: Die Sachsen des frühen Mittelalters, Wissenschaftliche Buchgesellschaft, 1998
Chapman, John: The Vinca Culture of South-Eastern Europe, Part I and II
BAR international series II7 (i), 1981
Cheru: Runenorakel, Peyn und Schulze Verlag, 1992
Dahlke, Rüdiger: Der Mensch und die Welt sind eins, Heyne esoterik
Dahlke, Rüdiger und Klein, Nicolaus: Das senkrechte Weltbild, Heyne esoterik
De Las Heras, Brigitta: Die Reise durch den Jahreskreis, Schirner Verlag, 2006
Dieterich, Udo Waldemar: Das Runenwörterbuch, Marix Verlag, 2004
Diederichs Gelbe Reihe: Nordische Nibelungen, Eugen Diederichs Verlag, Köln, 1985
Drexler, Waltraud: Die Kraft der Runen, Knaur Esoterik, 1992
Eckhardt, Karl August: Irdische Unsterblichkeit: Germanischer Glaube an die Wiederverkörperung in der Sippe – Weimar, Bohlau, 1937
Emoto, Masaru: Wasserkristalle, Koha Verlag, 2001
Engelhardt, Ulrike: Kleines Runenhandbuch, Verlag Books on Demand Gmbh, Norderstedt, 2005
Francia, Luisa: Berühre Wega, kehr‘ zur Erde zurück, Verlag Frauenoffensive, 1982
Francia, Luisa: Die Bärin im 11. Haus, Verlag Frauenoffensive, 1997
Fester/König/Jonas/Jonas: Weib und Macht, Fischer Verlag, 1980
Fester, Richard: Sprache der Eiszeit, Herbig Verlagsbuchhandlung, 1962
Fester, Richard: Protokolle der Steinzeit, Herbig Verlagsbuchhandlung, 1962
Fester, Richard: Die Eiszeit war ganz anders, Pieper Verlag, 1973
Fries, Jan: Helrunar - Edition Ananael, 2002
Fries, Jan: Visuelle Magie - Edition Ananael, 1995
Fries, Jan. Seidwärts – Edition Ananael, 2004
Froud, Brian: The Runes Of Elfland, Harry N. Abrams Inc., 2003
Gardenstone: Germanische Magie - Arun Verlag, 2001

Gimbutas, Marija: Die Sprache der Göttin, 2001 Verlag, 1996
Grimm, Jakob: Deutsche Mythologie Bd. 1 bis 3, Akademische Druck- und Verlagsanstalt, Graz, 1968
Golther, Wolfgang: Germanische Mythologie, Athenaion Verlag,
Genzmer, Felix, Die Edda, Verlag Eugen Diederichs, 1933
Göttner-Abendroth, Heide: Die Göttin und ihr Heros, Frauenoffensive Verlag, 1980
Göttner-Abendroth, Heide: Für die Musen, Verlag 2001, 1998
Göttner-Abendroth, Heide: Für Brigida, Verlag 2001, 1998
Hansen, Walter: Die Edda, Verlag Karl Überreuther, 1981
Hansen, Walter: Asgard, Weltbild Verlag, 1994
Häßler, Hans-Jürgen: Ur- und Frühgeschichte in Niedersachsen, Niekohl Verlagsgesellschaft, 2002
Hay, Louise L.: Gesundheit für Körper und Seele, Heyne Verlag, 1984
Herrmann, Paul: Nordische Mythologie, Aufbau Verlag, 2007
Heß, Gerhard: Oding-Wizzod, Knauer Verlag, 1993
Hollander, von Edmund und Michaela: Vatan, Verlag Neue Erde, 2001
Hutzl-Ronge, Barbara: Quellgöttinnen, Flußheilige, Meerfrauen, Frauenoffensive Verlag, 2002
Innanna: Das Runenbuch für Frauen, Verlag Gisela Meussling, 1995
Jordan, Wilhelm: Die Edda, Arun Verlag, 2001
Kodratoff, Yves: Nordic Magic Healing - Universal Publishers, 2003
King, Bernhard: Die Runen – Aurum Verlag, 1994
Karlsson, Thomas: Uthark, Arun Verlag, 2003
Kaldera, Raven: Wightridden, Asphodel Press, 2007
Kleidt-Azizi, Helga: Das verborgene Wissen der indogermanischen Priester, Asfahani Verlag, 1996
König, Marie: Am Anfang der Kultur, Verlag 2001, 1973
Kosbab, Werner: Das Runenorakel, Baur Verlag, 1982
Krause, Arnulf: Die Götter- und Heldenlieder der älteren Edda, Reclam Verlag, 2004
Kruse, Tatjana: Das Buch der Fülle, Verlag Frauenoffensive, 2001
Krystal, Phyllis: Arbeitsbuch zur Phyllis-Krystal-Methode, Ryvellus Verlag, 1993
Laur, Wolfgang: Runendenkmäler in Schleswig-Holstein, Wachholtz Verlag, 1990
Maier, Bernhard: Die Religion der Germanen C.H. Beck Verlag, München 2003
Meadows, Kenneth: Runen, die magische Kraft, Heyne Verlang, 2000
Metzner, Ralph: Der Brunnen der Erinnerung, Aurum Verlag
Nack, Emil: Germanen, Verlag Carl Ueberreuther, Wien 2004
Nerthus von Norderney: Nordische Magie, Bohmeier Verlag, 2006
Obleser, Horst: Odin, Stendel Verlag, 2012
Olsen, Kaedrich: Runes For Transformation, Weiser Books, 2008
Osborne, Marijane & Longland, Stella: Rune Games, Verlag Neue Erde, 1982
Paxson, Diana: Taking Up The Runes, Weiser Books, 2005

Phönix und Bärbel Messmer: Venus ist noch fern, come out Verlag, 1981
Ramm-Bonwitt, Ingrid: Mudras – Geheimsprache der Yogis, Bechtermünz, 2000
Rätsch, Christian: Der heilige Hain, AT Verlang, 2005
Riegger-Krause, Waltraud: Jin Shin Jyutsu, Südwest Verlag
Silver Raven Wolf, Nigel Jackson: Rune Mysteries - Llewellyn Publications, 2000
Silver Raven Wolf: Zauberschule der neuen Hexen, Heyne, 2002
Simek, Rudolf : Der Glaube der Germanen
Simrock, Karl: Die Edda, Verlag J.G. Cotta'sche Buchhandlung 1871
Smith, Carolin & Astorp, John: The Runic Tarot, St. Martin`s Griffin, 2003
Starhawk: Wilde Kräfte Goldmann esoterik
Starhawk: Der Hexenkult, Goldmann
Storl, Wolf-Dieter: Die alte Göttin und ihre Pflanzen, Kailash, 2014
Storl, Wolf-Dieter: Schamanentum, Aurum Verlag, 2010
Storl, Wolf-Dieter: Unsere Wurzeln entdecken, Aurum Verlag, 2010
Szabó; Zoltán: Buch der Runen, Knaur Verlag, 1985
Tegtmeier, Ralph: Runen – Alphabet der Erkenntnis, Urania Verlags AG, 1997
Titchenell; Elsa-Brita: Die Masken Odins, Theosophischer Verlag GmBH, 1995
Thorsson, Edred: Die neun Tore von Midgard, Arun Verlang, 2004
Thorsson, Edred: Runenkunde, Urania, 1990
Thorsson, Edred: Handbuch der Runenmagie, Urania, 1987
Thorsson, Edred: Runen, Königsfurt-Urania Verlang, 2011
Thorsson, Edred: Nordische Magie, Königsfurt-Urania Verlang, 2012
Voenix: Magie der Runen, Urania Verlag, 1996
Voenix: Weltenesche- Eschenwelten, Arun Verlag, 1999
Voss, Jutta: Das Schwarzmond-Tabu, Kreuz Verlag, 1988
Warnek, Igor: Ruf der Runen, Schirner Verlag, 1997
Whitmont, Edward C.: Die Rückkehr der Göttin, Kösel Verlag, 1989
Zautner, Andreas E.: Der gebundene Mondkalender der Germanen, bookra, 2013

Hier kann man sich zum **Neue Erde-Newsletter** anmelden:
newsletter.neueerde.de/anmeldung

NEUE ERDE im Buchhandel

Neue Erde ist ein kleiner unabhängiger Verlag, und der unabhängige Buchhandel ist unser natürlicher Partner. Wir unterstützen die Initiative »buy local«.

Sollte es Lieferschwierigkeiten bei den Büchern von NEUE ERDE geben, lassen Sie immer im VLB (Verzeichnis lieferbarer Bücher) nachsehen, im Internet unter **www.buchhandel.de**

Alle lieferbaren Titel des Verlags sind für den Buchhandel verfügbar.

Sie finden unsere Bücher auch auf unserer Homepage **www.neue-erde.de** oder in unserem Gesamtverzeichnis, welches Sie gerne hier anfordern können:

NEUE ERDE GmbH
Cecilienstr. 29 · 66111 Saarbrücken
info@neue-erde.de